北京语言大学
列国汉学史书系
Sinological History Series

胡优静 著

英国19世纪的汉学史研究

學苑出版社

图书在版编目（CIP）数据

英国19世纪的汉学史研究／胡优静著．－北京：学苑出版社，2009.12

（列国汉学史书系／阎纯德，吴志良主编）

ISBN 978-7-5077-3458-4

Ⅰ．①英… Ⅱ．①胡… Ⅲ．①汉学－研究－英国－19世纪 Ⅳ．①K207.8

中国版本图书馆CIP数据核字（2009）第238528号

责任编辑：杨　雷
封面设计：徐道会
出版发行：学苑出版社
社　　址：北京市丰台区南方庄2号院1号楼
邮政编码：100079
网　　址：www.book001.com
电子信箱：xueyuan@public.bta.net.cn
销售电话：010-67675512　67678944　67601101（邮购）
经　　销：新华书店
印 刷 厂：河北金鑫印刷有限公司
开本尺寸：705×960　1/16
印　　张：13
字　　数：170千字
印　　数：1500册
版　　次：2009年12月北京第1版
印　　次：2009年12月第1次印刷
定　　价：30.00元

本书系之出版获澳门霍英东基金会资助

序

经过近30年多位学者的辛劳努力，现在我们可以说，国际汉学研究确实已经成长为一门具有特色的学科了。

“汉学”一词本义是对中国语言、历史、文化等的研究，而在国内习惯上专指外国人的这种研究，所以特称“国际汉学”，也有时作“世界汉学”、“国际中国学”，以区别于中国人自己的研究。至于“国际汉学研究”，则是对国际汉学的研究。中外都有学者从事国际汉学研究，但我们在这里讲的，是中国学术界的国际汉学研究。

自从“改革开放”以来，国际汉学研究改变了禁区的地位，逐渐开拓和发展。其进程我想不妨划分为三个阶段：一开始仅限于对国际汉学界状况的了解和介绍，中心工作是编纂有关的工具书，这是第一个阶段。到了20世纪90年代，出现国际汉学研究的专门机构，大量翻译和评述汉学论著，应作为第二阶段。在这两个阶段里，学者们为深入研究国际汉学打好了基础，准备了条件。新世纪到来之后，进入全面系统地研究国际汉学的可能性应该说业已具备。

今后国际汉学研究应当如何发展，有待大家磋商讨论。以我个人的浅见，历史的研究与现实的考察应当并重。国际汉学研究不是和现实脱离的，认识国际汉学的现状，与外国汉学家交流沟通，对于我国学术文化的发展以至多方面的工作都是必要的。我曾经提议，编写一部中等规模的《当代国际汉学手册》，使我们的学者便于使用；如果有条件的话，还要组织出版《国际汉学年鉴》。这样，大家在接触外国汉学界时，不会感到隔膜，阅读外国汉学作品，也就更容易体味了。必须指出的是，国际汉学有着长久的历史，因此现实和历史是分不开的，不了解各国汉学的历史传统，终究无法认识汉学的现状。

我们已经有了不少国际汉学史的著作及论文。实际上，公推为中国最早的汉学史专书,是1949年出版的莫东寅《汉学发达史》,尽管是通史体裁,也包含了分国的篇章。这本书最近已有经过校勘的新版,大家容易看到,尽管只是概述性的,却使读者能够看到各国汉学互相间的关系。由此可见,有组织有系统地考察各国汉学的演进和成果,将之放在国际汉学整体的背景中来考察,实在是更为理想的。

这正是我在这里向大家推荐阎纯德教授、吴志良博士主编的这套"列国汉学史书系"的原因。

阎纯德教授在北京语言大学主持汉学研究所工作多年,是我在这方面的同行和老友,曾给我以许多帮助。他为推进国际汉学研究,可谓不遗余力,所做出的重要贡献是学术界周知的。在他的引导之下,《中国文化研究》季刊成为这一学科的园地,随之又主编了《汉学研究》,列为《中国文化研究汉学书系》,有非常广泛的影响。其锲而不舍的精神,我一直敬服无地。特别要说的是,阎纯德教授这几年为了编著这套"列国汉学史书系"所投入的心血精力,可称出人意想。

在《汉学研究》第八集的《卷前絮语》中,阎纯德教授慨叹:"《汉学研究》很像同人刊物,究其原因是因为从事这个领域研究的学者太少,尤其是专门的研究者更是少之又少,所以每一集多是读者相熟的面孔。"现在看"列国汉学史书系",作者已形成不小的专业队伍,这是学科进步的表现,更不必说这套书涉及的范围比以前大为扩充了。希望"列国汉学史书系"的问世成为国际汉学研究这个学科在新世纪蓬勃发展的一个界标,让我们在此对阎纯德教授、这套书的各位作者,还有出版社各位所做出的劳绩表示感谢。

李学勤

2007年4月8日

于清华大学国际汉学研究所

序　二

汉学历史和学术形态

历史是既抽象又具体的存在，是浩瀚无边的过去、现在和未来。历史会让我们兴奋，也会使我们悲哀，有时会令人觉得它又仿佛是一个梦。但是，当我们梦醒而理智的时候，便会发现——自然史、时间史、太阳史、地球史、人类社会史，一切的一切，不管是曾经存在过的恐龙，还是至今还在生生不息的蚂蚁社群，天上的，地下的，看得见的，看不见的，一切都有自己的历史。一切都有过发生，一切都还在发展，一切都还会灭亡。

任何事物的发生都有一个有形或无形的孕育过程，“汉学”（Sinology）也是这样，其孕育和成长，就是中国文化与异质文化相互交媾浸淫的历史。这个历史，始于公元1世纪前后汉代所开通的丝绸之路，接下来是7—8世纪的大唐帝国、14—15世纪的明代、清末的鸦片战争和“五四”新文化运动，这种文化的碰撞和交流之潮时起时伏直到今天。这是历史，是汉学的昨天和今天，孕育、发生和成长的过程显现出的文化精神。但是，昨天有远有近，我们可以循蛛丝马迹探讨，找回其真；而今天，只是一个过渡，一俟走过，便成为昨天的陈迹。写作汉学史是一件艰难的劳作，尤其对象是遥远的昨天，尤其是“遗失”在异国他乡的昨天，更非一件易事。时至今日，朦胧面纱下的汉学还不为一些学人所认识，因此有必要取下面纱，让人们看个究竟。

从20世纪70年代中期之后，尤其90年代以降，“汉学”（Sinology）便逐渐成为学术界耳熟能详的学术名词。中国大陆重提“汉学”（Sinology）至今，汉学就像隐藏在深山里的小溪，经过30年的艰辛跋涉之后，才终于形成一条奔腾的水流，并成为中国文化水系不可或缺的组成部分。这个变化是时代和历史变迁带来的结果，也是文化自己发展的规律。

那么,究竟什么是汉学(Sinology)呢?首先,这里的汉学非指汉代研究经学注重名物、训诂——后世称"研究经、史、名物、训诂考据之学"的"汉学",而是指外国人研究中国历史、语言、哲学、文学、艺术、宗教、考古及社会、经济、法律、科技等人文和社会科学领域的那种学问,这起码已是200多年来世界上的习惯学术称谓。李学勤教授多次谈到这个问题:"'汉学',英语是Sinology,意思是对中国历史文化和语言文学等方面的研究。在国内学术界,'汉学'一词主要是指外国人对中国历史文化等的研究。有的学者主张把它改译为'中国学',不过'汉学'沿用已久,在国外普遍流行,谈外国人这方面的研究,用'汉学'比较方便。"① Sinology一词来自外国,它不是汉代的"汉",也不是汉族的"汉",不指一代一族,其词根sino源于秦朝的"秦"(Sin),所指是中国。

在历史长河里,汉学由胚胎逐渐发育成长。虽然在1814年12月11日,法国法兰西学院才有第一个被称为西方汉学起点的汉学讲座;但指代汉学的"Sinologie"(英文"Sinology")一词则出现在18世纪末,早于由雷慕沙(Jean Pierre Abel Remusat)主持第一个汉学讲座的时间,更不会晚于1838年。从此之后,"Sinology"便成为主导汉学世界的图腾,约定俗成的学术"域名"。在世界文化史和汉学史上,外国人把研究中国的学问称为"汉学",研究中国学问的造诣深厚的学者称为"汉学家"。因此,我认为,我们不必要标新立异,根据西方大部分汉学家的习惯看法,"Sinology"发展到如今,这一历史已久的学术概念有着最广阔的内涵,绝不是什么"汉族文化之学",更不是什么汉代独有的"汉学",它涵盖中国的一切学问,既有以儒释道为核心的传统文化,也包含"敦煌学"、"满学"、"西夏学"、"突厥学"以及"藏学"和"蒙古学"等领域。但是一直以来人们对汉学的理解和解释相左,因此便有了"中国学"、"海外汉学"、"海外中国学"、"域外汉学"、"国际汉学"、"世界汉学"等不同的叫法;如果咬文嚼字,推演下来,一定还会有"国内汉学"、"国内中国学",甚至"北京汉学"、"河南汉学"等。由于汉学的发展、演进,以法国为首的"传统汉学"和以美国为首的"现代汉学",到了20世纪中叶之后,研究内容、理念和方法,已经出现相互兼容并包状态,就是说Sinology可以准确地包含Chinese Studies的内容和理念;

① 李学勤撰《国际汉学漫步·序》,石家庄:河北教育出版社,1997年。

从历史上看，尽管 Sinology 和 Chinese Studies 所负载的传统和内容有所不同，但现在却可以互为表达同一个学术概念了。话再说回来，对于这样一个负载着深刻而丰富的历史内涵的学术“域名”，我以为还是 Sinology 最好，因为，Sinology 不仅承继了汉学的传统，而且也容纳了 Chinese Studies 较为广阔的内容。另外，中国人对中国文化的研究应该称为国学，而外国学者研究中国文化的那种学问则称为汉学。这样，汉学既符合中国文化的学术规范，又符合世界上的历史认同与学术发展实际。

汉学的历史是中国文化与异质文化交流的历史，是外国学者阅读、认识、理解、研究、诠释中国文明的结晶。汉学作为外国人认识中国及其文化的桥梁，是中国文化和外国文化撞击后派生出来的学问，实际上也是中国文化另一种形式的自然延伸。但是，汉学不是纯粹的中国文化，它与中国文化有着密不可分的血缘关系，既是中外文化的“混血儿”，又是可以照见“中国文化”的镜子，是可以攻玉的“他山之石”。“‘Sinology’是一门在国际文化中涉及双边或多边文化关系的近代边缘性的学术，它以‘中国文化’作为研究的‘客体’，以研究者各自的‘本土文化语境’作为观察‘客体’的基点，在‘跨文化’的层面上各自表述其研究的结果，它具有‘泛比较文化研究’的性质。”① 以上两种表述虽有不同，但学理一致，基本可以厘清我们对于 Sinology（汉学）的基本学术定位。

法国汉学家马伯乐（Henri Maspero）说过：“中国是欧洲以外仅有的这样的一个国家：自远古起，其古老的本土文化传统一直流传至今。”法国哲学家弗朗索瓦·于连（François Jullien）也说：“中国文明是在与欧洲没有实际的借鉴或影响关系之下独自发展的、时间最长的文明……中国是从外部审视我们的思想——由此使之脱离传统成见——的理想形象。”② 他在《为什么我们西方人研究哲学不能绕过中国》中提出：“我们选择出发，也就是选择离开，以创造远景思维的空间。人们这样穿越中国也是为了更好地阅读希腊。”为了获得一个“外在的视点”，他才从遥远的视点出发，并借此视点去“解放”自己。这便是一个未曾断流、在世界上仅存的几种古老文化之一的中国文明的意义。中国文明是一道奔流不息的活水，活水流出

① 严绍璗撰《我对 Sinology 的理解和思考》，载 2006 年《世界汉学》第四期。

② [法]于连（François Jullien）著《迂回与进入》，香港：三联书店，1998 年。

去，以自己生命的光辉影响世界；流出的“活水”吸纳异国文化的智慧之后，形成既有中国文化的因子，又有外国文化思维的一种文化，这就是“汉学”。就是说，汉学是以中国文化为原料，经过另一种文化精神的智慧加工而形成的一种文化。从某种意义上说，汉学既是外国化了的中国文化，又是中国化了的外国文化；抑或说是一种亦中亦西、不中不西有着独立个性的文化。汉学作为一门独立的具有跨文化性质的学科，是外国文化对中国文化借鉴的结果。汉学对外国人来说是他们的“中学”，对中国人来说又是西学，它的思想和理论体系仍属“西学”。

汉学研究系指对外国汉学家及其对中国文化研究成果的再研究，是中国学者对外国学者研究中国文化的反馈，也是对外国文化借鉴的一个方面。凡是对历史或异质文化进行研究，都有一个价值判断和公正褒贬的问题。因此，对于外国汉学家对于我们中国文化的研究，必得有我们自己的判断，然后做出公正的褒贬。我们说汉学是可以攻玉的“他山之石”，但是这句箴言并非只是适用于中国人，对外国人也是一样。汉学也像外国的本体文化一样，对我们来说有借鉴作用，对西方来说有启迪作用——西方学者以汉学为媒介来了解中国，汲取中国文化的精华，完善自己的文明。人类由于文化背景差异和文化语境的不同，思维方向和方式也会不同，因而就会得出不同的结论，讲出不同的道理。“西方学者接受近现代科学方法的训练，又由于他们置身局外，在庐山以外看庐山，有些问题国内学者司空见惯，习而不察，外国学者往往探骊得珠。如语言学、民俗学、考古学、人类学、社会学诸多领域，时时迸发出耀眼的火花。”① 汉学的学术价值往往不被国人重视，并利用汉学家对于中国文化的一些误读贬低汉学的价值。其实，这并不公平，有些汉学家对于中国文化确实有其独到的见解，能发中国人未发之音。法国汉学家马伯乐（Henri Maspero，1883—1945）对中国上古文化和上古宗教的研究就有独到的贡献，被称对中国宗教研究有“先河”之功。他研究中国宗教的宗教社会学的方法，促进和推动了中国学者采用宗教社会学来研究中国宗教，被称为“中国宗教社会学研究的真正创始人”。瑞典汉学家高本汉（Bernhard Karlgren，1889—1978），终生的最高成就是根据研究古代韵书、韵图和现代汉语方言、日朝越诸语言中汉语借词

① 季羡林撰《汉学研究·序》第七集，北京：中华书局，2003年。

译音构拟汉语中古音和根据中古音和《诗经》用韵、谐声字构拟古音，写出了著名的学术专著《中国音韵学研究》、《汉语中古音与古音概要》、《古汉语字典重订本》、《中日汉字形声论》、《论汉语》、《诗经注释》、《尚书注释》和《汉朝以前文献中的假借字》等，他对汉语音韵训诂的研究是不少中国学者所不及的，并深刻影响了对于中国音韵训诂的研究。20世纪著名的日本学者津田左右吉关于中国文化的研究著述甚丰，他认为中国文化是一种“人事本位文化”，其核心是“帝王文化”，其他认识上尽管有偏颇，但也有其独异性和深刻之处。这就是“他山之石”的意义和价值。当然，不可否认，汉学家对于中国文化的误读或歪曲也是常见的，诸如瑞典考古学家安特生（John Gunnar Andersson）于1921年10月对河南仰韶文化遗址发掘之后，便说中国彩陶制作技术源于西方，并在他的《甘肃考古记》和《黄土儿女》著作中反复强调他的这一错误观点。这一观点亦为“西方文化东移造成中国文化之说”提供了说辞。日本学者石田幹之助也推波助澜，闭门造车地推测出西方文化东渐的路线；甚至连我们的国学大师章太炎、刘师培也被“忽悠”得认可了“中国文化西来说”。[1] 美国现代汉学（中国学）的奠基人费正清对中国历史尤其近代史的研究独具风采，为美国人民认识中国搭建了一座桥梁；但他在研究上的所谓“冲击—回应”模式，却近乎荒谬，认为是西方给中国带来了文明，是西方的侵略拯救了中国。综上所述，对于汉学成果的研究，只有冷静、公正、客观、全面，才能在沙中淘得真金，拥抱“他山之石”。

在中国，汉学的接受与命运，诚实地说，在20世纪80年代初期之前，基本上是无视它的学术价值，更没人把它看做是中国文化的延伸。此外，由于民族心理上的历史“障碍”，我们还曾视汉学为洪水猛兽，甚至觉得它是仇视中国、侮辱中国的一个境外的文化“孽种”。这种“观点”，虽嫌偏颇，但也不是空穴来风。因为自19世纪“鸦片战争”前后，直至20世纪40年代，偌大的中国曾经惨遭蹂躏，整个历史写满了炮火压迫和宗教怀柔，其间也不乏为列强殖民政策服务的传教士、“旅行家”和“学者”深入中国腹地，以旅行、探险、考古之名而实行搜集社会情报、盗窃和骗取中国大批文

---

① 《章太炎全集·〈訄书·序〉·〈种姓篇〉》，上海古籍出版社，1985年；刘师培著《刘申叔先生遗书·〈思念祖国〉·〈华夏篇〉·〈国土原始论〉》。

物。

人类思想的飞翔，是受社会和历史禁锢的，山高水远的阻隔也使得人类互相寻找的岁月特别漫长。交流是人类文化选择的自然形态，汉学就发生在这种物质交流和文化交流之中。

公元前后，中国人被称为赛里斯(Seres)，中国叫赛里加(Serice)，这是陆路交往关于中国最初的叫法，时间较早；另一种叫法，把中国人称为秦尼(Sinai)，中国叫秦(Sin)，这是海路交往关于中国的叫法，时间较晚。由商人输往西方的中国丝绸绢绘是当时帝王贵族倾慕的奢侈珍品，Seres 和 Serice 两字系由阿尔泰语所转化，是希腊罗马称谓中国绢绘的 Serikon、Sericum 两字简化而来。西方人当时称中国为"秦"(Sin)，称中国人为"秦尼"(Sinai)，则是源于秦朝。①

人类在互相寻找的初级阶段，中国和西方试探性的商业交往还很原始，那时的人类，不同的国家、民族和族群处于相对落后和封闭的状态，人类各个角落的不同文化还处于相对不自觉或是相对蒙昧的历史时期。在人类最早的沟通中，中国人走在最前边。公元前 139 年，张骞奉汉武帝之命，越过葱岭，亲历大宛、康居、大月氏、大夏、乌孙、安息等地，直达地中海东岸，先后两次出使中亚各国，历时十多年，开创了古代和中世纪贯通欧亚非的陆路"丝绸之路"，为人类交往开创了先河，也为汉学的萌发洒下最初的雨露。

在文化史上，以孔孟儒家学说为核心的中国文化最先影响朝鲜半岛，然后才是日本和越南等周边国家。这些周边国家与中国的关系复杂，甚至被说成同种同文，因此可以说它们的文化与中国文化有着很深的"血缘"关系。公元 522 年，中国佛教渡海东传日本，从那时开始，中国典籍便大量传入日本，但这只是一种"输入"，只是日本创建自己文化的借鉴，并没有形成对于中国文化的深层研究。及至唐代，由于文化上承接了汉朝的开放潮流，那时与异质文化的交流相对更加频繁，商贸往来和文化沟通有了发展，西方和中国周边国家或地域的人士通过陆路和水路进入中国腹地，长安、洛阳、扬州、广州、泉州等城市，都是中外贸易和文化交汇的重要都会，尤其是前者，更是当时世界最大的商业文化之都；而后者，由于东南沿海经

① 莫东寅著《汉学发达史》，北平文化出版社，中华民国三十八年，第 3 页。

济崛起，人口增多，手工业发达，农田水利的改善，为海外贸易发展创造了条件，再由于唐代中期“安史之乱”切断了陆路“丝绸之路”的缘故，曾称为“鲤城”、“温陵”、“刺桐城”的泉州，便成为联结亚洲、欧洲和非洲的海上丝绸之路的“东方第一大港”，是那时以丝绸、金银、铜器、铁器、瓷器为主的国际贸易之都。通过频繁的往来和交流，外国人对中国文化的认识越来越多、越来越深，汉学也便在这种交流中不知不觉慢慢衍生。

但是，源远流长的汉学，人们习惯地认为其洪流和网络在西方，西方是汉学的形象代表。这一看法一是源自近代以来西方强势文化和中国人的崇洋心理，二是西方汉学的某些特征也确实有别于朝鲜半岛、日本和越南的汉学。其实，如果我们从世界汉学历史发展的角度看，日本、朝鲜半岛和越南的汉学要早于西方的汉学，比如日本在十四五世纪已经初步形成了汉学，而那时西方的传教士还没有进入中国。因此，对于汉学的研究，无论是西方还是东方（朝鲜半岛、日本和越南），我们都不能顾此失彼，要以同样的关注和努力探讨其历史。当然，汉学的历史藏在文献里，而隐性源头却在文献之外。

文化往往伴随经济流动，其交流也会在不自觉或无意识状态下发生。到了明代初年，郑和率舰队出使西洋，前后 7 次，历经 28 年，到过 30 多个国家，最远抵达非洲东岸和红海口，真正拓展了海上“丝绸之路”。

在公元八九世纪至十六七八世纪期间，关于中国，多见于西方商人、外交使节、旅行家、探险家、传教士、文化人所写的游记、日记、札记、通信、报告之中，这些文字包含着重要的汉学资源，因此有人把这些文献称为“旅游汉学”。这些人的东来源于文艺复兴，因为思潮的开放影响了欧洲人的思想和生活，他们或通商，或传教，或猎奇，但了解和研究中国文化却是一致的，于是汉学便在葡萄牙、西班牙、意大利、法国、荷兰、英国、德国、俄罗斯等主要的西方国家逐步发展起来。

这类游记和著作较早的有约在公元 851 年成书的描述大唐帝国繁荣富强的阿拉伯佚名作者的《中国与印度游记》、吕布吕基斯的《远东游记》（1254）、意大利的雅各－德安克纳的《光明城》、贝尔西奥的《中华王国的风俗与法律》（1554）、《利玛窦中国札记》、亚历山大－德－罗德的《在中国的数次旅行》（1666）、南怀仁的《中国皇帝出游西鞑靼行记》（1684）、费尔南－门德斯－托平的《游记》、李明的《关于中国现状的新回忆录》（1696）

和《中华帝国全志》(《中国通志》)等,以及罗明坚、金尼阁、汤若望、卫匡国等名士的著作,还有大量名不见经传的传教士、商人、旅行家、探险家的各种记述,都成为日后汉学兴旺发达的必然因素。这类著作主要涉及中国的物质文明,较多描述、介绍中国的山川、城池、气候,以及生活起居、饮食、服饰、音乐、舞蹈,也涉及到一些中国的观念文化。这些"旅游汉学"著作中,影响最大的是《马可·波罗纪行》(《东方见闻录》)。马可·波罗(Marco Polo)于1275年随父亲和叔父来中国,觐见过元世祖忽必烈,1295年回国后出版了这本书,它以美丽的语言和无穷的魅力翔实地记述了中国元朝的财富、人口、政治、物产、文化、社会与生活,第一次向西方细腻地展示了"唯一的文明国家"——"神秘中国"——的方方面面。

这些包罗万象的文献,不仅记录了不同时代的中国,还以自己的文化视角开始了中西文化最初的碰撞。作为文献,这些游记、日记、札记、通信和报告,有赞美,有误读,也有批评,但因为其中包含大量中国物质文化及政治、经济、历史、地理、宗教、科举等多方面的文化记载,而成为汉学的重要组成部分,在学术史上有重要价值。

汉学的发生、发展与经济、政治、交通以及资讯分不开。有学者把汉学的历史分为"萌芽"、"初创"、"成熟"、"发展"、"繁荣"几个时期,也有的分为"游记汉学时期"、"传教士汉学时期"和"专业汉学时期"三个阶段。但汉学的真正形成是在明末兴起的"西学东渐"和"中学西传"的互动之中。

从16世纪到十八九世纪,在数以千计的散布在中国各地的传教士中,有不少人成为名载史册的汉学先驱,他们为汉学的发展做出了重大贡献。自1540年罗耀拉(S. Ignatins de Loyola)、圣方济各·沙勿略(Francisco Xavier)等人来华,开始了以意大利、西班牙传教士为主的第一时期的耶稣会的传教活动。接着,意大利的范礼安(Alexandre Valignani)、罗明坚(Michel Ruggieri)等著名传教士来华。1583年,即明朝万历十一年,罗明坚将利玛窦神甫(Matteo Ricci)带到中国,从此,耶稣会士在中国的宗教活动无论是对于西方或是东方,都开始了一个新的历史时期。西班牙的胡安·冈萨雷斯·德·门多萨(Juan Gonzalez de Mendoza)的《中华大帝国史》于1588年问世,这部世界汉学史上的第一部汉学著作,名副其实地对中国的政治、历史、地理、文字、教育、科学、军事、矿产、物产、衣食住行、风俗习惯等做了百科全书式的介绍,具有相当的学术价值,以七种文字印行,风靡欧洲。以利玛窦为核心的耶稣会士的历史意义在于他们开始了对中国文化的全面“开垦”，不仅著书立说，还把(《大学》、《中庸》、《论语》、《孟子》)等中国文化经典译成西文，不仅开西学东渐之先河，也推动了中学西传，使中国文化对西方科学与哲学产生重要影响，因此这位思想家当仁不让地被视为西方汉学的鼻祖。与其先后到达中国的著名的传教士，都著书立说、传播中国文化，对推动西学东渐和中学西传做出了贡献。在世界汉学史上，除了以上提及的，还有许多汉学家的名字十分响亮，诸如曾德照、柏应理、卫匡国、殷铎泽、南怀仁、汤若望、龙华民、金尼阁、罗如望、熊三拔、李明、张诚、白晋、马若瑟、宋君荣、钱德明、翟理斯、安特生、雷慕沙、儒莲、德理文、安东尼·巴赞、蒙田、冯秉正、尼·雅·比丘林、巴拉第·卡法罗夫、瓦西里耶夫、沙畹、伯希和、马伯乐、葛兰言、斯文赫定、马礼逊、斯坦因、理雅各、翟里斯、李约瑟、韦利、霍克斯、卫礼贤、福兰阁、孔拉迪、高本汉、卫三畏、费正清、戴密微、石泰安、谢和耐、欧文等。他们和东方日本、朝鲜半岛的富有建树的汉学家以及当今散布在各国的汉学家，对中国文化的独特理解，铸造成汉学史上的思想学术之碑，开垦了汉学成长的沃土。

“西方的汉学是由法国人创立的。”但是，在欧洲全面研究中国文明的问题上，“法国的先驱是葡萄牙、西班牙和意大利”。[①] 戴密微把以上三个国家誉为汉学的先锋，“他们于16世纪末叶，为法国的汉学家开辟了道路，而法国的汉学家稍后又在汉学中取代了他们”，真正建立起作为学术的汉学传统。就传统汉学而言，法国是汉学家最多的国家之一，有许多汉学界的学术巨擘，不断为汉学的崇高而添砖加瓦。

中外文化交流的结果不仅意味着中国文化“外化”的传播，也意味着异质文化对中国文化“内化”的接受。汉学家作为中外文化交流的桥梁和使者，在异质文化的交流中，也是人类和谐与进步的推动者。

汉学诞生在与异质文化碰撞、交流和相互浸淫之中。这个结果无异于一枚果子的成熟，只有“风调雨顺”才生长得好。和谐、宽容、理解与尊重，是异质文化彼此借鉴的保证。作为文化形态的汉学，其成长和生存离不开良好的国际语境。就中国而言，历史上凡是开放的时代，文化交流多，汉学

---

① 戴密微撰《法国汉学研究史》，载耿昇译《法国当代中国学》，北京：中国社会科学出版社，1998年。

就发展;反之,汉学就停滞,这似乎成为一种规律。

作为学术公器的汉学,文化上有其自己的成长过程。汉学是发展的,这一植根于中国文化土壤,生存于异国他乡的文化,同样深受不同时代语境的极大影响。这里所说的语境,既包括中国的历史演变,也包括异国和世界的历史变化。就是说,不同的历史时期,不同的社会、政治、经济、文化背景,在很大程度上左右着汉学的发展方向和内容;换句话说,汉学的形成和发展,不仅受制于中国历史的更迭,也受制于他者社会的变化。这就是以历史悠久的中国文化为研究对象的汉学发展的基本轨迹。

汉学作为一种学术形态,总体上可以分为“传统汉学”和“现代汉学”。传统汉学以法国为中心,而现代汉学兴显于美国,20世纪中期以来,在西方其他国家葆有传统汉学的同时,现代汉学也很繁荣。随着中国与世界政治关系的变化,随着中国文化与世界文化交流的拓展,现代汉学有了显著的发展。

虽然20世纪的后50多年,中国文化与世界各国文化接触开始多了起来,但就整体而言,1949年后约有30多年是一个相对“闭关锁国”的时期。公正地讲,这道意识形态的“长城”也并非就是中国的政策,是那时期以美国为首的国家在政治、经济、军事、文化上对我国全面封锁的结果。这个时期的“汉学”涂满了政治色彩,以法国为代表的汉学较多地保持着传统汉学的学术精神,而美国的“中国学”却成了充满政治意识的现代汉学的代表。美国的“中国学”所关心的不是中国文化,更不是中国的传统文化,而是中国的政治、经济、军事、教育和社会生活各个层面的问题。这种政治特征,是那个时期美国汉学的基础,这一特征也影响了其他国家汉学的研究方向和内容。

由于中国与世界的隔离,由于西方与中国少有交流,因此汉学家不了解中国最新的文化进展(比如新的考古发现),致使汉学处于断炊或“无米之炊”的状态,没有中国文化的支持,西方汉学要想取得研究上的突破也很困难。陌生感和神秘感困扰着汉学家,这不仅是文化的尴尬,也是汉学家的难堪。

人类文化包含了物质文化和观念文化等。物质文化表现在衣食住行生活方面,是一种看得见摸得着又极易变化的“具象”文化,即如饮食、服饰、住房、音乐、舞蹈等;观念文化是一个民族的核心,表现在人的价值观、道德观、家庭观、宗教观等诸多方面,以及关于自由、平等、民主的理解,观念文化是一个民族的思维经过高度抽象后形成的思想、观念和精神,它通过文化灵魂——哲学、文学、语言、宗教、历史等来表达。[①] 观念文化,一俟进入外国汉学家的研究视野,他们的研究也就进入了对中国文化核心的深层研究。

汉学家从对中国物质文化到观念文化的研究,其领域越来越广越来越深。现在,汉学不仅包括对中国的哲学、文学、宗教、历史领域的研究,还包括社会学、政治学和自然科学。Sinology(汉学)和 Chinese Studies(中国学),它们已经发展到可以"异名共体"的地步。

时至今日,传统汉学和现代汉学这两种汉学形态不仅同时存在着、共荣着,而且还互相浸透着。

19 世纪末至 20 世纪初,美国汉学悄然嬗变为中国学,并以自己独有的个性特点和极强的生命力出现在世人面前。美国汉学始自 1830 年东方学会(American Oriental Society)的建立,这个学会虽然代表了欧洲那种对东方学文学的兴趣,但这个学会"从一开始就有一种与众不同的使命感"——"为美国国家利益服务,为美国对东方的扩张政策服务"。[②] 这个特点也与"美国海外传教工作理事会"向中国派出基督教传教士的宗旨相一致。可见,美国汉学一开始就和美国的国际战略和对华政策联系在一起。卫三畏(Samuel Wells Williams)1848 年出版的百科全书式的《中国总论:中华帝国的地理、政府、教育、社会、生活、艺术、宗教及其居民观》就带有较为浓厚的社会科学特点,与欧洲具有人文科学特征的汉学颇有差异,但它依然属于 Sinology 的范畴。

美国从南北战争后的统一中走向强大,加入强国之列。八国联军对中国的侵略行径,是列强联合的第一次尝试。从那时起,承担着相当"政治"角色的传教士进入中国。真正美国式的"汉学"——中国学,就从那时开始,而奠基人和开拓者是之后的费正清(John King Fairbank)。作为美国首席中国问题专家的费正清,他的中国学研究不仅影响了美国,也对其他国家的汉学研究或中国学研究都有强烈的影响。

---

① 任继愈撰《汉学发展前景无限》,载《中华读书报》2001 年 9 月 19 日。

② 侯且岸撰《费正清与中国学》,载李学勤主编《国际汉学漫步》(上),石家庄:河北教育出版社,1997 年。

在西方，费正清的魅力在于，没有谁能像他那样以更清晰、更富于洞察力的笔触来表述中国。“在使美国人了解中国，了解中国的传统、中国纷扰不安的近代史，以及中国神秘莫测的现状等方面，谁的贡献也没有像他那样大。”费正清等一批知名的美国中国学家都参与过战时情报工作，在战后作为美国政府的智囊而直接为制定对华政策服务。费正清的研究虽然充满了实用和功利色彩，立场和观点也有偏见，但这并不妨碍他在历史上作为一个贡献巨大的汉学家和中国人民的朋友的光辉。美国学者从事研究的根本出发点是“使命感”、“学术个性”和“反唯理智论倾向”，“蔑视学问，更为强调实用性知识”，“更为明显同自己以外的社会，即政治家、实业家及其实践家始终保持紧密的联系”。① 这就是美国中国学家的基本心态，他们讲究功利和实用，不理会学术上的理智倾向，这与法国汉学家的学术心态、学术个性与学术传统几乎大相径庭。

传统汉学(Sinology)和现代汉学(Chinese Studies)的差异在于前者是以文献研究和古典研究为中心，它们包括哲学、宗教、历史、文学、语言等；而以美国为中心的现代汉学(中国学)则以现实为中心，以实用为原则，其兴趣根本不在那些负载着古典文化资源的“古典文献”，而重视正在演进、发展着的信息资源。但是，汉学发展到21世纪，其研究内容和方式已经出现了融通这两种形态的特点。这种状况既出现在欧洲的汉学世界，也出现在美国的中国学研究之中，可以说世界各国汉学家的研究中，都兼有以上两种汉学形态。

汉学(Sinology)对中国研究者来说，被尘封得太久，所以它的空白很多，浩如烟海的资源还有待于深入开掘。这种开掘，不仅可以收获汉学，还可以无意中发现被历史“放逐”和“遗失”在异国他乡的中国文化。编撰“列国汉学史书系”的目的和宗旨，不仅是为了梳理已有的汉学资源，在世界范围内追踪中国文化的外传历史状况、经验及影响，同时探究汉学的产生、成长、发展与繁荣，还要尽可能厘清这块“他山之石”对于中国文化的作用。当然，“列国汉学史书系”还期望对推动中国文化与世界文化的交流有所裨益。

“列国汉学史书系”作为一个文化工程，其撰写的难度非一般学术著

① [美]赖肖尔著《近代日本新观》，北京：三联书店，1992年。

作所能比拟。严绍璗教授谈到 Sinology 的研究者的学识素养时提出四个“必须”:一、必须具有本国的文化素养(尤其是相关的历史、哲学素养),二、必须具有特定对象国的文化素养(同样包括历史、哲学素养),三、必须具有关于文化史学的基本学理素养(特别是关于“文化本体”理论的修养),四、必须具有两种以上语文的素养(很好的中文素养和对象国的语文素养)。这几点确实都是汉学研究者必须具备的文化和语文素养,否则很难进入汉学研究的学术境界。

写作“列国汉学史”艰难,而出版可谓难上加难。1995 年曾经“落实”的出版经费,因故而一风吹。人间的事好像天上的云地上的风,飘忽不定没有根,铁板钉钉是没有的,因为钉子可以用“权力”拔出来,一切承诺和协议,都可以化为乌有。虽然“列国汉学史书系”的生长不断受到寒风的袭击,但它终没有自毙于摇篮之中,冬天之后是春天,接着便是收获的季节。这套富有创意和价值的书系,将对中外文化交流和汉学的发展及其比较研究产生深远影响。说到这里,“书系”编辑委员会同仁和作者,要感谢学苑出版社所给予的支持,尤其要感谢社长兼总编孟白先生和不久前病逝的总编辑助理郭强副编审,由于他们慧眼识金才使这一书系得以面世。

有人认为“汉学史中国人写不了”,当然这是一个很奇怪的“立论”。日本人石田幹之助写了《欧人的中国研究》(1932),莫东寅写了《汉学发达史》(1949),接下来又有严绍璗的《日本中国学史》(1991),张国刚的《德国的汉学研究》(1994),张静河的《瑞典汉学史》(1995),何寅、许光华主编的《国外汉学史》(2002),刘正的《图说汉学史》(2005)和李庆的《日本汉学史》(2005)相继面世。在人类的文化长廊里,无论是中国还是外国,各种史书琳琅满目,这其中有外国人写中国的各类历史,也有中国人写外国的各类历史。历史,是往事,是记录,是选择,并有相对独立的评论和褒贬。但是,事实上任何一部历史都不是最后的历史,历史随着时光的流逝而演进,修史很难一步到位,它需要一代代学者“积跬步”才能“至千里”,只有“积土成山,积水成渊”,方能“风雨兴”、“蛟龙生”。学问之事非一夕之功,非得有前赴后继者敢于赴汤蹈火“流血牺牲”,才会达至光明顶峰。

开拓者也许会在某个时候将自己的真诚劳作化为欢乐,因为在以后的岁月里,定会有人踏着自己的肩膀或是踩着自己的鼻子和头顶攀上高峰,以鸟瞰美丽风光。21 世纪是经济的大空间,对汉学来说也是一个“大空间”。但是，要探索这个“大空间”，需要有个和谐的“太空站”，需要大家联袂共建；当然世界上需要多元文化和谐相处的历史语境，共同创造彼此接近、认识、理解、尊重、沟通、借鉴与融合的机会，这个机会，就是汉学研究发展的机会。

时间在行走，历史在行走。人类创造过历史，书写过历史，但是没有最后的历史。汉学有历史，而且还正在创造新的历史，汉学及其研究将以自己的品格和个性在人类文化的世界里放出异彩。

阎纯德

2006年12月5日于北京半亩春

目 录

前　言

近十几年来，随着国际学术界交流的日益频繁，国内学者对西方汉学的研究逐步升温，研究内容既有对古典汉学（Sinology）史的回顾，亦包括对现代中国学（Chinese Studies）最新研究成果的介绍。汉学史的研究作为这一学科学术史的回顾具有重要价值。依据不同的标准，对于汉学史的分期，学术界存在不同的意见。北京外国语大学海外汉学研究中心的张西平教授认为，西方汉学经历了"游记汉学时期"、"传教士汉学时期"、"专业汉学时期"三个不同的发展阶段。① 阎纯德教授则认为西方汉学的发展历史可以分为：汉学的萌芽时期（公元前后至15世纪）、汉学的初创时期（16世纪至18世纪）、汉学的繁荣拓展时期（18世纪末至20世纪中叶）。② 美国学者韩大伟认为"最早的耶稣会的汉学翻译者、编撰者及编辑者，19世纪一些具有爱国思想的从事领事、商务及传教活动的汉学家们和19世纪中期至下半叶最早的法国室内汉学家共同为现代汉学奠定了基础。"③姑且不论这些分期因为分期标准不同而造成的多多少少的差异，至少可以从中看出19世纪的汉学发展在整个汉学史上是一个极为重要的奠基时期，古典汉学在这一百年里渐渐地积累了丰硕的成果，并且在这一百年的最后阶段国际汉学开始走进高等教育的殿堂，逐步迈向专业化和学科化的转变。

抛开国别的界限，学界对19世纪汉学史的研究也是颇为重视的。只是，法国汉学通常是备受关注的目标，相比而言英国汉学则备受冷落。19

---

① 张西平撰《西方汉学的奠基人罗明坚》，见《历史研究》2001年第3期，第101页。

② 阎纯德撰《汉学和西方汉学研究》，见阎纯德主编《汉学研究》第一辑，北京：中国和平出版社，1996年，第1～14页。

③ ［美］韩大伟撰《西方古典汉学史回顾：传统与真实》，见葛兆光主编《清华汉学研究》第三辑，北京：清华大学出版社，2000年，第86页。

世纪整个汉学界都被笼罩在法国汉学的耀眼光环之下，假设暂时拨开这层光环，将视角放公平一些，便会很容易发现，实际上，19世纪英国汉学的成就令人侧目。这里有一份数据，阙维民根据哥伦比亚大学图书馆编制的《〈汉学文献目录〉索引》（Author Index to the Bibliotheca Sinica of Henri Cordier）做了一项统计，“从16世纪至1924年，西方汉学家共有7,737位，其中113位至少发表或出版了20篇（部）以上论文（著作），笔者称他们为多产西方汉学家，其中英国为37人，法国29人，德国12人，美国9人，其他国家7人，不明国籍者19人。而在所有37位英国高产汉学家中，仅有2位逝世在1850年之前、6位逝世于1925年之后，他们的在华期间和汉学研究最佳年龄阶段在19世纪的占极大多数。这一事实在某种程度上已经说明，19世纪的英国汉学研究队伍，已经成为左右西方汉学研究的主导力量之一。”①虽然人数多少与汉学研究水平高低显然不是成正比关系，但至少可以从侧面提供一个参考，“明确而量化地反映出英国汉学在19世纪迅速崛起以及在西方汉学界所居重要地位的历史事实”。②

整体而言，19世纪英国汉学无论在横向还是纵向的国际汉学史中都占有重要地位，但与其他国家的汉学史研究相比较，学界对19世纪英国汉学史的研究相对薄弱。

不像法国或俄国等国家的学术界有不定期清理汉学史的习惯，英国学界似乎没有这样的传统，因而很难找到英语文本的英国汉学史著作。据我所知，只有伦敦大学亚非学院（the School of Oriental and African Studies, University of London）T. H. Barrett于1989年出版于伦敦的一本仅125页的小书Singular Listlessness: a short history of Chinese books and British scholars。这部Singular Listlessness起初也不是为整理英国汉学史而作的，而是作者参加1987年8月24－26日在伦敦大学亚非学院召开的有关英国图书馆学的讨论会时提交的非正式论文，原来的论文只有44页，作者做了一定充实后付梓。全书分为以下若干节：中文书籍与真实的中国、早期欧洲汉学：伊比利亚时期、第一次中英接触、17世纪、18世纪的英国、18世纪的俄国与法国、东印度公司汉学（East India Company sinology）19世纪早期的

---

① 阙维民撰《剑桥汉学的形成与发展》，见台湾汉学研究中心主编《汉学研究通讯》，台北：汉学研究资料及服务中心，2002年，第33页。

② 同上。

汉学家(sinologists)、19世纪伦敦的中国研究(Chinese Studies)、19世纪晚期、20世纪初的英国、欧美崛起、战争时期的英国、战后英国汉学的扩展、从Scarbrough到Hayter、英国的中国研究回顾、忽略的后果。全书的基调与结论都指向一种倾向,即认为英国学者对汉学研究是“出奇的漠然”,重视程度不高。这种对中国的商业兴趣浓于学术研究的倾向在后来英国学者撰写的相关文章中也基本得到了大家的公认,常常被拿来说明英国汉学不十分发达的理由。

至于中文世界,已有一部专门的英国汉学史问世,即北京语言大学阎纯德教授主持的“列国汉学史书系”这样一项庞大的计划中的《英国汉学史》,由熊文华先生所著,学苑出版社2007年出版,此书对三百年间的英国汉学史做了整体的概述,并对其中比较著名的汉学家有所介绍,尤其最后一章对史论及实践角度的英国汉学做了深入的分析,极为难能可贵,另外附录中的“汉学书局和机构”也极具参考价值。

除了以上专著,对英国汉学的专门论述多数是以论文形式展开的。

例如,对英国汉学作整体研究的中文论文有:林佐瀚撰《英国早期汉学发展溯源》,[①]文章范围从16、17世纪至19世纪中期,提出了斯当东(Sir George Thomas Staunton,1781 - 1859)为“英国汉学之父”,马礼逊牧师(Rev. Robert Morrison,1782 - 1834)为“英人研究汉学的一代宗匠”,这也是罕有的将重点放在19世纪的论文。陈尧圣撰《英国的汉学研究》一文,[②]简单回顾19世纪,重点放在20世纪。杜维运撰写的《英国的汉学研究》同样将全文重心摆在20世纪。[③] 早稻田大学的近藤一成撰写了《英国的中国学》,主要介绍了英国的中国学会以及设置中国学专业课程的大学和研究机构的概况,这些事件基本都集中于20世纪。[④] 熊文华的《英国的汉学研究》系统地论述了英国汉学自17世纪至今的研究状况,既有汉学家

① 载香港中文大学联合书院校刊第二十二期(一九七一年一月出版),抽印本,藏香港中文大学图书馆。

② 陶振誉等编《世界各国汉学研究论文集》第一辑。台北:中国文化研究所,1962年,第185~197页。

③ 宋晞、权德周等编《世界各国汉学研究论文集》第二辑。台北:国防研究院中华大典编印会,1967年,第221~240页。

④ [日]近藤一成撰《英国的中国学》(上),见台湾汉学研究中心主编《汉学研究通讯》。台北:汉学研究资料及服务中心,1993年,第12卷第3期,第177~182页;(下),第12卷第4期,第244~248页。

的介绍,亦有汉语教学等专题研究,还包括各大学里研究机构的简介。不过总体而言,这一类的研究多数受论文篇幅所限,不可能展开深入的论述,大多是史实的简单陈述,基本倾向也是更多地着眼于20世纪的研究,对19世纪重视不够,比较偏向对现代中国学的研究与介绍,旨在加强国内学界对英国汉学研究现状的了解,对于英国汉学"史"的研究则基本没有。

这方面的英文论文我能找到的只有欧洲汉学学会(European Association of Chinese Studies)的《英国的中国学》(Chinese Studies in the U. K.),[①] 其中除了有一篇鲁惟一(Michael Loewe)的《英国中国学的起源与发展》(The Origins and Growth of Chinese Studies in the U. K.)之外,主要部分是以学校为单位、以档案形式介绍各汉学研究机构,结尾部分则是 Frank Dikötte 撰写的《英国汉学学会史》(History of The British Association of Chinese Studies)。其余也有一些在会议上提交的论文,但遗憾的是只能看到题目或提要,正文却无缘见到。

而在我们的研究视野中,更为丰富的研究成果是近年来展开的个案研究:有连续出版物刊载的论文,亦有学位论文,少数已有著作问世;既有人物的个案、研究著述的个案,亦有学术刊物以及研究机构的个案。这些文章为我提供了重要的参考,使我真正能够站在巨人的肩膀上开始研究。

针对汉学家及其著述的个案研究所涉及的汉学家包括:马礼逊(Robert Morrison,1782 - 1834)、麦都思(Walter Henry Medhurst,1796 - 1857)、理雅各(James Legge,1814 - 1897)、伟烈亚力(Alexander Wylie,1815 - 1887)、威妥玛(Sir Thomas Francis Wade,1818 - 1895)、慕维廉(William Muirhead,1822 - 1900)、艾约瑟(Joseph Edkins,1823 - 1905)、翟理斯(Herbert Allen Giles,1845 - 1935)、莫理循(George Ernest Morrison,1862 - 1920)、斯坦因(Sir Mark Aurel Stein,1862 - 1943)等等。[②] 其中尤其是早期,中文世界也好,外文世界也罢,多数是简单的生平简介,而且,由于这些学者多数的身份并非专业的汉学家,故而有很多并非从汉学视角进行研究,而是讣告、纪念性文章或者选取的角度是宗教、外交官以及探险家视角。近年来,出现了少数学者从汉学家角度对他们做出系统的论述。其中,福建师范大学林金水先生的学生做出了不少成绩,如岳峰在2003年提

① Cf. European Association of Chinese Studies Survey, 1998, No. 7.

② 因所涉书与论文数量众多,具体目录见书末的参考文献,此处不再赘述。

交的博士论文《架设东西方的桥梁:英国汉学家理雅各研究》,次年由福建人民出版社出版,以及王绍祥在2004年提交的博士论文《西方汉学界的公敌:英国汉学家翟理斯(1845-1935)研究》。这两篇论文都是真正把他们作为汉学家来研究的,而且对于原始资料的穷尽也颇为用功,是近年来难得的成果。

英文文献中对汉学家的个案研究也有不少,近年如吉瑞德(Norman J. Girardot)于2002年出版于加利福尼亚大学出版社的The Victorian Translation of China:James Legge's Oriental Pilgrimage,厚达780页的大部头搜集了丰富的文字及实物资料,其中不乏以前未被利用到的文献及其他资源,书的核心部分章节分布基本是按理雅各的多重身份划分,如朝圣者、牛津大学教授、异教徒、比较文学学者、翻译家、教育家等等,从不同角度描绘了不同时期的理雅各,多角度地更为完整地论述了理雅各一生的贡献。另有和前书作者基本同时期开始研究而成书略晚的费乐仁教授(Lauren F. Pfister),他的大作Striving for 'The Whole Duty of Man': James Legge and the Scottish Protestant Encounter with China于2004年出版,洋洋两大卷,基本按时间顺序将理雅各的人生划分了不同阶段,全书的线索即为理雅各的传教士身份与学者身份的冲突、调适、发展,以及最后成为传教士汉学家的典范,这整个发展过程中的复杂性以及背后透视的苏格兰新教与中国文化的冲突是作者重点关注的。

除了对人物的个案研究之外,也有不少针对某一本著述进行研究的论文。如黄时鉴撰写的论文《麦都思〈汉语福建方言字典〉述论》,充分肯定了这部作品的语言学价值,指出它是西方人研究福建方言的第一部著作,"在福建方言研究史上,它标志着一个近代化的新的起点"。①《威妥玛氏〈语言自迩集〉所记的北京音系》②和《威妥玛〈语言自迩集〉与对外汉语教学》③从语言学角度分析了这部作品,并指出了其在对外汉语教学以及汉

① 黄时鉴撰《麦都思〈汉语福建方言字典〉述论》。见李国章、赵昌平主编《中华文史论丛》第71辑,上海古籍出版社,2003年,第335页。

② 张卫东撰《威妥玛氏〈语言自迩集〉所记的北京音系》,见《北京大学学报》(哲学社会科学版),1998年第4期。

③ 张德鑫撰《威妥玛〈语言自迩集〉与对外汉语教学》,见《国际汉学》第九辑,2003年9月出版,第256~266页。

语语法研究方面的贡献。《翟理斯和他的〈华英字典〉》[①]介绍了翟理斯的汉学成就，并着重说明了这部作品在中外辞书编纂史上的贡献。

关于汉学机构及刊物的个案研究中，最值得注意的是复旦大学周振鹤的学生王毅于2004年提交的博士论文《皇家亚洲文会北中国支会研究》（已于2005年由上海书店同名出版），该篇论文中最引人注目的是对《皇家亚洲文会北中国支会会刊》（Journal of the North China Branch of the Royal Asiatic Society）的介绍与研究，该刊其实是当时非常重要的汉学类文章发表的园地，但一直并未得到学界应有的重视，更多的学者注意的是像《通报》（T'oung Pao）这样的专业汉学期刊。事实上，19世纪英国汉学家以论文形式出现的研究成果中相当多地发表在《皇家亚洲文会北中国支会会刊》，而且如果能够耐心读一些刊中论文，就会发现其中不乏汉学研究的精品，不仅仅是刊登那些一般普及型文章，其学术价值不可忽视，甚至有些论文的影响至今仍在，只是有待有心人发掘而已。其他也有一些文章专门论述了一些汉学机构，所涉机构有伦敦大学亚非学院[②]、牛津大学[③]、剑桥大学[④]、爱丁堡大学等等，但这些学校的汉学机构中有相当多数的建立或主要活动时间不在19世纪，因而文中对于19世纪英国非正式的汉学机构的研究乏善可陈，对本书需要了解的部分帮助不大，但有助于了解这些汉学研究机构的历史完整性。

另外还有针对整个汉学界的某个专题的个案研究，其中有些涉及到19世纪英国汉学的研究内容。如《中国与欧洲早期宗教和哲学交流史》[⑤]的第八章即为"中国宗教和哲学在英国的传播和影响"。《欧洲的汉语音

---

① 董守信撰《翟理斯和他的〈华英字典〉》，见《津图学刊》，2002年第2期，第36～38页。

② 王次澄撰《伦敦大学亚非学院的传统中国学研究》，见《国外社会科学》，1994年第2期，第56～59页；叶隽撰《伦敦大学亚非学院及其汉学研究》，见任继愈主编《国际汉学》，第11辑，郑州：大象出版社，2004年，第267～277页。

③ 杨国桢撰《牛津大学中国学的变迁》，见《中国史研究动态》，1995年第8期，第4～9页。

④ 张国刚撰《剑桥大学中国学的历史与现状》，见《中国史研究动态》，1995年第3期，第2～8页；张国刚撰《关于剑桥大学中国学研究的若干说明》，见《中国史研究动态》，1996年第3期，第22～27页；傅勇撰《剑桥汉学管窥》，见《中国文化研究》，2004年第2期，第148～151页；阙维民撰《剑桥汉学的形成与发展》，见台湾汉学研究中心主编《汉学研究通讯》，台北：汉学研究资料及服务中心，2002年，第21卷第1期，第31～43页；王小甫撰《对〈剑桥大学中国学的历史与现状〉一文的补正》，见《中国史研究动态》，1995年第10期，第20～24页。

⑤ 张西平著《中国与欧洲早期宗教和哲学交流史》，北京：东方出版社，2001年。

韵学研究:第一阶段》[1]也有一定篇幅讨论艾约瑟对于汉语古音的构拟问题。另外《西方道教编年史》[2]以及《西方汉学界的中国文论研究》[3]等专著也有专门论述到英国汉学家的作品与贡献的章节。

还有一部分相关文献散布于各种汉学史的著述中,如莫东寅的《汉学发达史》(上海书店,1989)、何寅及许光华主编的《国外汉学史》(上海外语教育出版社,2002)、程曦的《海外汉学兴衰管见》[4]、胡志宏的《西方中国古代史研究导论》(大象出版社,2002)、刘正的《汉学在20世纪东西方各国研究和发展的历史》(武汉大学出版社,2002)、桑兵的《国学与汉学——近代中外学界交往录》(浙江人民出版社,1999)、石田幹之助著朱滋萃译的《欧人之汉学研究》(中法大学,1934)、许惟贤和王相宝主编《当代海外汉学研究》(江苏人民出版社,1997)等等。近期最引人注目的这类资料性著作是《欧洲中国学》,此书以国别分类,其中的英国篇[5]概述了英国中国学从17世纪中期至20世纪80年代的研究发展状况,并附有"中国学家与有关学者"以及"中国学的教学与研究机构",详细地作了列表,提供了非常丰富的资料库,按照书中观点,英国汉学史分为三个阶段,分别是"英国汉学的开创阶段"、"二战结束以后到1960年末的阶段"以及"1970~1980年代英国中国学研究又陷入停滞状态的阶段"。

总括而言,现在学界还尚未有一部系统、完整的19世纪英国汉学史,故本书将在已有的丰富研究成果基础上进行首次大胆的尝试,着重针对前人或中文世界一直忽略的一些汉学家及其著述进行研究,而对于已有大量丰富研究成果的那些汉学家以及那些非汉学研究领域内的作品,将在不影响整体框架的前提下尽量少用笔墨。

本书的资料来源主要是大量的原始资料,即绝大多数19世纪英国汉学家们的著述,以及当时学术刊物上发表的论文,在此基础上利用了迄今为止能够找到的中外学者对19世纪英国汉学的各项已有研究成果,包括

---

① [加]蒲立本撰《欧洲的汉语音韵学研究:第一阶段》,张洁译,见任继愈主编《国际汉学》第9辑,郑州:大象出版社,2003年,第172~192页。

② [法]索安著,吕鹏志、陈平等译《西方道教研究编年史》,北京:中华书局,2002年。

③ 王晓路著《西方汉学界的中国文论研究》,成都:巴蜀书社,2003年。

④ 这部小书似乎并未被国内学者提及,此书藏于国家图书馆,根据图书馆的章纹可以辨出是从澳大利亚国立大学图书馆复印而来的线装本,出版时间不详。

⑤ 黄长著、孙越生、王祖望主编《欧洲中国学》,北京:社会科学文献出版社,2005年,"英国篇"在第253~419页。

专著与论文，也部分地利用了网络上的电子资源。

本书的研究对象定为19世纪英国汉学史，顾名思义时间段主要划在19世纪，但由于学术史的前后关联，也会适当向前上溯或向后延伸，主要的重心则放在19世纪。正如上文所言，19世纪的汉学家中相当多数并非我们今日心目中坐在高等学府专门研究并教授汉学课程的汉学家，他们是以一种特殊的又符合当时环境的面孔出现在我们面前的，他们的研究成果为英国汉学的发展奠定了基础，因此我们对这些“业余汉学家”也会予以足够关注，其中既包括在英国本土的，也包括在中国生活大半生的英国汉学家。

鉴于汉学史属于学术史的范畴，而又与文献目录学有着不可分割的联系，本书将主要采用学术史和文献目录学的研究方法，着眼于英国汉学这一百年里自身的发展规律，在丰富的原始资料的基础上建立一个宏观框架，同时细数这一时期英国汉学家具体的研究成果，为19世纪英国汉学史提供一个全局的考量，以编年形式进行描述的同时，概括出每一阶段的特征与趋向，将目前零零碎碎的片断尽量还原为一段完整的历史，力图展示19世纪英国汉学与前后历史时期之间的联系，挖掘这一百年间英国汉学的变化轨迹、内在动因及其学术传承的脉络。这对于个案研究的定位，19世纪英国汉学在与世界汉学的横向比较以及与自身汉学史的纵向比较中的阶段性特征的确定，都有着十分重大的意义。

本书的结构主要是以19世纪英国汉学史的大致分期为基础划分章节的。而纵观整个19世纪的英国汉学史，很明显地可以分为三大阶段，草创与发展期（19世纪上半期）、学院化及其繁荣期（19世纪中后期）以及向现代中国学过渡的时期（19世纪末到20世纪初）。当然这种划分的方法仅仅局限于19世纪的，是针对这百年的发展史作出的分期，毕竟相对于20世纪，19世纪的英国汉学研究显然远远达不到“繁荣”的局面。在这里只是尽量摘取重点的汉学人物、著作以及研究机构等重大事件进行探讨，其中包括一些被学界或说中文世界一直忽视但却成绩卓著并在西方汉学界颇为闻名的汉学家。各章结束有时也有短小的结语概括每一时期英国汉学的发展特点、贡献与意义。同时，本书力图在这个过程中发掘并勾勒出19世纪英国汉学的发展轨迹以及模糊但仍然可辨的学术传承与交流，在爬梳基本史料的基础上从学术史的角度更深入探讨19世纪英国汉学史发展的内在理路。

最后是研究中可能会存在的问题。之所以一直没有人做这项工作，自有其原因，即原始资料比较难找，需利用的绝大多数为外文资料。在查阅和写作的过程中也必然面对译名的问题，这也是研究海外汉学史最常被人指出错误的地方，虽然看来是琐碎的事，其实这是最基本的，对书名的翻译也能反映出研究者对汉学原著的阅读及理解能力。关于汉学家的中文名字，本书基本是采用了汉学家自己所起的汉文名字，或者他们所在时代基本公认的名字，实在不能确定的则采取音译的方式。与此相比，更让人在意的是一种始终存在的固有观念，认为英国汉学没有传承，19 世纪英国的杰出汉学家及其成果寥若晨星等。虽然事实并非如此，但我在准备本书时限于客观条件的限制，不得不放弃一些想法，如对汉学研究机构的详细考察，还有相当一部分档案、报告书等资料在国外，暂时没有条件获得并供以参考，十分遗憾。本书只能尽可能利用国内现有的资料进行分析，在原始资料不够完全的基础上研究必然会存在一定的缺失，暂时也只好抱憾了，期待以后有条件时进一步补充完善。最后，19 世纪英国汉学史毕竟是一个在英国国内也没有太多既有研究成果的论题，它的理论框架的构建也成为一个本书探索的课题，毕竟本人的理论水平也实在有限，在摸索前行的过程中必定会出现一些问题，也希望今后随着本人理论水平的提高能够有所改善。

笔者自千禧年开始对英国汉学史萌生兴趣并开始对个别汉学家的贡献展开研究，掐指算来，今年已是第九个年头，在这漫长的岁月中有太多人为我提供帮助，首先要感谢的是恩师张国刚先生，如果没有张先生醍醐灌顶的指导和不遗余力的帮助，自己的研究之路究竟在哪里都是未知。感谢中国科学院自然科学研究所的韩琦先生、上海社会科学院历史所的马军先生、中原工学院的王毅先生、伦敦大学亚非学院的赵毅衡先生、南开大学外语学院的阎国栋先生、河北大学的雷戈先生，他们在提供资料、交流思想等诸多方面给我不少启发和帮助。如今能顺利付梓，更要感谢北京语言大学的阎纯德先生长期的督促与鼓励、感谢学苑出版社及责任编辑杨雷的细心和耐心！

第一章 英国汉学的草创与发展期(19世纪上半期)

第一节　19世纪之前英国的中国印象

自中西交往之初,西方的中国观,即西方对中国的印象就一直处在不断的变化之中,其中最重大的转折之一发生在19世纪初前后,其结果导致西方人开始逐渐走出18世纪席卷西方世界的对中国狂热崇拜的热潮,转而进入了一个对中国及中国人极度厌恶和鄙视的阶段。对中国风格的狂热崇拜和亲华主义这些启蒙时代的特征之一,已经随着它们的自然发展进程而完全丧失了推动力。中华帝国自清朝统治末期以后迅速衰落,而且这种走下坡路的情况贯穿了整个19世纪。其中最主要的原因是欧洲,尤其是英国,自工业革命以来帝国主义的崛起。由此,英国第一次成为西方人刻画中国形象的领导者。①

回溯中英在有机会直接交往之前,英国对中国的认识主要也是通过众多法国耶稣会士的作品而得到的印象。自大航海时代以来,西方国家纷纷争夺东方航线,16世纪末英国终于在与葡萄牙和西班牙人的东方航线竞争中取得成功,于是17世纪英国商人已经可以直接到达中国沿海进行商业贸易。除了商人,在中英早期交往过程中,英国对中国了解的途径,还有众多游记作品中的描述,以及后来最直接与中国官方联系的英国使团。

① 此前则多为葡萄牙、西班牙、法国等国的耶稣会士。

关于这次意义重大的转变的开端究竟始于何时，可以说是众说纷纭。最早可上溯到1740—1744年乔治·安森勋爵(Baron George Anson)所做的环球旅行。1744年，安森勋爵周游世界归来，其旅行报告由他的牧师理查德·沃尔特(Richard Walter)于1748年出版。安森勋爵作环球旅行时访问过广州，他的随行牧师被中国人对来访者施展的诡计、敲诈和欺骗的伎俩所震惊，这些也被记录在这部著作中，从而在西方引起了极大反响，甚至有人认为，“它是对法国耶稣会士推出的中国美好形象的首次全面抨击。”①

较为普遍的一种观点则是，1793年的马戛尔尼使团访华才是真正促使西方人的中国观产生决定性转变的事件。1793年，英国外交使团在马戛尔尼伯爵(Lord Macartney)的率领下，经登州、天津大沽口、北京，继而到达热河觐见了乾隆皇帝，此次使团的随行人员包括医师巴罗(John Barrow)②、参赞斯当东(Sir George Leonard Staunton)③及斯当东11岁的儿子，他们中的一些人撰写的多部作品记述了他们见到的中国形象。这次出使最重要的文献是马戛尔尼的日记，但他的一位随行人员巴罗于1807年出版了其日记的选集，另外还有几位随行人员出版了他们自己的出使报告。而“官方的”版本则是马戛尔尼不在时的代理全权公使斯当东爵士的出使报告。这些报告中的种种描述都显示出19世纪西方的中国观的典型特征，即“处于工业化过程中高度自信的西方现在以一种与他们的先辈们完全不同的眼光看到了一个正在衰落的中国，而之前不久，其先辈们看到的是一个正处于鼎盛时期的帝国。”④“随后的19世纪里世界形势发生的深刻变化使马戛尔尼使团的分水岭性质更加突出，随着欧洲在东方的殖民势力终于突破印度的边界大举挺进中国，中国在朝贡体系的风雨飘摇中被迫去学习另一种与世界交往的方式，中西间的文化交往也开始发生颠覆性的

---

① Colin Mackerras, West Images of China , Oxford University Press, Hong Kong, 2nd edition 1991, p.43.

② 巴罗(Sir John Barrow,1764－1848)，英国外交官、作家。1792年随英使马戛尔尼伯爵来北京，任参赞。利用这个机会，他学习汉语并研究中国文学与科学。著有《中国游记》和《关于马戛尔尼伯爵的一些故事及未刊文稿选》。

③ 斯当东爵士(Sir George Leonard Staunton,1737－1801)，英国外交官。1792年随特使马戛尔尼来华，任使节团参赞，全权特使缺席时代理全权特使。著有《英使谒见乾隆纪实》一书(叶笃义中译)，叙述出使经过甚详。

④ Colin Mackerras, West Images of China Oxford University Press, Hong Kong, 2nd edition 1991, p.43.

变化”。[1]

率先跨入资本主义的英国,“在新旧交替时代所体现出的政治和社会变革的功利主义需要,加上英国经验论的哲学传统,以及清高孤傲的民族特性都使得英国文人对中国文化的热情普遍下降”。[2] 而作为一个商业国家,英国的一切行为都是为了商业利益。就是在这样一种环境下,19世纪英国汉学史借助新教传教士马礼逊来华一事拉开了帷幕。

第二节 拓荒者马礼逊与小斯当东

纵观整个19世纪的英国汉学史,很明显地可以分为三大阶段,草创与发展期(19世纪上半期)、学院化及其繁荣期(19世纪中后期)以及向现代中国学过渡的时期(19世纪末20世纪初)。其中,在英国汉学的草创及发展期,鉴于传教士与外交官的突出贡献,这50年也可以说是传教士与外交官的半个世纪,他们为英国汉学的发展做出了不可忽视的基础性贡献。

一、马礼逊对汉语学习的开拓之功

对汉语的学习与研究是汉学研究的第一步,也是19世纪英国汉学相对突出的成果之一。在此领域具有开拓之功的当属新教传教士马礼逊,在准备到中国传教之时,马礼逊就开始学习中文,辗转到了澳门,直至后来成为东印度公司的职员,他始终坚持从聘请的中国教师[3]那里,通过他所搜集的中文书籍学习中文,在华27年,从未放松。在此过程中,他编撰的中文学习教材成为当时学习汉语的外国人必备的书籍,尤其在英语世界中成

① 张国刚著《从中西初识到礼仪之争——明清传教士与中西文化交流》,北京:人民出版社,2003年,第141页。

② 葛桂录著《雾外的远音:英国作家与中国文化》,银川:宁夏人民出版社,2002年,第15页。

③ 据苏精研究认为,“从马礼逊(以及后来的19世纪传教士)的观点而言,所以中文教师是一种礼貌的说法,其实就是他为学习中文、编辑字典和译著书刊而雇用的助手,因此他有时称中文教师为‘teacher’或‘master’,有时则称为‘assistant’。”参见苏精著《马礼逊与中文印刷出版》,台北:台湾学生书局,2000年,第56页。

为编撰汉语学习教材的先驱人物。①

(一)马礼逊生平事迹

马礼逊(Robert Morrison,1782-1834),1782年1月生于英格兰诺森伯兰郡一个典型的基督教家庭,从家庭中接受到的基督教思想颇为深厚,1804年决心成为一名传教士,并在伦敦会(London Missionary Society)学习相关知识。本已萌生海外传教意愿的马礼逊,于1807年1月31日取道美国横渡大西洋,4月20日到纽约,然后从纽约坐帆船渡太平洋来中国,费时七个月,于同年9月4日到澳门,7日到广州,开辟了基督新教来华传教的先河。因当时清廷禁止外人传教,迫于无奈他不得不于1809年到英国殖民机构东印度公司广州办事处任汉文翻译。由于来华之前就已经花了不少时间学习中文,在华期间又不断找中文教师进一步学习,马礼逊的中文造诣很高,1812年完成《通用汉言之法》(A Grammar of the Chinese Language)(1815),1814年编成《华英字典》(A Dictionary of the Chinese Language)(六卷,1815-1823)和《广东省土话字汇》(A Vocabulary of the Canton Dialect)(1828)。1816年随阿美士德勋爵到北京,任汉文正使。1823年回英国一次,带去大批汉文书籍,后来这些书籍由其遗嘱执行人斯当东捐赠给伦敦大学学院(University College London),同时也借此契机开设了英国汉学史上第一个汉文讲席。1824年马礼逊被选为英国皇家学会会员,所译中文《圣经》于1823年在马六甲出版,共21卷。1826年他回到广州。1833年英国驻华商务监督署成立,他又被任为汉文正使兼翻译。翌年8月死于广州,葬于澳门。终其一生,虽然其目的是为传播新教,但的确为英国汉学的汉语学习和研究奠定了坚固的基石,实际上也成为英国汉学史上第一个汉文讲席的赞助者,对早期英国汉学的贡献巨大。

(二)《通用汉言之法》与《华英字典》

《通用汉言之法》(A Grammar of the Chinese Language)是马礼逊第一部关于汉语学习的著作,完成于1812年,1815年由Mission-Press出版于

---

① 更早时期虽然陆续也有知名汉语学习教材问世,但多限于拉丁或法语文本,著名的如利玛窦和金尼阁用拉丁字母为汉字注音的《西儒耳目资》以及马若瑟的《中国语文札记》(Notitia Linguae Sinicae)。

印度孟加拉的赛兰坡(Serampore)。此书现在通过国家图书馆的缩微胶片以及善本库还可以阅读到,全书共计 280 页,“首先是关于中文独特性的评论,然后依次是:中文拼音表/汉语词汇的欧洲拼字法/音节表/声调/声调练习表/汉字的书写方法/汉字的结构/部首表/中文字典/标点法/名词/数词表/名词的数、性、格/形容词的原级、比较级、最高级/韵文/代词:人称代词、疑问代词、指示代词、关系代词、个别代词、不定代词/动词/副词/介词/连词/感叹词/地方土话、诗学”。[①] 从此书的结构篇章安排上不难看出,这里面套用了不少英语语法的说法,因此有学者认为“此书是在用英语语法的模式来构筑汉语语法,书中所用的例句,全是现代汉语,而且大多为口语。实为建立现代汉语语法的最初尝试”。[②] 在英语世界,这也是第一部汉语学习的书籍,它的开拓之功不容忽视,而且也为后来的洋洋巨著《华英字典》的出版奠定了一定的基础。

《华英字典》(Dictionary of the Chinese Language)是马礼逊花了十几年心血苦心铸成的一部英汉字典,而且编纂字典一事是在他来华之前就向伦敦会的理事会建议并获得采纳的。[③] 该书共计三部六卷,其中第一部分三卷,按汉文部首排列;第二部分两卷,按汉文拼音排列;第三部分一卷,英文与中文皆具,出版时间自 1815 年至 1823 年不等,共计 4595 页,收录 4 万个汉字。这三个部分编纂体例不尽相同,可以看作各自独立的字典,其中第一部主要是依据《康熙字典》为基础,同时广泛参考了《唐韵》、《韵汇》、《字汇》、《正字通》、《分韵》以及《五车韵府》等等。[④]

这部著作的意义体现在很多方面,首先,在近代出版印刷史上,为了印刷这部字典,在东印度公司的经济支持下,于 1814 年在澳门成立了中国境内第一家西式印刷出版机构,第一次使用了中英文并列印刷全书的技术;其次,在字典编纂学领域,其价值也一致得到了公认,雷慕沙(M. Remusat)评价“马礼逊博士的《华英字典》比起任何同类著作来说,其优越性都是无

---

① 谭树林著《马礼逊与中西文化交流》,杭州:中国美术学院出版社,2004 年,第 85 页。

② 谭树林著《马礼逊与中西文化交流》,杭州:中国美术学院出版社,2004 年,第 85 页。

③ 苏精著《马礼逊与中文印刷出版》,台北:台湾学生书局,2000 年,第 81 页。

④ Kingsley Bolton, “The Life and Lexicography of Robert Morrison (1782 – 1834)”, Cf. Robert Morrison, A Vocabulary of the Canton Dialect. (广东土话字汇), London: Ganesha Publishing Ltd, 2001, p. xx.

可比拟的",[①]蒙杜齐博士(Dr. Montucci)认为"马礼逊博士花了10年时间出版的这部多卷本的字典,对欧洲学者的作用远胜过上个世纪所有传教团印制的著作和手稿"。[②] 纵观字典丰富的辞条解释,我们发现它"又可以当作一部百科全书来使用,它包括了有关中国的传记资料、历史和民族风情、礼仪和国家制度的评介,是一部汇集了有关中国人的生活和历史文献的最丰富的资料的工具书"。[③]

(三)教授汉语并建立最早的专门教授汉语的学校——伦敦东方语言学校

正如马礼逊在《华英字典》第二部的序言中所倡导的,呼吁欧洲政府能够为学校、学院和大学里的汉语语言与文学的学习提供资助,[④]马礼逊在推广汉语学习的实践上也付出了种种努力。

早在1810年,马礼逊正式成为东印度公司的译员之后不久,他就开始在公司教授部分办事员中文,其中包括Francis Toone、William Plowden和William Bosanquet三人,Beale先生则是偶尔参加学习。[⑤] 此举开创了马礼逊教授中文的先河。而在1818年11月的《印支搜闻》里,就说明了由马礼逊一手创办的英华书院(Anglo-Chinese College)[⑥]的宗旨是,"交互培养中国和欧洲文学,一方面向欧洲人教授中国文字和文学,另一方面向恒河外各个讲中文的国家如中国、安南和中国东部的藩属琉球、朝鲜、日本等教授

---

① [英]汤森著,王振华译《马礼逊——在华传教士的先驱》,郑州:大象出版社,2002年出版,第111页。

② [英]汤森著,王振华译《马礼逊——在华传教士的先驱》,郑州:大象出版社,2002年出版,第111页。

③ [英]汤森著,王振华译《马礼逊——在华传教士的先驱》,郑州:大象出版社,2002年出版,第111页。

④ Kingsley Bolton, "The Life and Lexicography of Robert Morrison (1782-1834)", Cf. Robert Morrison, A Vocabulary of the Canton Dialect.(广东土话字汇), London: Ganesha Publishing Ltd, 2001, p. xxiii.

⑤ Susan Reed Stifler, "The Language Students of the East India Company's Canton Factory", Cf. Journal of North China Branch of Royal Asiatic Society, 1938, Vol. 69, pp. 61~62.

⑥ 1818年11月11日马六甲英华书院的奠基礼上,在奠基石上用拉丁文镌刻着"1818年英华书院的建立,乃创办人马礼逊博士赞助及贡献之功。"参见:Brian Harrison, Waiting for China, Hong Kong University Press, 1979, p.43.

英语,以及欧洲文学和科学。"[①]这时教授中文已经成为书院的主要教学任务之一。

在华已经呆了16年的马礼逊于1823年12月乘坐东印度公司的"滑铁卢号"启航,于1824年3月抵达英格兰,开始了他的休假。虽然回到英国,马礼逊并未获得真正意义上的休假,伦敦东方语言学校(London Oriental Institution),这座专门教授汉语的学校就是在这期间建立的。基于马礼逊提出的在东方传播基督教最有效的方式是建立一所语言学院的建议,各宗教团体包括伦敦会、圣公会、浸礼会和美以美会联合敦请马礼逊就此计划撰写一份呼吁书。终于1825年6月,在罗登伯爵(Earl of Roden)、卡尔瑟普(Calthorpe)、贝克斯利公爵(Bexley)、乔治·斯当东爵士、莱佛士爵士(T. Stamford Raffles)、英格利斯准男爵(R. H. Inglis)、威尔伯福斯先生(W. Wilberforce)和其他著名慈善家的支持下成立了伦敦东方语言学校,[②]开始招收学生教授汉语,学校开办时间共计三年,至1828年马礼逊返回中国之时为止。[③]

学校创办之初,由马礼逊亲自开设中文课程并发表演讲为期三个月,取得的成绩可以在他返华前的述职报告中读到,"高级班和初级班共有13个学生,四个学生将致力于到印度群岛传布真理,另外两个还将在英国呆一到两年。他们有能力教授中国语言的基本原理,并传授给那些渴望阅读中国经典的人。"[④]鉴于语言学校的反响不错,马礼逊决定延长留在英国的时间,此后就固定每周三次到语言学校授课,另外三天则在家中教导一个女子班汉语。[⑤] 这个女子班是马礼逊在创办女子语言学校未果的情形下,在自己家里开办的。当然其目的也是为了促进女性传教士学习汉语,进而到中国传教,为在华传教士的稳定性打基础。

语言学校也好,马礼逊在家中开设的女子班也罢,其目的都是向传教

① 李志刚著《基督教早期在华传教史》,台北:台湾商务印书馆,民国七十四年,第203~205页。

② [英]汤森著,王振华译《马礼逊——在华传教士的先驱》,郑州:大象出版社,2002年,第121页。

③ 陈尧圣撰《英国的汉学研究》,见陶振誉等编《世界各国汉学研究论文集》第一辑,台北:中国文化研究所,1962年,第185~197页。

④ 谭树林著《马礼逊与中西文化交流》,杭州:中国美术学院出版社,2004年,第224页。

⑤ [英]汤森著,王振华译《马礼逊——在华传教士的先驱》,郑州:大象出版社,2002年,第122页。

士教授中文，为了更有效地促进英国在华传教事业的拓展，而且学校教授汉语的课程基本靠马礼逊个人完成，以至于在他返华之后学校就不得不宣告结束，但这种种的不足都无法否认伦敦东方语言学校是英国历史上第一个招收学生专门教授汉语的语言学校的事实，也无形中成为此后在大学里开设专门教授汉语课程的参考，继而成为英国汉学学院化建制的先声。

二、小斯当东对深化汉学研究的贡献

（一）斯当东生平事迹

多马·斯当东（Sir George Thomas Staunton, 1781 – 1859），1781年5月26日生于英格兰南部城市索尔兹伯里，其父为斯当东爵士（Sir George Leonard Staunton, 1737 – 1801），1793年随父亲跟从马戛尔尼使团访华，自幼与中国颇有渊源，在来华途中，他跟使节团中两位华人翻译学汉语，是使节团中唯一能直接用官话和乾隆帝谈话的英人。1798 – 1816年在东印度公司任职员，后被派与阿美士德勋爵专使一同到北京，任副使。1823年他与科尔布鲁克（H. T. Colebrooke）创立亚洲文会（The Royal Asiatic Society），捐赠中国书籍三千卷。1818至1852年任英国下院议员。1859年8月10日死于伦敦。

终其一生，斯当东对英国汉学都极为关注，他翻译《大清律例》以及《异域录》，参与创建亚洲文会，该会对英国汉学的推动力甚大，斯当东还利用自己的身份多次帮助马礼逊，直至马礼逊去世，还作为马礼逊的遗嘱执行人，充分利用马礼逊留下来的中文书籍协助执行他的遗嘱，在英国设立了第一个汉语讲席，虽然持续时间有限，却是开创了英国汉学在高等学校设立汉语教授的先河。

（二）自幼与中国的渊源及其部分汉学作品

1793年，当时仅幼年12岁的多马·斯当东即跟从父亲时任副使的斯当东爵士随马戛尔尼使团访华，并觐见乾隆帝，其父更于1798年在伦敦出版了《英使谒见乾隆纪实》（An authentic account of an embassy from the king of Great Britain to the emperor of China, London, 1798），成为马戛尔尼使团访华事件重要的文字纪录。为与其父区分，多马·斯当东多被世人称为

"小斯当东"。[1] 更为有趣的是,在来华途中,斯当东向使团中的两位中国籍翻译学习汉语,加上他的聪明好学,很快就学会了一些日常用语,成为使团中唯一能讲中文的孩子,且在承德避暑山庄时曾向乾隆帝用中文拜谢,颇让乾隆帝惊喜。幼年时与中国的渊源也许与斯当东对汉学研究的兴趣有些关联。

斯当东的首部汉学作品是将《大清律例》译为英文,1800年当时年仅19岁的斯当东发现了这部中国官员用来判案的法典之后,就立志将它翻译为英文,耗时十年,1810年终于完成并出版《大清律例》(Ta Tsing Leu Lee; Being the Fundamental Laws and a Selection from the Supplementary Statutes of the Penal Code of China, London: Cadell and Davies, 1810)。在中国文献英译史上,"《评论季刊》的书评把此书的翻译出版看成是一桩具有历史意义的大事:这是第一本直接从中文译成英语的著作。"[2]此译本的出现在中国近代法律史上也具有重大意义,"它是中国法典第一次直接进入西文世界,是西方比较完整比较准确了解中国传统法律制度的第一部书。至今仍为西方汉学界研究中国传统法的重要资料,西方对中国法律学术真正的研究实肇始于此。"[3]此外,斯当东还翻译图理琛的《异域录》(Narrative of the Chinese Embassy to the Khan of the Tourgouth Tartars, in the years of 1712, 13, 14, &15, London: John Murray, 1821),出版多部中英商务关系的著作,如《中国与中英商业关系杂评》(Miscellaneous Notices Relating to China and our Commercial Intercourse with that Country, London: John Murray, 1822)以及《英中关系及交往评论》(Remarks on the British relations with China, London: Edmud Lloyd, 1836)等等,还参与编辑校对了郭实腊(Karl Friedrich Gutzlaff, 1803 - 1851)的《道光皇帝传》(The Life of Taou - Kwang, late Emperor of China with Memoirs of the Court of Peking)以及门多萨(Juan Gonzalez de Mendoza, 1545 - 1618)那本著名的《中华大帝国史》的英译本(The history of the great and mighty kingdom of China and the situation thereof, London: Printed for the Hakluyt Society, 1853 - 1854)。

---

① 为行文方便,此后提到的斯当东不做特别说明的话,均指多马·斯当东,即小斯当东。

② [英]佩雷菲特著,王国卿等译《停滞的帝国——两个世界的撞击》,北京:三联出版社,1995年,第六部分,第 页。

③ 王健著《沟通两个世界的法律意义 晚清西方法的输入与法律新词初探》,北京:中国政法大学出版社,2001年,第41~42页。

(三)参与创建伦敦皇家亚洲文会并赠与学会中文藏书

除了自身的一些汉学作品之外,斯当东的最大贡献在于促进英国汉学走向学院化,即汉学研究渐渐深入,走进学校的课程设置,并拥有专门的研究人员、机构与刊物等等。

伴随西方向东方的殖民扩张,对汉学研究的需求逐步凸显,自18世纪以来世界各地就开始成立各自的亚洲文会。最早的亚细亚学会于1781年由荷兰人在爪哇岛成立,名曰巴达维亚学艺协会(Batavisch Genootschap van Kunsten en Wetenschappen),并办有刊物《巴达维亚学艺协会讨论集》(Verhandelingsen van het Batavisch Genotenschap van Kunstenen Wetenschappen),至1845年共计出版二十卷;1784年,印度研究先驱人物英国人威廉琼斯(William Jones, 1746－1794)在加尔各答成立孟加拉亚细亚学会(Asiatic Society of Bengal),发行《亚细亚研究》(Asiatic Researches),至1833年共发行二十卷,并发行《孟加拉皇家亚细亚学会会刊》(Journal of the Royal Asiatic Society of Bengal);1822年,法国著名汉学家雷慕沙以及当时流寓法国的德国汉学家克拉普洛特(Julius Heinrich Klaproth, 1783－1835)在巴黎发起亚细亚学会(Société Asiatique)并出版会刊《亚细亚学报》(Journal Asiatique),学报的别名为"东方人之历史、哲学、科学、文学及语言之纪事摘录及报告文汇编","于东洋学界中雄视世界"。①

在法国亚细亚学会创立近一年之后,即1823年3月15日,曾任孟加拉亚细亚学会会长的印度学者英国人亨利·托马斯·科尔布鲁克(Henry Thomas Colebrooke, 1765－1837)、斯当东和亚历山大·约翰斯顿(Alexander Johnston, 1775－1849)等人在伦敦共同组织成立了"大不列颠及爱尔兰皇家亚细亚学会"(Royal Asiatic Society of Great Britain and Ireland),旨在"调查研究亚洲的历史(包括人类和自然)、古迹、艺术、科学及文学,其范围是人和自然,包括农业、(手)工业和商业"。② 在学会的成立大会上,科尔布鲁克说,"大不列颠及爱尔兰皇家亚细亚学会的研究范围也要包括

① [日]石田幹之助著,朱滋萃译《欧人之汉学研究》,北京:中法大学,民国二十三年,第243~245页。

② 王毅著《皇家亚洲文会北中国之会研究》,上海书店出版社,2005年,第8页。

亚洲各国的政治事务、哲学经典,也要注意他们的神话、地理方面的知识"。[①] 为方便成果发布,学会创办了自己的刊物《大不列颠及爱尔兰皇家亚洲文会会刊》(Journal of Royal Asiatic Society of Great Britain and Ireland)。在大不列颠及爱尔兰皇家亚洲文会成立之后,自1829年至1924年,先后有11个设立在亚洲不同地区的东方学会加入,继而成为学会在各地的分会,具体加入的分会包括孟加拉支会、孟买支会、斯里兰卡支会、香港支会、日本支会、朝鲜支会、北中国支会、北京东方学会等等,[②]逐渐壮大成为英国汉学研究的重要阵地。

斯当东在这个重要学术阵地的创建过程中,除了组织筹建之功,更于1824年直接赠与学会图书馆186册中文藏书,在中文图书购买、运输及收藏非常困难的时代,英国学者巴雷特在其所著英国汉学小史中认为"这标志着19世纪英国公共机构的中文藏书首次获得实质性的增加",[③]开创了私人中文藏书向公共机构捐赠的先河。在此之后,不断有新的中文藏书丰富英国的中文图书收藏,如一年后 Mr. Fowler Hull of Sigaur 的捐赠为19世纪大英博物馆的中文藏书奠定了基础;学者曼宁的数量为200册左右的中文图书收藏最终也归于皇家亚洲文会,鉴于曼宁曾经担当学会图书馆的荣誉馆长,这样的捐赠也是很自然的;马礼逊的中文藏书当初赠与伦敦大学学院(University College London),现在则归于伦敦大学亚非学院(School of Oriental and African Studies),此次赠书还牵涉到了英国汉学学院化的重要标志,下文将展开详细讨论。

三、马礼逊与小斯当东的联合贡献促成英国汉学教授的首次设立

马礼逊与斯当东乃老友,从斯当东那里获得的帮助,从马礼逊生前直至死后都在继续着。比如通过斯当东向东印度公司上层的劝说,才得到东

① 王毅著《皇家亚洲文会北中国之会研究》,上海书店出版社,2005年,第8页。

② 详细信息请参见王毅根据 Stuart Simmonds 和 Simon Digby 所著 The Royal Asiatic Society: it history and treasures (Leiden: Published for the Royal Asiatic Society by E. T. Brill, 1979, pp. 13 ~ 19)所整理的表格,见王毅著《皇家亚洲文会北中国之会研究》,上海书店出版社,2005年,第8~9页。

③ T. H. Barrett, Singular Listlessness: a short history of Chinese books and British scholars. London: Wellsweep, 1989, pp. 67 ~ 68.

印度公司对印刷《华英字典》庞大的经费支持，使向来把经济利益放在首位的东印度公司例外地决定付出了这份投入远远高过产出的事业。再比如马礼逊的中文收藏，在他回国之时想要把这些图书运回英国，并捐赠给公共机构，然而由于并非基于集体行为，而是个人行为，这批本来就得之不易的珍贵图书要想进入英国还必须支付高昂关税，为了使这批书能够免税入关，斯当东等人在内阁大臣们面前竭力劝说，最终使得这批书如愿得以免税入关。[①] 虽然马礼逊一直希望这批书捐赠给某所大学，与此相应地该大学需设立汉语教席，但可惜的是马礼逊基本没有得到任何积极的帮助与鼓励，后来这些书籍终于决定由牛津与剑桥大学接收时，两所大学很反常地对马礼逊的慷慨捐赠表示沉默，也没有任何接收图书的迹象，于是在为这些书籍找到合适的存放地方之前，自1824年始的十年间这些珍贵汉籍就暂时存放在伦敦会的库房里任由灰尘淹没，这种情形持续到马礼逊去世。

直到1835年成立不久的伦敦大学学院（UCL）决定接收这批珍贵的图书收藏，于是由斯当东这个马礼逊遗嘱的执行人将书籍全部捐赠与伦敦大学学院，相应地，大学学院也依照马礼逊的意愿，决定在学院设立汉语教席（Chair of Chinese）。1836年这些书终于转移到大学学院，紧接着在1837年，牧师基德（Rev. Samuel Kidd, 1799 - 1843）就被指定为中国语言与文学教授（Professor in Chinese Language and Literature），为期五年。然而马礼逊最初的期待并未实现，大学学院没有承诺长期开设教授汉学课程，在1842年期满后，大学学院也没有指定基德续任汉学教授。于是，在英国本土首次尝试汉语教席的设置就这样仅仅维持了五年，1843年基德去世，大学学院汉学教授的职位更是后继无人。[②] 当然，这些都无碍伦敦大学学院在英国汉学研究登堂入室走上大学讲台历史上的首创之功，也正是这一开创性的举动，才有了后半个世纪英国本土各所学校纷纷设立汉语教授职位的盛况。

---

① [英]汤森著，王振华译《马礼逊——在华传教士的先驱》，郑州：大象出版社，2002年，第114页。

② 参见网页：http://www.babelstone.co.uk/Morrison/Collection/History.html 1996年由蒋经国国际学术交流基金会资助，伦敦大学亚非学院开始整理马礼逊藏书的目录，此网站即为此项目的成果之一，建立马礼逊藏书目录的网上数据库，供人查阅。1998年，《马礼逊中文藏书目录》（Catalogue of the Morrison Collection of Chinese Books）也由亚非学院汇编出版发行。

虽然常常听到抱怨19世纪英国汉学学术传承不够清晰,但若仔细观察就会发现英国汉学史上的转承起合不是而且也绝不可能是毫无关联的,如英国本土第一位汉学教授牧师基德的汉语启蒙就是由马礼逊及其创办的马六甲英华书院完成的。早在1824年4月,马礼逊回国期间,基德就在伦敦跟随马礼逊第一次学习中文,同年抵达马六甲之后,基德就开始在英华书院Collie先生的指导下学习中文书写以及福建方言。1827年,基德被任命为马六甲英华书院的中文教授,直至1830年因为身体原因返回英国。[①] 据陈尧圣的论文介绍,基德身为牧师,"曾在莫理循于Malacca所办的Anglo - Chinese College中教过中文,他对于汉学虽无高深之研究,惟于教授汉学课程方面之安排,曾煞费苦心,他觉得光教英国学生说华语是不济事的,学术方面之研究应齐头并进",[②]这样的指导方针对于当时英国汉学的发展不无裨益,尤其是在当时英国对汉语学习都不太重视的整体大环境下,这样的观念早早地对英国汉学的进一步深化提出了要求,也预示着英国汉学在19世纪中后期逐渐走向深入的前景。

第三节 早期外交官汉学家的代表德庇时

一、德庇时生平简介

德庇时(Sir John Francis Davis, 1795 - 1890),1795年7月16日生于伦敦,为英国外交官,又是著名的汉学家,对中国历史和文学甚有研究。18岁时就在东印度公司服务,1816年随阿美士德勋爵使团到北京,充当汉文正使。后回东印度公司任职。1833年英国成立驻华商务监督署,德庇时被派为第三商务监督,后升为第二商务监督。因反对鸦片贸易,于1835年辞职返英。1844年璞鼎查离华,他被外务部任为驻华公使、商务正监督(Chief Superintendent of the British Trade),5月获委任为第二任港督,并封

---

① Alexander Wylie, Memorials of Protestant Missionaries to the Chinese: giving a list of their publications, and obituary notices of the deceased. with copies indexes, Shanghai, 1867, Reprinted in Taipei: Cheng - Wen Publishing Company, 1967, pp. 47 ~ 48.

② 陈尧圣撰《英国的汉学研究》,见陶振誉等编《世界各国汉学研究论文集》第一辑,台北:中国文化研究所,1962年,第186页。

为爵士,1848年去职。1848年5月卸任回国,晚年隐居布里斯特尔,继续研究中国文学。主要著作有《汉文诗解》、《中国人:中华帝国及其居民概述》、《中国闻见录》等,还翻译了几部中国戏剧与小说,1876年获牛津大学荣誉博士学位。1890年11月13日去世,终年95岁。

二、对中国文学作品的译介

基于其有关中文问题丰富的著述,德庇时成为19世纪早期外交官汉学家的代表,也是英国汉学的开创者之一。

早在1817年,德庇时就出版了《老生儿:中国戏剧》(Laousengurh, or An Heir in His Old Age, London: John Murray, 1817),这也是英国翻译中国古典戏剧的第一部作品。① 1829年又出版了另一部古典戏剧的译作《汉宫秋:中国悲剧》(Han Koong Tsew, or The sorrows of Han: a Chinese tragedy, London: Printed for the Oriental Translation Fund, 1829),一部只有18页的小书。

在译介中国小说方面,德庇时于1822年出版了《中国小说选》(Chinese novels: translated from the originals, London: John Murray, 1822),全书250页,并在前言附上了他自己写的一篇文章"中国语言与文学评论",在书末亦附有箴言以及格言等,正文则直接译自中文小说,其中的《三与楼》、《合影楼》和《夺锦楼》均选译自清初小说家李渔的《十二楼》,因而成为西方首位翻译《十二楼》的汉学家。② 然而,德庇时所做的这些翻译并非为了中国文学的推广,而是为了贯彻"获取中国内情的最有效办法之一,是翻译中国的通俗文学,主要是戏剧与小说"的观点,③这些在《中国小说选》的序言中可以读到,而且德庇时认为包括汉语的学习也是如此,他还以宗教、社会、伦理道德等文化现象为例来分析汉语的特点,这都表明了德庇时学习汉语、翻译中国文学作品的目的所在。④

在诗歌的译介方面,德庇时是西方继法国耶稣会士钱德明(Jean Joseph Amiot, 1718 - 1793)之后,向西方介绍唐诗的先行者。1829年5月,

---

① 马祖毅、任荣珍著《汉籍外译史》,武汉:湖北教育出版社,1997年,第271页。

② 马祖毅、任荣珍著《汉籍外译史》,武汉:湖北教育出版社,1997年,第262页。

③ 马祖毅、任荣珍著《汉籍外译史》,武汉:湖北教育出版社,1997年,第262页。

④ 周发祥撰《中国古典小说西播述略》,见任继愈主编《国际汉学》第4辑,郑州:大象出版社,1999年,第321页。

德庇时在皇家亚洲文会会议上提交了他撰写的《汉文诗解》（Poeseos Sinensis Commentarii，or On the Poetry of the Chinese）[①]，并以论文形式刊载于 1830 年的《皇家亚洲文会会议纪要》（Transactions of the Royal Asiatic Society）第二卷，第 393 ~ 461 页。该文按德庇时在行文之前的介绍，共分为两个部分，第一部分详细介绍中文诗的诗律，或者说在构建诗句、双韵以及诗节过程中较为通行的特殊规则，以及诗句的韵律和节奏的掌握运用；第二部分则是从整体上让读者体会中文诗的风格与内蕴、意境与情趣，并在对比欧洲作者采用的分类和命名方法的前提下，将中文诗做简单归类。总体而言，第一部分更为细节化，第二部分则因其丰富的内容可能对读者更具吸引力。[②] 德庇时在行文时，基本上是在介绍中文诗的风格与特点，也会简单介绍一下诗人的生平，在具体举例的时候，一般分为三个步骤，首先是援引中文诗的原文（按普通中文书的竖排方式），之后用拉丁字母拼读诗句的发音（同时比照中文诗的排列方法印刷），最后再用英文详细译出诗句的含义，为了方便理解，还常常会加入一些更为细节的文化背景解释。不得不佩服德庇时考虑地相当周全，按照这三步仔细读下来，会发现德庇时的翻译和注释最大限度地保留了中文诗的味道，包括音韵上的变化与相合都能够尽量完整地传达给西方读者。虽然当时还没有相对统一的拉丁字母拼读中文的方案，这些“奇怪的”拼读方式在中国人看来，也许这样已经完全破坏了中国诗的精髓所在，但换个角度，以西方读者的角度来看并且试着拼读，很容易就能发现德庇时这样操作的优势。虽然题名为《汉文诗解》，但德庇时在文中所选用的文本来源也比较广泛，不仅仅限定于诗，其中既有古老经典的《诗经》中的篇章，也有唐诗和清诗，此外还选译了小说《好逑传》中的片段。丰富的素材，详尽的注释，以及体贴的写作方式，最大限度地保持了中国诗歌的神韵，使这篇论文在西方读者中广受好评，后来还出版了单行本，并多次重印，甚至在论文问世 40 多年之后，在伦敦国王学院（Kings College）汉学教授苏谋斯牧师（James Summers，1852 –1872）的得力监督下，又出版了该书的修订版（London：Asher and Co.，

① 已见不少中文专著或者论文中将此文的题名误译作“中国诗歌论”，想来皆因未得亲眼看到本文之故，无论是最初以论文形式刊载，还是后来以单行本的方式出版，在拉丁文与英文题名之上均标注有中文题名，即“汉文诗解”，故本书从原作者之意。

② John Francis Davis，On the Poetry of the Chinese，Cf. Transactions of the Royal Asiatic Society，1830，vol. II，p. 393.

Bedford Street, 1870)。

三、对中国的语言及对中国的整体研究

德庇时不仅仅在中文作品的译介方面是英国汉学的先驱,在对中国做整体论述的领域内,他也是走在了英语世界的前端。在此之前我们能够读到的多数是旅行者、探险家或是其他身份的西方人来到中国所作的游记或者各种报告,其内容多数是零零散散的,书写语言也是以拉丁语和法语居多,著名的如门多萨的《中华大帝国史》(Historia de las cosas mas notables, ritos y costumbres del gran Reyno dela China, 1585)以及杜赫德(Jean Baptiste Du Halde, 1674 - 1743)的《中华帝国全志》(Description geographique, histofique, chronologique, politique et physique de l'Empire de la Chine et de la Tartarie Chinoise, la Hare, 1735)。在美国汉学家卫三畏(Samuel Wills Williams, 1812 - 1884)出版他的巨著《中国总论》(The Middle Kingdom, 1848)之前,德庇时的两卷本著作《中国人:中华帝国及其居民概述》(The Chinese, a general description of the empire of China and its inhabitants, 1836)出版,并获得了极大反响,第二年就被译为法语出版,此后也曾多次再版,1845 - 1846 年甚至出版了增订版,将德庇时 1841 年出版的另外一部两卷本作品《中国见闻录》(Sketches of China)一起并入出版共计四卷本的大部头作品。这部作品在问世之时,即 1836 年的《中国从报》(The Chinese Repository)上就转载了杂志 The New Monthly Magazine 的书评,认为与同时期 Murray 先生出版的同类作品两相比较之下,还是德庇时的这部综合论述中国的作品更具重要性及价值,其理由则是德庇时在华已有近 20 年的经历,并且具有高级政府官员的地位,德庇时在处理与中华帝国相关的种种事件中获得亲身的体验等,这些都为他的这部作品赢得了更多的期望与信任。①

德庇时作为英国早期外交官汉学家的代表,还有一系列对中国语言文字的研究作品问世,如 1823 年德庇时编辑的《中国道德格言》(Hien wun shoo. Chinese moral maxims, with a free and verbal translation; affording examples of the grammatical structure of the language. London: John Murray,

---

① Literary Notices—The Chinese, a general description of the empire of China and its inhabitants, by John Francis Davis. Chinese Repository, 1836, Oct., vol. V, pp. 280 ~ 281.

1823)、1827 年德庇时撰写的论文"汉语字符书写艺术"(Eugraphia Sinensis; or, the art of writing the Chinese character with correctness: contained in Ninety - two Rules and Examples. To which are prefixed, some observations on the Chinese writing.)刊载于《皇家亚洲文会会议纪要》(Transactions of the Royal Asiatic Society, 1827, vol. I: pp. 304 ~ 312),同期刊物上刊载了德庇时的另外一篇论文"有关中文的论文集"(Memoir concerning the Chinese. Transactions of the Royal Asiatic Society, 1827, vol. I: pp. 1 ~ 18)等。

以上种种德庇时的汉学作品及活动,不仅仅在许多领域具有开创之功,也为其后的英国汉学家进行同类的研究奠定了基础,鼓励了后来者在此基础上进行更深一步的研究。

第二章
英国汉学学院化及其繁荣期（19世纪中后期）（上篇）

走过了差不多半个世纪，英国汉学开始渐渐朝着学院化、研究人员机构与刊物专门化的方向发展。在这个渐变的过程中，有相当一部分汉学家并非汉学教授、也不属于任何大学，但这中间又有相当数量的学者加入了19世纪英国汉学的重要阵地皇家亚洲文会北华分会，成为学会的会员甚或会长副会长，在学会积极提交论文，并有丰富成果问世，本章的讨论对象将主要集中于这部分学者身上。①

第一节　艾约瑟的中国语言及宗教研究

一、艾约瑟生平简介

艾约瑟（Joseph Edkins, 1823－1905），1823年12月19日出生于英国格罗斯特郡（Gloucestershire）斯特劳德附近的Nailsworth，他是一位牧师的儿子；其父是一位公理会牧师，同时负责管理一所私人学校，数子之一的艾约瑟因而很早就接受了宗教和知识的影响。他早年生活的地区是英格兰最美的地方之一——坐落在科茨沃尔德丘陵的远近闻名的“Golden Valley”，这里也是羊毛和精纺毛织品的制造中心，有不少染色工厂，还是钉拴

① 至于皇家亚洲文会北华分会的成立、具体运行、学会刊物的发行及其对于英国汉学的作用究竟达到何种程度，已经有专著进行了详尽的论述，此处就略而不谈，相关信息可参考王毅著《皇家亚洲文会北中国之会研究》，上海书店出版社，2005年。

制造工业的中心,周围有许多训练有素的工匠,自然在这里形成了一股积极的知识气氛。那本著名的书《绅士约翰哈利法克斯(John Halifax, Gentleman)》,就是在艾约瑟博士出生地附近的山谷里写成的。在同一地区的 Ebley 和 Rodborough Tabernacle,一些最好的非国教徒牧师建立了他们的部门,并形成了这些以及其他伟大传教士的口舌,这里也不缺乏浓厚的宗教氛围。

这就是一些他的个性形成时期的情况,这早早地形成并铸造了他年轻的思想并赋予他生活中多方面兴趣的特性。他早期得到成为一名福音传道者的感召并得到指导是在他十七八岁的时候,那时他到伦敦,开始在伦敦大学学习,在那里他适时地取得了他的学士学位。之后他进入了 Coward College 接受神学训练,这里的一位后来成为 Cheshunt College 校长的同学 Dr. Reynolds,与艾约瑟成为一生的朋友。1847 年,在他满 24 岁后不久,在伦敦的 Stepney Meeting House,他被任命为牧师。经历了在英格兰的短暂牧师任期之后,他遵从了到异国土地的号召,并主动提出以伦敦会传教士的身份到中国去。被伦敦会接受之后,他取道好望角乘船前往中国,1848 年 3 月 19 日离开英国,在香港停留了几周之后,于 9 月 2 日抵达上海,担任伦敦会驻上海代理人。

在伦敦会的旧档案里我们读到标于 1848 年 9 月 2 日的一条记录:"汉森小姐和伊文思小姐(很快就成为伟烈亚力夫人和慕维廉夫人)以及艾约瑟牧师这　天到达上海,身体与精神状况俱佳。"那时在上海伦敦会工作的麦都思和雒魏林博士、米怜、伟烈亚力和慕维廉先生热情地欢迎了这位未满 25 岁的年轻牧师。第一次他的名字在伦敦会作品中被提到是与一所寄宿学校相关的,这所学校"通过他们自己的语言为媒介,但却以被允许的西方的方式,给中国男孩们提供了实用的和宗教的教育。"虽然他的名字后来并未与教育工作紧密地联系在一起,但有趣的是,在晚年他的想法又回到了初期对教育工作的兴趣上来。

艾约瑟博士活动的两条主线无疑是传播福音和对中国人生活与思想的研究与说明。他是传教士和学者,而且是杰出的学者。他的思想在这些方面的倾向恰恰被看作是他的传教生活的开端。在艾约瑟夫人的一封信中我们可以看到艾约瑟平时的时间安排,"我们每天清晨八点吃早餐,饭前做祈祷。他上午在家里做研究,其他时间要么在城里传教,要么参与伦敦会的工作。……每天九点到一点,你也许能窥见他在做研究,越来越深地陷入佛教和儒教的神秘之中。就这样坐在他的书桌旁,他在我脑中形成了这样的画面'快乐似国王',因为他看起来很像那样,他所有的中文书籍杂乱地堆放在他周围。"①

他研究的第一项成果是《中西通鉴》,出版于1852年,在他出来后三年多一点的时间之后。接下来第二年的成果是他的《上海方言语法》,一部展现了伟大研究、包含着对所有想了解上海方言的人有着丰富价值的资料。成果还在继续着:1857年的《官话语法》和1859年的《中国的宗教状况》,这些向我们展现了他思想的活跃、研究的范围广泛和他工作时不知疲倦的充沛精力。正是这些早年的研究,奠定了他后来成为如此著名的学者的坚实、宽广的基础。

离开英格兰十年之后艾约瑟重新回到英国,用了一年的时间来使身体复原,负责那里的教堂并赢得了他第一位妻子,奥克尼岛上Stromness的一位长老会传教士的女儿。他们于1859年一起返回中国,在上海定居了一段时间,恢复了他的研究和传教工作。然而,很快感受到了强烈的太平天国运动带来的烦扰风波。1860年7月,艾约瑟拜访了已经占领苏州的太平天国诸王之一。这次拜访导致来自南京另一位太平军首领的邀请,这位首领听说了他到苏州的拜访,希望他告诉自己更多关于耶稣的信仰以及救赎的方法。艾约瑟二度拜访了苏州的太平军,这次同行的还有Burdon、John和Innocent诸位先生。紧接着,1860年9月太平军攻打了上海。艾约瑟先生那时卧病在床,不得不留在那里听着大炮的隆隆声和炮弹的爆炸声。他们在烟台居住了短暂的时间,那里之后被法国占领。艾约瑟先生终其一生都对《圣经》的翻译和传播很感兴趣。在烟台停留了几个月之后,艾约瑟先生和夫人于1861年早些时候返回上海,因为艾约瑟先生希望和杨格非及其他人一起到南京远行,并热切希望拜访太平天国的天王。关于这次旅行的全部记录,其中包含有关太平天国运动的最有趣的细节和领导者的宗教观点,可以在1863年发表的"南京之行记述"(Narrative of a Visit to Nanking)中看到。传教士们获准在太平军首府居住。他们频繁地在街上布道,发现有不少人感兴趣。在对这次运动进行精密研究之后,艾约瑟先生的结论是:"很少人拥有光明,但它是黑暗中的光明,于是没能成功阻

① In Memoriam. Rev. Joseph Edkins, D. D. by Rev. E. Box The Chinese Recorder. June, 1905, pp. 283~284.

止最严重的暴行的发生。一位外国基督教徒不能给予这次运动以支持,因为它被滔天罪行丑化了。”①

在上海的一次会议之后,伦敦会的成员决定开始向更广阔的地域传教。杨格非在汉口开展工作,而艾约瑟先生选择了天津作为他的驻扎地。在这里,同英约翰和白汉理先生一起,他开始了传教工作,但在这个城市工作了两年之后,像白汉理先生一样,他也转移到了北京,那里成为他的目标已经很久了。他在北京已经工作了近30年,其中大约18年是与伦敦会相联系的。1863年他娶了他的第二位妻子,她死于1877年。1866年在慕维廉博士的陪同下,他游览了蒙古,同年《新约圣经官话版本》(New Testament in the Mandarin Dialect)由出版社出版,此书的翻译工作中有他的很大功劳。1871年他出版了《中国在语言学上的地位》(China's Place in Philology)。1873年他第二次返英,这次取道美洲,并于1875年被爱丁堡大学授予荣誉神学博士学位。1878年他出版了《中国宗教》(Religion in China),接下来是1880年出版的他毕生研究的伟大著作《中国佛教》(Chinese Buddhism)。1880年他辞去伦敦会的职务,这并非因为他对传教工作缺乏兴趣,因为他至死都致力于传教事业,而是由于他和同事之间关于传教工作方法有不同意见所致。在继续进行独立传教工作的同时,一次机会使他与中国海关的服务相连,并作为一名翻译与这个机构保持荣誉的联系直至他去世。先是在北京翻译了其他作品中一系列有关科学的课本,后来十五年则是在上海。在这些年里,他十分活跃,不论是获取知识还是传播知识。

除了已经提到的书,他还出版了以下作品:《近代中国》(Modern China.)、《希伯来文的演进》(Evolution of the Hebrew Language.)、《汉语的演进》(Evolution of the Chinese Language.)、《远古符号》(Ancient Symbolism.)、《中国通货》(Chinese Currency.)、《中国建筑》(Chinese Architecture)、《汉语学习入门》(Introduction to the study of Chinese.)、《汉语口语进阶》(Progressive Lessons in the Chinese Spoken Language.)、《早期宗教理念的传播,尤以远东为例》(Early Spread of Religious Ideas, especially in the Far East)、《北京记》(Description of Peking.)、《鸦片在中国》(Opium in China.)。还有一些目前出版的书籍,题为《中国的金融与价格》(Banking

① In Memoriam. Rev. Joseph Edkins, D. D. by Rev. E. Box The Chinese Recorder. June, 1905, pp. 285～286.

and Prices in China)和《创世纪研究》(Studies in Genesis)。他还做了几年《信使》(Messenger)的编辑。他在论文和期刊方面有着巨大贡献,并与大量欧美著名学者保持广泛的联系。的确,他的声誉是世界性的。

艾约瑟的语言学知识十分广博,包括英文、德文、法文、拉丁文、希腊文、希伯来文、亚述文、波斯文、梵文、泰米尔文、中文(几乎所有方言)、日文、满文、藏文、蒙文及其他。而且他在上海的传教工作使他有很多机会接触到中国的方言,这也为他后来进行汉语方言研究提供了丰富的素材。1905年4月23日复活节艾约瑟在上海逝世,享年81岁,在华积极活动长达57年。①

艾约瑟也赢得了中国知识界的赞誉。在中国学者眼中,艾约瑟是一位学富五车、著作等身的学者。1856年郭嵩焘访问墨海书馆时称艾约瑟"学问尤粹然"。王韬在《弢园尺牍·与法国儒莲学士》中称艾约瑟与伟烈亚力、理雅各、湛约翰为"通达渊博、好学深思之士"。沈毓桂与艾约瑟、伟烈亚力、慕维廉、林乐知"折理敷文、推襟送抱、冯元受道、互得名师",过从甚密,1889年艾约瑟自京返沪之时,沈毓桂还作诗相赠:

> 五云远望苦相思,塞羽吴鳞到每迟。难得江南春正好,松身重见雪霜姿。借箸公卿仗楚材,一时声望重金台。扶舆自是钟清气,海国前年出异才。人来万里结同心,侨札千秋荷赏音。一别廿年重把臂,澄波先与涤尘襟。半生翰墨有前缘,文字鸡林羡远传。为订小窗风雨夕,来揩老眼校新编。②

二、不可忽视的艾约瑟汉语研究

艾约瑟对中国文学和历史具有广泛的兴趣,他的汉学领域包括对中国语言文字的研究、对中国宗教的研究等。在艾约瑟的众多汉学研究领域中,他对汉语的研究堪称英国汉学史上最具成就的,在19世纪汉语研究史上占有重要的地位。

艾约瑟的第一项汉语研究成果是《上海方言语法》(A grammar of collo-

---

① In Memoriam. Rev. Joseph Edkins, D. D. by Rev. E. Box The Chinese Recorder. June, 1905, pp. 282 ~ 289.

② 沈寿康《赠英国进士艾约瑟先生四诗》,万国公报,台湾华文书局影印,1968,10287。转引自汪晓勤《艾约瑟:致力于中西科技交流的传教士和学者》,载《自然辩证法通讯》,2001年第5期,第82页。

quial Chinese, as exhibited in the Shanghai dialect, Shanghai: 1853),出版于1853年,全书248页,分为语音、词类和句法三个部分,以拉丁字母标注方言的发音,在类似英语的语法框架下分析上海方言的语法。书中谈到了上海方言的塞音韵尾,对吴语塞音韵味的研究有重要意义。福建师范大学的吴霞在硕士论文中的研究表明,艾约瑟对切韵音系的韵尾系统及其与当时方言的关系相当了解,艾约瑟对上海方言韵尾的描述和分析是十分仔细的,他记录的入声字从韵尾来看分为两类,以h结尾和以k结尾的,k韵尾在上海方言中的存在应该是可信的,当时上海话的k韵尾与元音的关系密切,但不足的是艾约瑟并未对此进行深入的分析。[①] 艾约瑟这部著作包含了想了解上海方言的人需要的丰富资料,也是中国语言学史上第一部专门探讨汉语方言语法的著作,至今仍具有历史语言学作用。[②]

1857年,艾约瑟又出版《官话语法》(A grammar of the Chinese colloquial language, commonly called the Mandarin dialect, Shanghai: 1857),这部语法书中艾约瑟引入了比较语言学的方法,为汉语音韵学研究开创了新的视野。据蒲立本介绍,《官话语法》的第一部分"论语音"花了大量笔墨讨论汉语语音史,而这些论述"在40年后仍被高本汉的业师武尔披奇利(Zenone Volpicelli)和沙昂克(H. Schaank)作为权威论断加以引述",[③]由此可见这部书对汉语语音史研究的影响持续了相当久的时间。

艾约瑟对汉语古音的构拟有非常明确的观点,这些在蒲立本的文章中有详尽的论述。蒲立本认为,艾约瑟区分了南京话和北京话这两种主要的官话变体,还研究了四川西部的语言以及许多别的方言,包括非官话和官话的地方变体,其中大部分资料是听了当地人的发音之后获取的,还有部分是通过一些方言字典,如有关福州方言的《八音合钉》、有关漳州方言的《十五音》、有关广东方言的《分韵提要合集》、有关北京方言的《李氏音鉴》以及有关南京西南的宁国府地区方言的《音韵正讹》。总体而言,艾约瑟对方言的分类以及对方言主要特征的抽取虽然还是比较粗略的,但与通过现代化调查得来的结果相当吻合。艾约瑟对汉语在几个世纪中经历的种

---

① 吴霞撰《英国伦敦会传教士艾约瑟研究》,福建师范大学硕士学位论文,2005年,第23页。

② 张西平著《传教士汉学研究》,郑州:大象出版社,2005年,第257~258页。

③ [加]蒲立本撰,张洁译《欧洲的汉语音韵学研究:第一阶段》,见任继愈主编《国际汉学》第9辑,郑州:大象出版社,2003年,第173页。

种变化进行了正确的观察，他注意到保留在“中部方言”中的古浊阻塞音在广东等其他方言中已经“变硬”而清化，但其差别保留在声调的对立上，尤其在官话中以高声调的分裂对应于清声母和浊声母的区别，艾约瑟还认识到唇齿声母来源于古双唇音声母。同时蒲立本的研究发现艾约瑟没有阐述舌上音的塞音和塞擦音的音值，对于韵尾的处理很混乱，不过基本能在广东和闽南方言的基础上，参照反切、日语、高丽语以及交趾支那语的用法，来构拟古入声调的塞音韵尾，不过很难构拟元音。艾约瑟在研究中已经意识到，通过对韵书、韵图与现代方言的比较研究，可以重现中古汉语。他对于清代学者在分析古代诗韵和文字结构中的谐声偏旁上的研究成果也有一定了解。①

艾约瑟很早就提出将汉语和其他东亚语言纳入比较讨论的范畴，在1871年他出版了《中国在语言学上的地位》(China's place in philology : an attempt to show that the languages of Europe and Asia have a common origin, London, 1871)，由此书的题目就可以看出它贯彻了艾约瑟认为欧洲语言与亚洲语言同源的观点，是19世纪欧洲学者对汉语进行历史比较语言学研究的重要作品。全书共403页，除去前言部分，分为14章，先后论述了古代中国与巴比论以及埃及人的文明、地理学角度上的中国方言、原初语言(primeval language)、诺亚洪水与中国、闪米特语系、喜马拉雅语系、突雷尼语族(Turanian)的分支、马来亚—玻利尼西亚语族、印欧语系各语言的句法以及成分，最后是从语言的角度看雅利安文明。虽然书中的观点以现在的标准来看也许有些荒谬，但按照当时的人类语言史理论为依据来判断，就一点也不奇怪，他只是试图把汉语与印欧语系联系起来，希望寻找到与汉语同源的语言。“艾约瑟的‘中西语言同源理论’实际上是一个‘准圣经’的语言单源理论，他的理论基础是将汉语(还包括宗教、文学和文明)还原成‘原初语言’，从而证明汉语与雅利安语和闪米特语最终一致，进而证明《圣经》的语言发展理论的正确性。”②

在艾约瑟之后，直至20世纪20年代，伯希和、马伯乐和高本汉三位学

---

① [加]蒲立本撰，张洁译《欧洲的汉语音韵学研究：第一阶段》，见任继愈主编《国际汉学》第9辑，郑州：大象出版社，2003年，第173～178页。

② 喻满意撰《英国传教士艾约瑟(1823－1905)的汉语研究》，南开大学历史学院硕士研究生毕业论文，2004年，第35页。

者加入研究阵营,才终于使得"汉语历史音韵学发展成为一门建立在科学调查基础上的严谨学科"。[①]

三、对中国宗教的研究

除了上述三部重要的汉语研究作品之外,艾约瑟在此领域的研究论文和书籍还有很多,而且不仅仅限于汉语研究。基于传教士本身对宗教的热情,艾约瑟对中国的宗教状况很有兴趣,也颇有研究,并于1859年出版了《中国的宗教状况》(The religious condition of the Chinese, London: 1859),1878年新加入了四章并更名为《中国宗教》(Religion in China)出版。[②] 在导言中艾约瑟就开宗明义地指出,本书的写作目的是"展示中国在过去的时间里是如何尝试丰富他们的精神需要的。目前人口超过预期地急速增长,本土宗教的弱点愈来愈明显;非常需要像基督教传教士那样能够提供的更为健康的宗教教导",和同时代的很多传教士一样,艾约瑟的目的不言而喻是为了推动基督教在华的传播。全书共计260页,分为19章,详细内容如下:在第一章里艾约瑟首先介绍了孔子的活动及其目标,接着是对道家创立者老子、佛教与婆罗门教以及喇嘛教的区别,早期基督教入华史等;第二章主要集中于帝王崇拜的仪式,满族王朝对天地的祭祀、三年一次的祭天仪式、献给土地的祭品、对祖先的崇拜、供奉谷物神以及土地神;第三章讲述庙宇,包括儒释道三家各种用于供奉的庙宇;第四章讲述了中国各宗教派别的冲突,其中既有儒释道三家之间的冲突、政府对偶像崇拜的反对、儒家对偶像崇拜的崇敬,也包括儒家内部的争论;第五章探讨了这三种全国性的宗教在中国如何共存,在中国可以看到不同道德上的和宗教观点方面的争论、中国人很容易适应这三种都是全国性的但建立在不同原则上的宗教、三教的区别在于儒教是道德意义上的、道教是朴素的唯物论、而佛教是思辩的纯粹哲学,所有这三教都得到政府的支持;第六、七章介绍了佛教对中国文学、哲学以及社会生活的影响,具体譬如对中国诗歌的影响、对祖先崇拜的影响、佛教语汇被引入中国语言,如天堂、地狱、施舍、来世报应

① [加]蒲立本撰,张洁译《欧洲的汉语音韵学研究:第一阶段》,见任继愈主编《国际汉学》第9辑,郑州:大象出版社,2003年,第178页。

② Joseph Edkins, Religion In China: containing a brief account of the three religions of the Chinese with observations on the prospects of Christian conversion amongst that people, London: Kegan Paul, Trench, Trübner, & Co. Ltd, Revised edition, 1893.

等种种术语；第八章探讨儒教与佛教对上帝的认知，儒教对天地的崇拜、佛教以佛和菩萨来替代上帝；第九章接着讲述了道教关于上帝的观念，道教将升华的事物本质转化为行星转化为上帝，在道教炼金术和占星术是相关联的，道教的神秘主义、佛道的三位一体、智慧神、财富神等；第十章集中讲述了中国的道德，介绍了中国伦理学家的一些传闻，儒教的伦理道德、关于爱的普遍义务的争论、关于人性本质的争论、目前中国的道德状况、佛教对道德的影响、克拉普洛特(Klaproth)对佛教的赞扬、保护动物的生命、佛教的施舍、道教关于此生道德来生报应的教义；第十一章关于罪和救赎的观念，儒教承认人孰无过、佛教对罪的觉悟、肉体上的祸患是对罪孽的惩罚、宽恕悔过者、佛教通过僧侣戒律实现救赎观念、救赎在涅磐时完成、十诫、宽恕祈祷者和斋戒者、佛即为救世主、道教关于罪的观念；第十二章关于道德败坏和未来审判的观念，儒教对道德败坏的压制，道教关于灵魂是物质的观念倾向于否认道德败坏，佛教极力倡导唯心，认为灵魂本身是不道德的，中文意义上的灵魂和心都是不可见的本体，祖先崇拜的表现方式，佛教徒眼中来世的三个阶段，轮回，灵魂转世的六种状态，阎罗王和死神，涅磐：与我们的道德败坏论相对应，但是归于肉体与灵魂的湮灭，西方天上的极乐，道家的天堂，陆地上的极乐；第十三章细数中国人对基督教的评价，中国人反对基督教的理由，如基督教禁止祖先崇拜、使用叙利亚人和犹太人的纪念物来保护自己、《圣经》的道德规范、基督教的独占性和排外性、民族上的偏见、从佛教借用戒律等；第十四章罗马天主教传教士拥有无数的皈依者，他们对新教教义的看法，为本土牧师建立神学院，欧洲牧师的生活，他们给予文献的关注度太浅；第十五章回教徒和犹太人，中国北部回教徒数量众多，由于向佛教借用中文术语而被批评，对穆罕默德的批判，开封府的犹太人接近消失；第十六章讲述太平天国起义始于一场宗教运动，他们对宗教狂热的相容性，并非冒名顶替的骗子，他们反对偶像崇拜，拥有混杂的特征，并不受欢迎，这场运动最终的结果，当然在这里艾约瑟再度得出中国需要新教传教士，以及中国皈依基督教的前景；第十七、十八章着手五台山之旅，；第十九章由五台山到北京之行。该书详细地介绍了中国的儒、释、道三教的历史与现实情况，并且把三者进行了比较研究，由于作品非常受欢迎，屡屡再版，至1893年已经是第四次再版了。

对于更为偏好的中国佛教，艾约瑟专门成书，于1880年出版了倾注他毕生心血的著作《中国佛教》(Chinese Buddhism)，全书分为26章，共计

453 页,序言中回顾了雷慕沙等学者的研究以佐证深入研究佛教的价值所在。前四章都是对佛陀生平的叙述,接下来的各章节分别探讨了北方佛教徒的创始人、中国佛教小史、中国的佛教宗派、佛教的天台宗、佛教的道德体系、佛教历法、佛教与早期印度神学的关联、佛教世界、佛教文献、佛教对宋代哲学的影响、与基督教教义相关的佛教术语、中国佛教徒对梵文的使用、研究中国佛教可能需要参考的著作与论文等。① 书末还附有伟烈亚力精心编纂的详尽索引,方便读者查找。艾约瑟在书中对中国佛教的历史和发展所作的深入研究,在当时是 19 世纪英国汉学对中国佛教进行广泛深入研究的首部作品。

在学术活动方面,1857 年他参与创立皇家亚洲文会北华分会,1869 年成为美国东方学会会员,1872 年参与创办《中西闻见录》并任主要撰稿人,参与创办同文书会即后来的广学会,还是北京东方学会的成员,他在汉学论文与期刊方面有着巨大贡献,并与许多欧美著名学者都保持着广泛的联系。②

第二节　金斯密对中国历史及地理的广泛兴趣

金斯密(Thomas William Kingsmill, 1837 - 1910),是一位精力充沛且多产的汉学家。1862 年的最后一周,金斯密抵达上海,还与怀特菲尔德(Whitfield)合伙开设了最早的西方建筑师事务所"有恒洋行"(Whitefield & Kingsmill)。1864 年即加入皇家亚洲文会北华分会(North China Branch of Royal Asiatic Society),1877 年成为文会的会长,直至 1910 年 7 月 26 日去世时他还在任文会的副会长,常常在学会提交论文并在学会会刊上发表,时间上自 1865 年至 1907 年都有。金斯密极有天赋,阅读范围广,且具备丰富的语言学知识,包括拉丁文、希腊文、希伯来文、梵文、古代和现代汉语以及两三种欧洲语言。金斯密涉足的汉学领域范围很广,地质学、矿学、

① Joseph Edkins, Chinese Buddhism: historical, descriptive, and critical, New Delhi: Aryan Books International, reprinted 1996, pp. xv ~ xxiii.

② In Memoriam. Rev. Joseph Edkins, D. D. by Rev. E. Box The Chinese Recorder. June, 1905, pp. 287 ~ 288.

土木工程、人种学以及气象学等，具体包括对中国某些地区地质状况的考察，对中国周朝的神化起源以及周人礼仪的介绍，对部分中国古代经典如《诗经》、《道德经》的释义和讨论，对中国古代天文及历法的探讨，对文明最早开端的探究等等。①

1865年，来华不久的金斯密就发表了论文《广东某地地质概况》(A Sketch of the Geology of a portion of the Quang - tung province)，还附有地质图。金斯密在中国地质考察的时间与庞培勒(Raphael Pumpelly, 1837 - 1923)和李希霍芬(Baron Von Richthofen, 1833 - 1905)基本同时期，不过在1868年12月李希霍芬才刚刚开始他在中国的地质考察之时，金斯密就已经在伦敦地质学会做了一份报告《中国地质》(Notes on the Geology of China)，不过细看全文，他的考察实际上主要局限在华南地区，而且相对简略。文中金斯密通过《禹贡》注意到了黄河的改道问题，在研究了黄河的冲积物之后，他认为《禹贡》有两种记录混入，书中虽然更多的是记述了政治上的管理，但也代表了大禹与河水的斗争并取得胜利的纪录。

金斯密对长江下游也做过详细的地质调查，时间上比其他人要早，观察也较为仔细，1868年1月在南京镇江间的考察，比李希霍芬整整早了一年。1887年，应山东巡抚相聘，金斯密曾测量过大运河北段，调查过山东和四川的煤矿，也发表过对黄土成因的意见，"反对风成论而主张水成，但赞成他的人甚少"。② 他还写过不少经济、交通等方面的文章，影响虽不如李希霍芬大，却也为认识中国地质状况提供了不少基本素材。金斯密游历中国的范围广泛，包括北部、南部、东部和西部，他通常带有一定目的性，以观察的眼光伴随旅程，于自然知识方面非常博学。他关于北方省份的短文在今天看来还像第一次写作时那样令人感兴趣。金斯密努力推翻了关于黄土起源的不现实的理论，这成为他具有独立见解的例证，正如他曾在接触过的问题上表现出来的那样。③

此外，金斯密还撰写了大量的书评评论同时代汉学家的研究成果，所

---

① 金斯密在亚洲文会被划分会会刊上刊载的具体论文目录可参见 George Lanning, In Memoriam—Thos. W. Kingsmill. Journal of the North China Branch of the Royal Asiatic Society, 1910, NS. vol. XLI: pp. 116 ~ 117.

② 陶世龙撰《中国地质事业之发端》http://www.taosl.net/kxs04.htm

③ George Lanning, In Memoriam—Thos. W. Kingsmill. Journal of the North China Branch of the Royal Asiatic Society, 1910, NS. vol. XLI: p. 117

涉及的汉学家包括翟理斯(H. A. Giles)的“老子遗稿”(The Remains of Lao tzŭ)、庄延龄(E. H. Parker)的论文“鄂尔浑碑铭”(Inscriptions de l'Orkhon)以及“斯基太人史(History of the Turko - Scythian Tribes)”和夏德(F. Hirth)关于匈奴的研究等等。金斯密参与了多次学术论争,“对他而言,所有这些争论都是达到一个目标的方法——那个目标就是真理”,“他沉醉于与人争论,喜欢坚定的拥护者,更爱那些可敬的对手。”①

事实上,除了地质方面,金斯密还撰写了很多不同领域的论文并提交文会,如《周朝的神话起源》(The Mythical Origin of the Chow or Djow Dynasty, as set forth in the Shoo - King, 1871 - 2)、《中国周代奠基人“文王”传》(The Legend of Wên Wang, Founder of the Dynasty of the Chows in China, 1874)、《古代语言与周人礼仪:释〈诗经〉》”(The Ancient Language and Cult of the Chows: being notes critical and exegetical on the Shi - King, or Classic of Poetry of the Chinese,1877)、《公元前 2 世纪中国与亚洲中西部的交往》(The Intercourse of China with Central and Western Asia in the 2nd century B. C.,1879)、《评中国土地措施》(Notes on Chinese Land Measures,1885)、《中国农村人口状况》(Notes on the Condition of the Rural Population of China, 1891 - 2)、《古代月亮星群对照表》(A Comparative Table of the Ancient Lunar Asterisms,1891 - 2)、《中国的内陆交通》(Inland Communications in China,1893 - 4)、“《论〈道德经〉》”(Notes on the Taotch - King,1896 - 7)、《中国家庭关系体系及其雅利安姻亲关系》(The Chinese System of Family Relationship and its Aryan Affinities,1896 - 7)、《中国历法:它的起源、历史及背景》(The Chinese Calendar: Its Origin, History, and Connections,1897 - 8)、《黄道带(太阳和月亮),它们的起源与背景:文明的最早开端研究》(The Two Zodiacs (Solar and Lunar), their Origin and Connections, A Study in the Earliest Dawn of Civilisation,1907)等。

在搜集金斯密的汉学作品过程中,我发现在中文世界似乎没有太多人注意到这位曾经的文会会长,搜集与他相关的资料尤其困难,而且就目前手头上找到的金斯密的汉学作品,绝大部分都是以论文形式发表的,迄今我所找到金斯密的唯一一部著作《公元前 2 世纪中国与亚洲中西部的交

① George Lanning, In Memoriam—Thos. W. Kingsmill. Journal of the North China Branch of the Royal Asiatic Society, 1910, NS. vol. XLI: pp. 117 ~ 118.

往》(The Intercourse of China with Central and Western Asia in the 2nd Century B. C.),最初也是以论文形式发表的,[①]只是后来出版了单行本(Shanghai: Printed at the Celestial Empire Office, 1880)。而且他的论文明显主要集中于皇家亚洲文会北华分会的会刊和会议报告以及会议记录中,当然也有少数发表于《中国评论》(China Review)等其他期刊上,这应该与他身为学会成员与副会长有相当大的关系。

第三节 传教士汉学家的典型代表伟烈亚力

一、伟烈亚力的生平事迹

伟烈亚力(Alexander Wylie,1815－1887),1815年4月6日出生于伦敦的一名普通颜料商的家庭。在自治城市切尔西(Chelsea)的一所文法学校(the Grammar School)接受了初等教育,毕业后成为一名细木工的学徒。伟烈亚力曾受雇于英国刑事法庭(Crown Court)和考文特花园(Convert Garden),并加入了苏格兰国教(National Church of Scotland)[②]。

致使伟烈亚力后来倾心中国学术的机会颇为偶然。1846年,英国伦敦会传教士理雅各因病回国,受上海传教士麦都思的委托,急于寻找一名专门负责上海墨海书馆的合适人选。带着理雅各的一位朋友写的推荐信,伟烈亚力拜访了理雅各博士[③]。推荐信里这样描述,来访者是一名细木工,不仅聪明,还具备其他方面的高素质,最近还学习过汉语。在理雅各的寓所,进行了一场决定伟烈亚力命运的"面试"。在伟烈亚力离开之后,理雅各博士确信,如果给他提供适宜的研究条件,他将会在汉学研究领域作出杰出的贡献。那次会面的结果是,理雅各博士安排伟烈亚力到他那里

---

① Journal of the North China Branch of the Royal Asiatic Society, 1879, NS. vol. XIV: pp. 1 ~ 29.

② Biographical Sketch of Alexander Wylie, by the Rev. James Thomas, Chinese Researches, Shanghai, 1867, p. 1.

③ 此推荐人为 Dr. Morrison of Brompton, Cf. Biographical Sketch of Alexander Wylie, by the Rev. James Thomas, Chinese Researches, Shanghai, 1897, (伟烈亚力著,北平隆福寺街文殿阁书庄,民国二十五年影印本), p. 2.

去，偶尔进修一下中文[①]，而且不久之后，伟烈亚力将在查尔斯·里德爵士(Sir Charles Reed)的赞助下，学习印刷所的工作技术和经营管理方式，为他远赴上海担任墨海书馆监理的职位做准备[②]。

1847年8月26日，作为英国伦敦会传教士[③]，伟烈亚力以伦敦会派驻上海印书馆(墨海书馆)负责人的身份，与牧师绍思韦夫妇(the Rev. B. Southwell and Mrs. Southwell)和牧师慕维廉(the Rev. W. Muirhead)一道来到上海[④]。自此开始了近30年(约1847－1877)在华传教、游历、传播西学和研究汉学的辉煌历程。

伟烈亚力在上海担任墨海书馆监理的职位直至1860年[⑤]。在白天繁忙的印刷工作之余，他每天清晨和整个晚上都坚持学习。他不仅继续学习中文，还向巴夏礼(Harry Parkers，1826—1885)学习满文。翌年(1849)又与同事艾约瑟一起，学习蒙古文字，此外他还学习了法文、德文、俄文，以及少量希腊文、维吾尔文和梵文[⑥]。这些都为他的汉学研究打下了良好的语言基础。

努力突破语言关的同时，伟烈亚力广泛搜集和阅读东亚，尤其是中国的历史、地理、宗教、哲学、艺术和自然科学书籍，逐步形成藏书丰富、且拥

---

① 参见理雅各博士在《屈布纳记载》(Trübner's Record, No. 231, vol. viii. No. 1)中的相关论述，转引自：The Life and Labors of Alexander Wylie, Agent of the British and Foreign Bible Society in China, by M. Henri Cordier. Journal of the Royal Asiatic Society of Great British and Ireland, NS. Vol XIX, 1887, pp. 353－354.

② 同上。

③ 在圣书公会当年的报告中，记载着给伦敦会的1000法郎的拨款，"以使他们在上海能够继续支付滚轴式印刷以及附带大批中文字模，还包括支付从这个国家派遣助手印刷中文《圣经》的相关费用"。接下来是"印刷工和印刷机最近已经离开英国。愿上帝加速他们的航程并赐给这项事业最大的祝福！"据此，托马斯牧师(Rev. James Thomas)认为，"一开始伟烈亚力实际上就是圣书公会的雇员，他的薪水由圣书公会的基金支付"。事见 Biographical Sketch of Alexander Wylie, by the Rev. James Thomas, Chinese Researches, Shanghai, 1867, p.2.

④ Journal of Occurrences—The arrival of missionaries at Shanghai, Chinese Repository, vol. XVI, Sep. 1847, No.9, p.464.

⑤ The Life and Labors of Alexander Wylie, Agent of the British and Foreign Bible Society in China. A Memoir. By Henri Cordier, Professor at the École des Langues Orientales Vivantes and École des Sciences Politiques, Paris. Cf. Journal of the Royal Asiatic Society of Great Britain and Ireland, NS. vol. XIX, 1887, p.354.

⑥ 汪晓勤著《中西科学交流的功臣——伟烈亚力》，北京：科学出版社，2000年，第5页。Cf. Biographical Sketch of Alexander Wylie, by the Rev. James Thomas, Chinese Researches, Shanghai, 1867, p.2.

有许多珍本的私人藏书楼。伟烈亚力大部分藏书后来分别归属于皇家亚洲文会北华分会、牛津大学、剑桥大学等机构。这些珍贵而丰富的文献资料,正是他在文献目录学领域做出卓越成就的坚实基础。借助这些资料,他翻译中国经典,编撰使他饮誉欧洲汉学界的《中国文献记略》,学习有关中国各学科研究的历史与现状,并帮助那些研究汉学中遇到文献困难的同仁与后学。

繁忙的印刷、传教和译书[①]之余,伟烈亚力致力于研究中国,相继发表或出版了若干汉学论文及著作,内容涉及文献目录学、数学、天文学、地理学、宗教、历史与考古等多门学科。其中,伟烈亚力的《中国文献记略》、《中国数学札记》及其对景教碑的研究奠定了他在西方汉学界的地位。伟烈亚力不仅取得了丰硕学术成果,也有着丰富的学术活动。1857年他创办了旨在"通中外之情"的《六合丛谈》,为近代上海第一份综合性中文期刊。他还参与创建皇家亚洲文会北华分会及其博物馆和图书馆,与格致书院和在华实用知识传播会等机构的创建也不无关系。凭借扎实的汉学功底,他成为《中西通书》、《皇家亚洲文会北华分会会刊》、《教务杂志》、《北华捷报》、《中日杂纂》等期刊的编辑或撰稿人。1878年和1882年,他还代表皇家亚洲文会北华分会参加了在佛罗伦萨和柏林举行的第四、第五届国际东方学家大会。

1877年,由于长年校对《圣经》引发眼疾,伟烈亚力最终决定回国。回国后,伟烈亚力仍笔耕不辍,其最后的成果是翻译部分《汉书》及《后汉书》。

1883年3月,在他给高迪爱的最后一封亲笔信中可以看出他的眼睛失去了与手的协调能力。[②] 此后不久他瘫痪在床,且不能始终保持清醒的状态。他的最后几年是在伦敦汉普斯特(Hampstead)的基督堂路(Christ-

---

① 来华不久,伟烈亚力就结识了李善兰等中国学者,开始了在墨海书馆和江南制造局翻译馆的译书生涯。

② The Life and Labors of Alexander Wylie, Agent of the British and Foreign Bible Society in China. A Memoir. By Henri Cordier, Professor at the École des Langues Orientales Vivantes and École des Sciences Politiques, Paris. Cf. Journal of the Royal Asiatic Society of Great Britain and Ireland, NS. vol. XIX, 1887, p.367.

church Road)18号度过的，[①]由他的女儿也是他唯一的亲人悉心照料着，直至1887年2月6日逝世，并于2月10日葬于海格特公墓(Highgate Cemetery)。他的生前好友理雅各、雒魏林、麦克斯韦(Maxwell)、托马斯(James Thomas)以及伦敦会、英国圣书公会的一些代表参加了葬礼。[②] 伟烈亚力去世后，《皇家亚洲文会会刊》在所刊讣告中称“艾里奥特(Walter Elliot)爵士于3月1日逝世，伟烈亚力于2月6日逝世，欧洲东方学家们失去了他们集体中两位引人注目的、在各自领域内出类拔萃的成员”。[③]

伟烈亚力(Alexander Wylie，1815－1887)在华活动近30年，其贡献体现在诸多领域。[④] 牧师慕维廉(the Rev. W. Muirhead, 1822－1900)盛赞伟烈亚力，“是我们中国学者们中一流的和最重要的一位”。[⑤]著名传教士学者艾约瑟(Joseph Edkins, 1823－1905)评价伟烈亚力的代表作《中国文献记略》(Notes on Chinese Literature, 1867)“价值极高”。[⑥] 所以，把伟烈亚力视为19世纪英国汉学的中坚人物并不为过。然而长期以来，学人对他在中西科学交流中的作用研究甚勤，对其诸多汉学成就则缺乏必要的整

---

① The Life and Labors of Alexander Wylie, Agent of the British and Foreign Bible Society in China. A Memoir. By Henri Cordier, Professor at the École des Langues Orientales Vivantes and École des Sciences Politiques, Paris. Cf. Journal of the Royal Asiatic Society of Great Britain and Ireland, NS. vol. XIX, 1887, p.367.

② The Late of Mr. Alex. Wylie, by E. H. Parker. Cf. Chinese Recorder and Missionary Journal, Vol. XVIII, April 1887, No. 4, p.163.

③ Journal of the Royal Asiatic Society of Great Britain and Ireland, NS. vol. XIX, 1887.

④ 对于他在中西科学交流方面贡献，国内已有学者作过专门介绍。具体参见：王扬宗撰《伟烈亚力》，见杜石然主编《中国古代科学家传记》(下)，北京：科学出版社，1993年，第1336～1338页；韩琦撰《传教士伟烈亚力在华的科学活动》，见《自然辩证法通讯》，1998年第2期，第57～70页；汪晓勤撰《伟烈亚力对中国数学的评价》，见《中国科技史料》1998年第2期，第10～23页；《伟烈亚力与中国数学史》，见《大自然探索》1999年第4期，第113～117页；《伟烈亚力所介绍的外国数学史知识》，见《中国科技史料》2000年第2期，第158～167页；汪晓勤著《中西科学交流的功臣——伟烈亚力》，北京：科学出版社，2000年。至于对伟烈亚力的汉学研究成果则关注甚少，仅见于上述汪晓勤的专著，马军撰《伟烈亚力与中西文化交流》，见《上海研究论丛》第11辑，上海社会科学院出版社，1997年，第255～281页，以及熊文华撰《伟烈亚力及其〈中国之研究〉》，见《汉学研究》第六集，北京：中华书局，2002年，第77～86页。多数人只知道他是一本非常有用的目录书的作者。

⑤ W. Muirhead. In Memoriam—Alexander Wylie, Cf. Chinese Recorder, 1887, Vol. XVIII, No.5, pp.200～201.

⑥ Proceedings—the forty－fifth anniversary of the institution of the North China Branch of Royal Asiatic Society. Journal of North China Branch of Royal Asiatic Society, 1903－04, NS. Vol. XXXV. p. iv.

理和论述。

具体言之，伟烈亚力对19世纪西方汉学的贡献主要表现在三个方面：首先，中文文献的匮乏是那时西方汉学界普遍面临的棘手问题。伟烈亚力或赠送或出售，先后为牛津大学图书馆、皇家亚洲文会北华分会图书馆以及圣书公会提供了许多有价值的中文文献，在一定程度上缓解了这一压力。其次，这一时期的西方汉学比较关注中国与其周边地区的交往情况，成果也比较丰富，伟烈亚力1874－1875年从《汉书》和《后汉书》中翻译的有关匈奴的章节就是其中比较有代表性的作品。再次，工具书的编撰是这一时期的重要任务，后来也被证明了是最经得起时间考验的汉学成果。而伟烈亚力以《钦定四库全书总目》为底本编写的《中国文献记略》无疑是这一时期有关汉语书目的第一部全面系统的权威著作。伟烈亚力没有在大学里担任过汉语教授，但他众多出色的汉学研究成果表明，他为英国汉学的勃兴作了大量基础性的累积和开拓，在19世纪英国汉学史上理应占有重要的一席之地。

不过有趣的是，中西学术视野中的伟烈亚力却有着截然不同的形象。在中国，人们更关心他介绍的西方科技成果，对他《中国文献记略》则不以为然，认为仅仅是《四库全书总目》的简单翻译。在西方，人们则更乐于关注他的文献目录学成就，对他的宗教和文献研究十分推崇。这种特殊的文化现象在中西文化交流史上并不鲜见。前者取决于当时中国的紧迫需求，人们的目光自然会比较集中于对西方科学技术的学习与吸收，伟烈亚力作为西方科学的传播使者，当然会引人注目。后者则是因为，长期以来西方学者困惑于中国文献的卷帙浩繁，而伟烈亚力的《中国文献记略》出版之前，尚无一部全面系统介绍中国文献的作品。伟烈亚力以一己之力，独自成书，这本身就值得称道。更何况，这部著作对当时西方汉学界贡献良多，而且在相当长的时间里都没有其他著作可以替代它。

二、伟烈亚力的文献目录学贡献

（一）治学方法

作为19世纪中后期的传教士汉学家，伟烈亚力没有接受过西方高等教育，研究汉学纯属他的个人兴趣，研究中所需的一切知识和技巧完全是他通过自学所得。因而他并不像同时代的许多学者，有一定的师承关系或继承某汉学传统。这样,我们就很难从他的研究中总结出系统而又明确的治学方法和理论。尽管如此,我们还是可以从他的著作以及他与其他学者的交往中梳理出他所具有的一些研究风格和方法特点。比如,他在文献学方面的才能在英国时就已经显现出来,其主要编目方法也是英国学界的惯常方式,来华后他又汲取了中国传统的"经史子集"四部分类法的长处,从而使他的文献目录学作品中西合璧,独具特色。再如,伟烈亚力对基督教内不同教派的汉学家们不存丝毫偏见,甚至对非基督教传教士的汉学家的成果也非常关注。他直接或间接接触的法国汉学家主要是儒莲(Stanislas Julien, 1797 – 1873)、亨利·玉尔(Henri Yule, 1820 – 1889)和高迪爱(Henri Cordier, 1849 – 1925)[①],他们研究方法中的法国汉学传统多少会对伟烈亚力产生一定影响。

(二)早期目录学作品

与他后期扎实的文献目录学作品相照应,伟烈亚力早在50年代就已经表现出其过人的文献目录学功底。

1855年,伟烈亚力在其所译的《清文启蒙》(T'sing Wang k'e mung)的书末列出了一份满文文献表。相对而言,西方学者更擅长学习字母文字,当时的汉学研究者们普遍认为满文比汉文容易掌握,且许多重要的汉文文献已被译为满文,于是通过满文文献来了解和研究汉学不失为一条捷径。鉴于此,伟烈亚力的满文文献表就为研究者们提供了诸多方便。

1857年,伟烈亚力又在上海出版了为伦敦会图书馆编制的书目 Catalogue of the London Mission Library。在该目录中,伟烈亚力排列中文书名不按西方人惯常使用的字母顺序,而是以内容分类,这无疑是沿袭中国文献目录学的常用方式,也更能反映出他的文献目录学造诣。

1860年,时任《中西通书》编辑的伟烈亚力又在书中列出了《圣经》中译本的目录提要。顺便指出,伟烈亚力作为墨海书馆监理,其中一项重要工作就是校对《圣经》,且后来伟烈亚力成为圣书公会在华代理人,他对

---

① 19世纪法国著名汉学家 Henri Cordier 的汉名学界常作"高第"或"考狄",但经中国科学院自然科学研究所韩琦考订其汉名应为"高迪爱",韩琦曾在2002年11月11日给我的一封电子邮件中写道"Cordier 自己的藏书,现在由日本某大学图书馆收藏,并出版了藏书目录(我在国外见过这个书目),正是通过这个藏书目录,我们才知道他本人所起的汉名(高迪爱),所以'考狄'、'高第'等汉文译名,统统不对"。

《圣经》版本及流布相当清楚。

此外，伟烈亚力还撰写相关目录书的书评，其中最引人注目的就是对汉学家高迪爱的目录著作的品评，包括那部使他享誉西方汉学界的闻名遐迩的五卷本巨著《西人论中国书目》（Bibliotheca Sinica）。伟烈亚力还为法国汉学大师儒莲教授和著名学者鲍迪埃（G. Pauthier, 1801 - 1873）分别编制了著作目录，刊于1873年的《上海晚邮》（Shanghai Evening Courier）。

（三）“有关汉语书目方面的第一部著作”——《中国文献记略》

据了解，《中国文献记略》并非汉语书目方面的第一部著作，在伟烈亚力之前已经有一些类似书目出现，但这些书目多是针对某座图书馆或研究机构所藏中文书籍而编制的，局限性甚大。倘论系统全面地介绍中国文献，编制汉语书目的“第一学者”，伟烈亚力可谓实至名归。

事实上，使他享誉欧洲的也正是其卓越的文献目录工作，而其中最为引人瞩目的就是这部《中国文献记略》的编撰。在西方人眼中，《中国文献记略》和伟烈亚力几乎是同一个词。翻阅西文书籍，我们常常可以看到，编者们频繁地使用“《中国文献记略》的作者”这样一个专名词汇来介绍和指称伟烈亚力。

1867年，《中国文献记略》由上海美华书馆出版。该书基本以《钦定四库全书总目》为底本，采用经史子集四部分类法，共收入1745种中文图书的提要。[①] 全书共分六部分：序言、目录、引言、正文、附录及索引，共计260页。

在序言部分，伟烈亚力开宗明义，首先阐明了此书的编纂目的，“大多数中国文献的研究者，工作伊始，在阅读的过程中定会因专有名词和征引文献的出现导致工作常常受到阻碍。……即便不能克服这一困难，提供缓和此难题的方法将是本书的主要目标之一”。[②] 他指出在中国文献目录学领域，西方学者并非毫无涉足，然而已有的成果不是局限于他们有限的主题，就是已经芳踪难觅。《中国文献记略》的出版既非多余，也非前人成果

---

① 目前所见多数文章对《中国文献记略》所载图书的数量多作2000余种，如学者汪晓勤、马军等人，他们的数字很可能来源于高迪爱的那篇回忆性长文。实际上，该数字有些夸大，笔者根据《中国文献记略》所附书名索引，证实了中文图书的数量应为1745种。

② A. Wylie, Notes On Chinese Literature. Peking: The Poplar Island Press, 1939. p. i.

的简单重复。接着,伟烈亚力对前人研究成果分别加以评述,从1742年出版的傅尔蒙(Etienne Fourmont, 1683－1745)为巴黎皇家图书馆中文藏书所编目录,到1818年雷慕沙(Abel Rémusat, 1788—1832)为同一批藏书所编书目均未能逃脱被批评的命运(此目录仅仅删掉了傅尔蒙目录中十分明显的错误),以至于后来Andrew Müller、[①] Jules Klaproth、[②] Schott、[③] Avakum、[④]Dorn、[⑤]Siebold、[⑥]Hoffmann、[⑦]Rev. S. Kidd[⑧] 等人的中国文献目录学著作。序言最后回顾了本书的写作过程,并对其中的坎坷曲折多有叙述。[⑨]

引言开篇,伟烈亚力从仓颉造字讲起,以朝代为序,洋洋洒洒几千言,对中国文献发展史作了简要回顾。作者还比较了中日对待西方文化的不同态度,指出西方对中国人特性的误解,认为中国历史悠久,要想理解得不偏不倚,必须追本溯源。在列出中国禁毁书目之后,作者列出一份已被译为欧洲文字的中文作品目录,仍以经史子集分类,共计141部。文末还根据德庇时(Sir John Francis Davis,1795－1890)所译《汉宫秋》(Han Koong Tsew)的序言列出一份剧本目录。

---

① 德国著名东方学家安德烈·米勒(Andrew Müller, 1630－1694),曾任柏林皇家图书馆馆长,为馆内中文藏书的核心部分编制拉丁文目录,此目录第二部分出版于1683年。

② 德国汉学大师克拉普洛特(Julius Heinrich Klaproth, 1783－1835),曾为柏林皇家图书馆中文藏书编撰目录,于1812年出版。此目录1822年在巴黎再版,题为Verzeichniss der Chinesischen und Mandshuischen Bücher und Handschriften der Königlichen Bibliothek zu Berlin。

③ 柏林大学教授硕特(Wilhelm Schott, 1802－1889),曾为柏林皇家图书馆入藏的中文藏书编制目录,此书可视为克拉普洛特目录的增补。1840年,以Verzeichniss der Chinesischen und Mandshu－Tungusischen Bücher und Handschriften der Königlichen Bibliothek zu Berlin Eine Fortsetzung Bücher des im Jahre 1822 erschienenen Klaproth'schen Verzeichnisses之名,出版于柏林。

④ 曾为驻北京神甫,他为俄国圣彼得堡的亚洲图书馆(Asiatic Library at St. Petersburg)的中文藏书编纂了目录,并于1843年出版。

⑤ Boris Andreevich Dorn(1805－1881),1852年在法国出版了Catalogue des Manuscrits et Xylographes Orientaux de la Bibliothèque Impériale publique de St. Pétersbourg。

⑥ 德国汉学家奚伯尔德(Philip Franz von Siebold, 1796－1866),其日本研究业绩,收集于所著《日本》(Nippon, Archiv zur Beschreibung von Japan und dessen neben und scbutzländen, 2 Vols. Leyden, 1834)一书中,为日本锁国时代欧洲人记述日本之最详最佳者。

⑦ 荷兰汉学家霍夫门(J. J. Hoffmann, 1805－1878),研究日本学。

⑧ 英国传教士基德(Samuel Kidd, 1799－1843),一译修德,又译几得,曾编制目录Catalogue of the Chinese Library of the Royal Asiatic Society。

⑨ 伟烈亚力早在19世纪50年代就着手于此目录的编纂,至1860年作者回国时,将已完成的部分付梓,此后编目工作一度搁置。1864年,伟烈亚力回沪,当时形势十分不利于编目,因之暂时没有重拾旧作的打算。不过,伟烈亚力的一些朋友得到了已出版的部分目录,又不时敦促,此书才得以最后完成。

正文部分,伟烈亚力以所藏清刊本《钦定四库全书总目》二百卷为底本,以四部分类法分类,为1745种中文文献撰写提要。提要所据版本多为伟烈亚力的私人藏书,其余则根据相关的中文图书编撰而成。在附录部分,伟烈亚力列出了13种丛书,以介绍那些难觅芳踪的图书,每种丛书均有提要。索引部分则是书名和人名索引,均以字母顺序排列。事实上,《中国文献记略》虽然以《钦定四库全书总目》为底本,但伟烈亚力所录图书有相当一部分是《钦定四库全书总目》中没有提到的,[①]这些图书应属伟烈亚力的私人藏书,从版本学上讲具有一定意义。

《中国文献记略》初版于1867年,由美华书馆印行,1901年和1922年美华书馆又两度刊印此书。[②] 至1939年,The French Bookstore重新发行此书,由北京The Poplar Island Press印行300册。七十年间印行四次,其书的价值丝毫没有随时间的推移而有所减损,充分验证了伟烈亚力学术作品的持久生命力。直至1967年,台湾成文出版社还在重印伟烈亚力的这部杰出的目录学著作,1969年该书又在纽约重印。[③]

法国著名汉学家高迪爱盛赞此书“实际上是西方有关全面介绍中国文献的唯一指导”。[④] 然而,正如伟烈亚力在本书前言中所说,此书问世以前西方确有多部关于中国文献的目录书出版,因而说它是“唯一”的,未免稍嫌过火,但《中国文献记略》在全面、系统介绍中国文献方面,的确是后来居上,出类而拔萃。此书对当时及以后学者的帮助甚大,数次被多位著名汉学家征引,如高迪爱之于《西人论中国书目》,李约瑟之于《中国科技史》,卫三畏之于《中国总论》等。在此书出版后相当长时间里,伟烈亚力的《中国文献记略》一直是汉学研究领域不可替代的一部目录学著作。当然,此书并非从未遭受批评。比如辜鸿铭就曾指责“伟烈亚力先生的《中国文学札记》(即指《中国文献记略》)……仅仅是一部目录,而不是一本带有一丁半点文学意味的书”。[⑤] 显然,辜鸿铭那种“妄人”式的“诗意”眼光

---

① 这里仅简要列出几种,如《字汇》、《茶笺》、《茶董经》、《斋经》、《招宝山志》、《超宗智禅师语录》、《治虫新方》、《指明算法》、《指月录》等。

② 可参见国家图书馆藏书目录。

③ Reference works for Chinese Studies, cf. http://www.staff.hum.ku.dk/littrup/bibl.htm.

④ Henri Cordier. The Life and Labors of Alexander Wylie, Agent of the British and Foreign Bible Society in China. Journal of the Royal Asiatic Society of Great Britain and Ireland, 1887, (NS. Vol. XIX). p. 363.

⑤ 辜鸿铭著,黄兴涛,宋小庆译《中国人的精神》,海口:海南出版社,1996年,第138页。

使他根本看不到一部出自西方汉学家之手的本来就与文学毫无瓜葛的目录学著作的真正价值。而实际上,恰恰是此书的目录学性质使它成为西方学者了解中国文献的可靠依据。更何况,由于区域文化的差异,在中西文化交流史上常常会出现这样的情况,在一地并不出色的书却能在另一地大有斩获,伟烈亚力的这部《中国文献记略》正是如此。

(四)《来华新教传教士列传及书目》①

近年来,在华传教士逐渐成为近代中外文化交流史研究的热点,随之而来的就是搜集与之相关的文献资料,而传教士本人的作品无疑构成其中最核心的内容。但长期以来,由于传教士的中英文作品卷帙浩繁且分布零散,给这些资料的利用带来一定难度,于是工具书的编纂问题逐渐凸显。但早在19世纪下半期至20世纪上半期,一批具有远见卓识的学者就开始着手传教士作品目录的编纂工作,且成绩斐然。

就我们所知,在伟烈亚力之前似乎没有一部成规模的此类目录著作出版,倒是在伟烈亚力之后出现了几部目录作品。② 而伟烈亚力的《来华新教传教士列传及书目——附著作目录》(Memorials of Protestant Missionaries to the Chinese: giving a list of their publications, and obituary notices of the

① 关于这本书的译名,即《来华新教传教士列传及书目——附著作目录》(Memorials of Protestant Missionaries to the Chinese, giving a list of their publications, and obituary notices of the deceased. with copies indexes, Shanghai, 1867)在学界尚不统一,如熊月之译为《基督教在华传教士回忆录》,而王扬宗认为"回忆录"一词与此书内容不相符,用"纪念册"更接近原意,赖永祥在2003年3月23日《台湾教会公报》第13版译为《来华基督教宣教师的追求》,也有许多学者在引用该书时不加翻译直接使用其英文书名,如李志刚等人。笔者依据书中内容,效法费赖之的《在华耶稣会士列传及书目》,认为《来华新教传教士列传及书目》是较为贴切的译法。

② 如:1877年上海召开的传教士会议上,决定出版一部基督教中文书目,但直到1907年才作为宣教百周年纪念大会刊物出版,由季理斐(Donald MacGillivray, 1862 - 1931)独立完成。1916年"中国续行委办会"基督教文字委员部鉴于该项工作的重要,原拟聘请中西各一人,用一年的功夫,专事调查全国基督教书籍重行编辑,卒因人才难得,遂商请汉口雷振华牧师(G. A. Clayton)代理。1918年4月,由"中国基督教出版协会"(Christian Publisher's Association of China)出版《中国基督教中文图书分类目录索引》,又译《教会书报目录汇编》(A Classified Index to the Chinese Literature of the Protestant Churches in China),同时出版中英文版,共收入3451种。1930年中华基督教书报发行会打算增订雷振华书目,未果。1933年上海广协书局收集各书局目录编成《中华基督教文字索引》,同时根据广学会的《出版界》所载新书随时增补,1938年增刊了续编,可说是基督教最近而完备的目录。(以上资料主要取自李宽淑著《中国基督教史略》,北京:社会科学文献出版社,1998年;王治心著《中国基督教史纲》,香港:基督教文艺出版社,1959年。)

deceased. with copies indexes, Shanghai, 1867)则是这一系列书目的奠基之作,其重要性自不待言。该书共收录338位传教士的中英文著作,汇集1867年以前在华传教士的第一手资料,主要包括他们的生平及其著作,[①] 最早由上海美华书馆于1867年出版。[②] 1876年,应中国海关之邀,伟烈亚力又编制了传教士著作目录的补编(Appendix. Catalogue of Publications by Protestant Missionaries in China),刊于当年美国费城国际博览会中国海关报告书的附录(Catalogue of the Chinese Imperial Maritime Customs Collection, at the United States International Exhibition, Philadelphia, 1876),共收入1036种。[③]

需要指出的是,伟烈亚力一直否认自己是这部“十分有用的传记目录书”的作者,这与伟烈亚力谦虚谨慎的个人品质有关。他曾在1872年这样写道:“我曾帮助过姜别利(William Gamble, -1886,美国长老会传教士,时任美华书馆负责人),并为他提供了几乎所有《来华新教传教士列传及书目》中的资料,但我从未授权他署上我的名字。在他出版此书的时候我就表示过反对,但拒绝的次数如此的多,以至于现在我就由它去了”。[④] 实际上这部作品处处带有伟烈亚力的印记,它包括每一位传教士的姓、教名、汉名及其用中文、马来文和其他语言写成的出版物的完整目录。而且该书“是一部目录著作,不同于论著,一般说来,资料收集者即可判定为作者”。[⑤] 从这个意义上讲,伟烈亚力理应被认定为此书之作者。

《来华新教传教士列传及书目——附著作目录》一书的前言中,伟烈亚力首先提出了编纂目的,他回顾了传教士中文作品的最初成果《圣经》的中译过程,对其中存在大量无益的重复劳动颇有感触。推而广之,伟烈

① Henri Cordier, The Life and Labors of Alexander Wylie, Agent of the British and Foreign Bible Society in China. Journal of the Royal Asiatic Society of Great Britain and Ireland, 1887, NS. Vol. XIX. p. 363.

② 时隔一百年,台湾成文出版社又重新影印了《来华新教传教士列传及书目》。该书的受欢迎程度从其补编的出版上即可窥其一二。

③ [韩]李宽淑著《中国基督教史略》,北京:社会科学文献出版社,1998年,第287~288页。

④ Henri Cordier, The Life and Labors of Alexander Wylie, Agent of the British and Foreign Bible Society in China. Journal of the Royal Asiatic Society of Great Britain and Ireland, 1887, NS. Vol. XIX, pp. 351-368.

⑤ 马军撰《伟烈亚力与中西文化交流》,见《上海研究论丛》第11辑,上海社会科学院出版社,1997年,第267页。

亚力发现"传教士作品信息交流的欠缺,已经给那些想要了解某课题研究现状的人带来了不便,有时他们会在无意识的情况下重复前人的劳动"。[①]应该说,对不同文化交流中学术信息的高度重视是伟烈亚力编撰此书的主要考虑。

在此书编纂过程中,伟烈亚力得到了当时在华相关领域内大多数传教士的热心协助,"此书被视作囊括止于伟烈亚力所处时代的几乎所有新教传教士的出版物"。[②] 在前言中伟烈亚力统计了这 338 名新教传教士在华服务的年限,以及他们去世时的情况。这里面特别包括一些自由传教者,即在一定时间内不属于任何修会的传教士。最后,他列出了 31 个新教在华修会的名称及其在华开教时间。

正文部分,伟烈亚力为每位传教士编写了小传,列出他们用各种语言写就的作品。这些资料的来源多为传教士本人及其家属朋友,基本都是第一手资料,可信度较高。正文之后是补遗部分,补充了前文忽略的作品,共增添 40 种。伟烈亚力并非简单列出传教士们的著作目录,实际上几乎每本书他都配以适当的内容提要,使人们更清楚地了解每一本已经出版的图书,为使用者提供了最大限度的便利。

书末还附有若干极有价值的目录。[③] 这些目录的编制者我们并不十分确定,不过从其编撰风格推测应该是伟烈亚力所为,如他曾为艾约瑟的《中国佛教》编制过详尽的索引。这些别具创意的目录分类充分体现出伟

---

① A. Wylie, Memorials of Protestant Missionaries to the Chinese: giving a list of their publications, and obituary notices of the deceased, with copies indexes. Shanghai: American Presbyterian Mission Press, 1867, p. ii.

② Ibid.

③ 其中包括:附录一,传教士姓名索引,该索引按字母顺序排列;附录二,作品题名目录,主要按字母顺序排列,其中包括中文书目(分为有中文题名的和没有中文题名的两部分)、英文书目、德文书目、荷兰语书目、蒙文书目、马来文书目、日文书目和暹罗语书目;附录三,中文作品和各种方言作品的分类目录。前者包括《圣经》译本、《圣经》释义、神学、宗教人物传记、教义问答手册、祈祷文、赞美诗、杂录、教育和语言学、历史学、政治学、地理学、数学、天文学、医学、植物学、物理学、年鉴、连续出版物。方言作品目录则包括蒙文作品(《圣经》、和声、神学、教义问答手册、祈祷文、赞美诗)、广东方言作品(《圣经》、神学、教义问答手册、祈祷文、赞美诗、教育)、客家语作品(《圣经》)、潮州方言作品(赞美诗)、厦门方言作品(《圣经》、神学、宗教人物传记、赞美诗、教育)、福州方言作品(《圣经》、神学、教义问答手册、祈祷文、赞美诗、杂录、天文学)、宁波方言作品(《圣经》、和声、神学、教义问答手册、祈祷文、赞美诗、教育、地理学、数学)、金华方言作品(《圣经》)、杭州方言作品(《圣经》)、上海方言作品(《圣经》、和声、神学、教义问答手册、祈祷文、赞美诗、教育、地理学、科学)以及上海方言的阅读发音规则。

烈亚力长期以来在目录编纂学上积累的丰富经验。他编制的目录分类细致详尽,使任何读者都能够凭借书末目录,方便准确地找到他们所需的文献资料。良好的分类目录和可靠的资料来源,使此书成为后来相关领域学者对这一时期传教士作品进行统计与分析的必备资料。① 所以这部著作自问世起就受到中外学者的瞩目和赞誉,《教务杂志》称它是“一部珍贵的著作”。迄今它仍然是这一时期历史研究中不可取代的重要资料,其“价值无法估量”。②

伟烈亚力的汉学成就涉及领域很广,对中国文献的研究是他在西方最为闻名的成就,也正是这些成果奠定了他在西方汉学史上的重要地位。除此之外,他还有相当丰富的研究成果,其中有很多是后来者所不能绕过的,譬如他在中国自然科学以及宗教领域所作的有益探讨,特别是他对中国数学史和大秦景教流行中国碑的深入而有建设性的研究,在中西科学交流史和西方汉学史上烙下了深刻的印记。

三、对中国历史与考古的研究

(一)对景教碑的研究

1625年,陕西西安大秦景教流行中国碑出土以来,国外学者一直对此问题研究不断,争论不休。据学者耿升研究,③在伟烈亚力之前,共有21种景教碑的译文问世,其中包括邓玉函(Terenz,1576－1630)对古叙利亚文部分的译本、祈尔歇(Kircher)的拉丁文译本、曾德昭(Semedo,1585－1658)的译本、何大化(Antonio de Gouvea,1592－1677)的拉丁文译本、卜弥格(Michel Boym,1612－1659)的译本、安德烈·米勒(André Müller)的译本、刘应(Claude de Visdelou,1656－1737)的译本、利波夫索夫

① 如台湾学者李志刚在其《基督教早期在华传教史》中,就以此书为资料来源统计了“早期基督教士中文著述项目表”、“早期基督教士中文著述编年目录表”、“基督教士早期宣教活动区域表”等。(《基督教早期在华传教史》,台湾商务印书馆民国74年,第167、185、282页)大陆学者熊月之所著《西学东渐与晚清社会》中有许多统计目录也是以伟烈亚力《来华新教传教士列传及书目》为其资料来源。(《西学东渐与晚清社会》,上海人民出版社,1994年)

② D. MacGillivray(季理斐,1862－1931), A Century of Protestant Missions in China (1807－1907), American Presbyterian Mission Press, 1907, p. 613. 转引自马军著《伟烈亚力与中西文化交流》,《上海研究论丛》第11辑,上海社会科学院出版社,1997年,第267页。

③ 耿昇撰《外国学者对于西安府大秦景教碑的研究》,见《世界宗教研究》1999年第1期。

(Vasil'evic Lipovcov)的俄文译本、纽曼(Neumann)的译本、列昂季耶夫斯基(Zakhar Fedorovic Leont'evskii)的译本以及裨治文的译本等。

1854、1855年,伟烈亚力撰写长文《西安府的景教碑》(The Nestorian Tablet in Se-gan-Foo),在《北华捷报》陆续发表,此文后来重刊于《上海年鉴杂录》和《美国东方学会会刊》(Journal of American Oriental Society),并收录于《中国研究录》(Chinese Researches,Shanghai,1897)。文章第一部分就是伟烈亚力对大秦景教流行中国碑的新译本,他引经据典,在译本中加入了许多重要的历史注释,引证了大量提及该碑文的中文文献,如《金石文字记》、《关中金石记》、《四库全书提要》、《金石萃编》、《潜研堂金石文跋尾》、《景教考》、《天一阁书目》、《海国图志》、《国朝诗人徵略》、《瀛寰志略》、《重严寺碑》、《册府元龟》、《长安志》、《两京新记》、《西城图记》、《洛阳县志》等。这一译本后来被证明是极富新意且极具价值的。接着,伟烈亚力分别论述了5世纪基督教的分裂、东方国家的景教传教士、中国的景教教堂、对碑文中历史及地理名称的含义指向、对碑文中所提及时间的考证、教义要点、在中国发现的部分古叙利亚文《圣经》、纽曼(Neumann)遇到的障碍以及阿拉伯旅行家的见闻等。

伟烈亚力的景教碑译本优于许多前人,尤其是在中文碑文部分和文献注释方面,甚至一些其后学者的译文也未能超越之。如1845年裨治文的译文就质量不佳,暴露了其语言知识的欠缺;鲍迪埃1858年的译文不太正确,伟烈亚力对碑铭学家们附录文献的正确翻译遭到扭曲;达伯理1877年译文中的文献部分并没有增加比伟烈亚力更多的资料;1897年,赫勒神父(Jean Heller)译文中的叙利亚文部分很精彩,而中文碑文则基本是从伟烈亚力的英译本转译为德文的。不过,由于语言上的欠缺,伟烈亚力译本中的古叙利亚文部分没有什么新意,只是满足于对祈尔歇陈旧释读的沿袭。整体而言,伟烈亚力的景教碑英译本还是非常有价值的,这一领域的许多学者对它称赞有加,并作为自己的重要参考文献,如穆尔(A. C. Moule)之于《一五五零年之前的中国基督教史》,朱谦之之于《中国景教》,江文汉之于《中国古代基督教及开封犹太人》等。直至1996年,三联书店出版的翁绍军校勘并注释的《历代基督教学术文库——汉语景教文典诠释》中也多次引用伟烈亚力(书中作"威烈")的英译本,其中仅《大秦景教流行中国碑颂》的正文部分就引用了十余处。高迪爱称赞他的研究,"与近期鲍迪埃和达伯理的成果相比,更富有新意。而研究景教在亚洲发展状况的所有学者，都不能忽视伟烈亚力关于西安府景教碑的系列论文"。①

12世纪中叶在欧洲曾经流行过一个非常广泛而又奇特的传说，记述了东方出现一个信奉景教的国王，他统治着大片亚洲地区，他在波斯一带战胜了穆斯林，随即又转向"圣地"耶路撒冷，只是由于底格里斯河涨水未能通过，才终止前进。人们称其为"长老约翰王"，因为他既是教长又是君王。至于他究竟指的是何人，具体在什么地方，却是议论纷纷，莫衷一是。当时恰逢十字军处于低潮，欧洲人听到这个消息十分高兴，他们希望这个强大的东方君主能够配合十字军东征，共同收复"圣地"。后来，欧洲的教皇和君主甚至得到"长老约翰王"本人于1165年发来的正式信件。其中写给君士坦丁堡皇帝曼纽尔(Manuel)的一份，保留至今，藏于巴黎国立图书馆。由于这个传说提出了元代中国存在景教的可能性，众多学者对它的真伪展开了辩论，伟烈亚力的《论普里斯特·约翰》(Lecture on Prester John)正是针对这一论题而作的。该文分为12部分，依次论述了鞑靼和中国的景教传教士、长老约翰王给希腊皇帝的信、教皇亚历山大二世的复信、天主教传教士、鲁布鲁克、寻找长老约翰王的阿比西尼亚传教士、东印度公司、印度官方的原稿、西藏的传教士以及玉尔的评论等，最后，伟烈亚力还推测中国可能已经解决了长老约翰王的身份问题，其新颖的观点为这一领域的研究，做出了不可忽视的贡献。

1857年，伟烈亚力还在《六合丛谈》发表《景教纪事》，并对此领域始终保持着浓厚的兴趣。直至1879年12月10日，他还在《中国评论》(China Review)上发表《景教在中国》(Nestorian in China)一文，以回应学者乔治·菲利普斯(George Philips)在同一杂志上发表的文章。

(二)对中国犹太人的研究

自9世纪起，西方旅行家和传教士就开始注意到，在中国开封存在着传统的犹太人。16世纪来华的耶稣会士对此问题十分关注，19世纪的新教传教士也是如此，其动力不外乎修订《圣经》的需要而使其不得不关注开封所藏经书。1850年，伦敦会基督教和犹太教促进会派遣调查团赴开

① Henri Cordier, The Life and Labors of Alexander Wylie, Agent of the British and Foreign Bible Society in China, Cf. Journal of the Royal Asiatic Society of Great Britain and Ireland, NS. Vol. XIX, 1887, p.356.

封,寻访犹太教堂,以促进那里基督教的发展。这次调查的结果于 1851 年由四美(George Smith, 1815 - 1871)在上海发表,题名为《开封府的犹太人——开封府犹太教堂调查团报告》。1851 年又有两名犹太人到达上海,此后才制作开封府犹太教堂中经书稿本的影印件。伟烈亚力当然不会错过这样的论题,于是在 1863 年,伟烈亚力撰写了《中国犹太人》(Israelites in China),在《中日杂纂》分两期发表,该文还由 M. l'abbé Th. Blanc 译为法文,并由法国学者鲍迪埃作注释,刊于 1864 年的《基督哲学年鉴》(Annales de Philosophie chrétienne)。[①]

此文回顾了曾经到过开封府的马可·波罗、伊本·白图塔等西方旅行家以及伦敦会对犹太人中间福音传播的考察,并经由他考证,得出了一个引人注意的观点,即“袄教”是犹太人的宗教信仰,且据中国文献记载,这种信仰存在于帝国的许多地区,这种观点在当时一度引起轰动。然而,丁韪良(W. A. P. Martin, 1827 - 1916)于 1906 年发表论文《开封府的犹太碑文》(The Jewish Monument at Kaifungfu)[②],指出 Deveria 先生证据确凿地考证了中文“袄教”确指波斯拜火教。同样地,艾约瑟刊载于《中国研究录》中的《伟烈亚力汉学研究的价值》一文,也指出了他在这一问题上的错误。[③] 即便如此,鉴于伟烈亚力对西人了解开封府犹太人情况丰富的历史考察,此文仍比较有价值。

(三)翻译《汉书》及《后汉书》

1877 年 7 月,伟烈亚力由于长期校对《圣经》,引致眼疾恶化,不得已返英。此后他的身体条件虽然越来越恶化,但仍笔耕不辍,这一阶段他的主要汉学成果是翻译《汉书》以及《后汉书》中的部分章节。这两部书的研究价值自不必言说,但一直以来此书的英译工作却做得不尽人意。于是,应郝沃斯(H. H. Howorth,1842 - 1926)之邀,伟烈亚力完成了《汉书》卷九

---

① Henri Cordier, Bibliotheca Sinica: Dictionnaire Bibliographique des Ouvrage relatifs à L'Empire Chinois(法国高迪爱编《西人论中国书目》), Vol. I - VI, Paris, Librairie Orientale & Américaine, Guilmoto Editeur, 1904 - 1924, 北京隆福寺街文殿阁书庄,民国七年影印本, p. 1357.

② W. A. P. Martin, The Jewish Monument at Kaifungfu, Journal of China Branch of Royal Asiatic Society, for the year 1906, NS. Vol. XXXVII, pp. 1 ~ 7.

③ J. Edkins, The Value of Mr. Wylie's Chinese Researches, Chinese Researches, Shanghai, 1897, p. 2.

四《汉匈关系史》(History of the Heung - noo in their Relations with China)、卷九五《朝鲜的征服》(The Subjugation of Chaou - seen)和《西南夷传、朝鲜传》(The History of the South - Western Barbarians and Chaou - seën)、卷九六《西域传》(Notes on the Western Regions),以及《后汉书》卷八五《东夷列传》(History of the Eastern Barbarians)、卷八六《南蛮西南蛮列传》(History of the Southern and South - Western Barbarians)、卷八七《西羌传》(History of the Western Keang)的英译,并将之发表于郝沃斯主编的《大英人类学会会刊》(Journal of the Anthropological Institute of Great Britain and Ireland)以及高迪爱主编的《远东杂志》(Revue Extrême - Orient)上。其中,《朝鲜的征服》一文,还被提交到意大利佛罗伦萨举行的"第四届东方学家大会"(the 4th Congress of Orientalists)上,此文还附有译自《汉书》卷六十四的《严助传》(Memoir of Yen Ts'oo)。① 这些翻译成果实际上是伟烈亚力对学术界的最后贡献,此后伟烈亚力的身体状况已经不容许他继续工作了。

(四)金石文字及考古类研究

积极掌握丰富的语言工具使伟烈亚力在其汉学生涯中受益匪浅,尤其是在金石文字的研究方面,借助这些语言工具,他发表了若干颇有价值的论文。

1855年,伟烈亚力在亚洲文会北华分会例会上宣读《上海一块汉蒙文古碑铭释读》(On an Ancient Inscription in Chinese and Mongol, from a Stone Tablet at Shanghai),并于同年翻译出版了钱德明(Jean Joseph Amiot,1718 - 1793)的《满英辞典》(Grammaire Tartare - mantchou),题为《清文启蒙》(T'sing Wang k'e mung)。本书在上海出版,共计30页,书末还列出了一份满文文献表。② 由于在西方,学者门更擅长学习字母文字,他们普遍认为满文比汉文容易掌握,加之许多重要的汉文文献已被译为满文,于是在当

---

① Henri Cordier, Bibliotheca Sinica: Dictionnaire Bibliographique des Ouvrage relatifs à L'Empire Chinois(法国高迪爱编《西人论中国书目》), Vol. I - VI, Paris, Librairie Orientale & Américaine, Guilmoto Editeur, 1904 - 1924, 北京隆福寺街文殿阁书庄, 民国七年影印本, p. 2956.

② Henri Cordier, The Life and Labors of Alexander Wylie, Agent of the British and Foreign Bible Society in China, Cf. Journal of the Royal Asiatic Society of Great Britain and Ireland, NS. Vol. XIX, 1887, p.360, 363. Henri Cordier, Bibliotheca Sinica: Dictionnaire Bibliographique des Ouvrage relatifs à L'Empire Chinois(法国高迪爱编《西人论中国书目》), Vol. I - VI, Paris, Librairie Orientale & Américaine, Guilmoto Editeur, 1904 - 1924, 北京隆福寺街文殿阁书庄, 民国七年影印本, p.1752.

时的汉学界,通过满文文献来了解和研究汉学不失为一条捷径。而伟烈亚力的满文文献表就为研究者们提供了诸多便利。

1859年,伟烈亚力在亚洲文会例会上宣读《女真古铭文释读》(On an Ancient Inscription in the Neuchih Language)。1862年,他用法文在《亚洲杂志》(Journal Asiatique)发表《关于一块八思巴文的蒙古碑铭》(Sur une Inscription Mongole en Caractères Pa' - sse - pa)。[①] 1864年、1870年,伟烈亚力在《皇家亚洲文会北华分会会刊》分别发表《北京附近长城上的居庸关石刻略论》(Remarks on some impressions from a Lapidary Inscription at at Keü - Yung - Kwan, on the Great Wall near Peking)和《华北居庸关的古代佛刻》(On an Ancient Buddhist Inscription at Keü - Yung - Kwan, in North China)。[②] 不仅如此,他还研究了满族与满文的起源,并写有一篇专论,现收录于他的作品集《中国研究录》(Chinese Researches)中。

伟烈亚力素喜收集古钱币,并加以稽考,如实无可考,则向他的中国朋友请教。据《王韬日记》载,"伟烈君得明命通宝银钱一枚,云来自台湾。询铸于何代?"又有"伟又得漳州官铸银饼,系道光年间颁发军饷者"。[③] 1857年11月17日,在皇家亚洲文会北华分会的第三次会议上,伟烈亚力向文会提供了一份很长的当朝钱币提要,题为《清代钱币》(Coins of the Ta - Ts' ing or Present Dynasty of China),共有232幅插图,并于次年6月刊于该会会刊;1878年10、11月,James Kirkwood 专门为其图谱编目并刊载于《中国评论》,由于图谱中的咸丰朝钱币数量众多,他不得不另外编目,刊于1879年2月的《中国评论》。[④] 由于伟烈亚力对考古学领域的问题非常熟悉,亚洲文会博物馆创立之时,就任命他负责考古和古钱币方面的事务。

---

① 参见 Journal Asiatique 1862年6月第29卷,第461-471页。

② Henri Cordier, Bibliotheca Sinica: Dictionnaire Bibliographique des Ouvrage relatifs à L'Empire Chinois(法国高迪爱编《西人论中国书目》), Vol. I - VI, Paris, Librairie Orientale & Américaine, Guilmoto Editeur, 1904 - 1924, 北京隆福寺街文殿阁书庄, 民国七年影印本, p. 683.

③ 方行、汤志钧整理《王韬日记》,中国近代人物日记丛书,北京:中华书局,1987年,第23页。

④ Henri Cordier, The Life and Labors of Alexander Wylie, Agent of the British and Foreign Bible Society in China, Cf. Journal of the Royal Asiatic Society of Great Britain and Ireland, NS. Vol. XIX, 1887, p. 361.

四、伟烈亚力与亚洲文会

亚洲文会,全称“皇家亚洲文会北华分会”(the North China Branch of the Royal Asiatic Society),是英国皇家学会在中国设立的分会,但英国皇家学会本部并未向其华北分会提供支援。这是一个寓沪外国学者自发组织以促进中国学研究的学术机构,发行年刊《皇家亚洲文会北华分会会刊》(Journal of the North China Branch of the Royal Asiatic Society),后来它甚至还拥有自己的图书馆和博物馆,这一切都为其最初的设想做出了最恰当的诠释,它的确为中国学研究,甚至于东方学研究的深入开展提供了诸多便利和展示成果的舞台,同时也为在华外国人提供了解有关中国知识的最佳渠道。恰恰是在这样意义重大的学会的创立和经营中,凝聚着伟烈亚力辛勤工作的结晶。

(一)参与创立亚洲文会

1902年10月16日星期四,在学会迎来创建45周年的纪念会议上,时任副会长的艾约瑟博士在发言中回顾了学会创立之初的政治形势,并阐明了成立学会的目的所在:“(1857年10月16日晚)舰长、船上的上等军官、商人和传教士们簇拥一堂,当时太平军仍占据南京,海军上将西摩尔(Admiral Sir Edward H. Seymour, 1840-1929)正打算发动炮火攻击,不过从如此多的船长参与会议上也可看出,上海的贸易从来没有停止过。两年后,英法联军占领北京。整个军事干涉过程中,各地的骚动和恐慌使政治气氛沸腾起来。恰恰是在这样一个几乎整个中国都处于混乱状态的阶段,学会创立了,怀着和平的愿望,倡导对中国的历史、工业、哲学、文学、语言和中国人的行为方式进行有益的研究。我们决心去了解他们的宗教和他们对宗教的需求。我们想要知道,究竟是什么原因让中国人憎恨我们,他们对我们的爱到底有多深”。①

在这次学会成立45周年的纪念会议上,著名汉学家高迪爱不能亲临,

① Proceedings—the forty-fifth anniversary of the institution of the North China Branch of Royal Asiatic Society, Cf. Journal of North China Branch of Royal Asiatic Society, NS. Vol. XXXV, 1903-04, pp. iii-iv.

他寄来了一封信,信中详细记述了亚洲文会的创立和发展历史。①

1857年9月24日下午4点,在上海图书馆的阅览室,文会召开了第一次会议,共有18人与会。会议任命裨治文为学会第一任会长,同时任命了学会的副会长、秘书、司库和主任,其他与会者为会员。会议将学会定名为"上海文学与科学学会"(Shanghai Literary and Scientific Society)。两周后,即10月16日,在共济会会员的住所(the Freemason's Lodge)召开了第二次会议,选出24位新会员。由于当时不在上海,伟烈亚力没有参加前两次会议,而在11月17日的第三次会议上,与会的伟烈亚力当即被选为会员。7月20日,学会成为英国皇家学会(the Royal Asiatic Society of Great Britain an Ireland)的成员。9月21日更名为"皇家亚洲文会北华分会"(North China Branch of the Royal Asiatic Society)②。学会会刊也相应地由《上海文学与科学学会会刊》更名为《皇家亚洲文会北华分会会刊》。

1861年11月2日,学会会长裨治文的去逝,成为学会一度没有活动的主要原因,1861年10月15日星期二是学会的最后一次正常会议。直至1864年3月1日,学会重组的会议在上海图书馆的房间里举行,会议由英国传教士韩德森(James Henderson, 1830－1865)主持,学会才重新正常发展。长期以来,学会的活动地点一直没有确定,迟至1871年才有了属于自己永久的会馆。

伟烈亚力与学会始终保持着紧密地联系,事实上,从1864年11月17日,学会的第三次会议上,伟烈亚力被选为学会的准会员(Corresponding Member)开始,他就积极参与学会的各项活动和经营管理。他经常在文会会刊上发表颇有价值的论文,这可以从文会会刊的目录中清楚地看到。③

---

① 事实上,高迪爱曾在1873年10月30日的《北华捷报》上以"Old Mortality"署名刊载一篇长文,记载了文会的早期历史。本书所引资料源自高迪爱的这封信,参见 The letter of Prof. Henri Cordier who for so many years has been connected with this Society, Cf. Journal of North China Branch of Royal Asiatic Society, NS. Vol. XXXV, 1903－1904, pp. xi－xx.

② 由于实际上皇家亚洲文会在中国只有这一个分会,其涵盖地域并非仅限于华北地区,于是1882年,学会再度更名,定名为"The China Branch of the Royal Asiatic Society",即"皇家亚洲文会中国分会"。事见1882年学会的年度报告,参见 Report of the Council of the North China Branch of the Royal Asiatic Society, for the year 1882, Journal of North China Branch of Royal Asiatic Society, NS. No. XVII, Part 2, 1882, p. xiii.

③ 1924年,Ph. D. Peter Blair Ferguson 编纂了文会会刊的索引,题为 Index of the Journal of the North China Branch of the Royal Asiatic Society from Vol. I to Vol. LIV.,作为会刊卷LV的增刊出版。他的父亲福开森(John Calvin Ferguson, 1866－1945)为这份索引撰写了序言。

伟烈亚力还于1867年和1873年两度向文会捐赠图书,具体数目参见文会当年的会议记录。[①]

(二)为初创的文会图书馆提供核心藏书

皇家亚洲文会北华分会图书馆,拥有极为丰富的东方学藏书,并藏有相当有价值的中文文献,由此而有"中国境内最佳汉学文献图书馆"的美誉。[②] 而伟烈亚力则是这座著名图书馆的创始人,对图书馆的创建有着莫大的贡献。

19世纪中后期,上海公众早就希望建立一座图书馆以资参考,但搜集合适的藏书是一项十分复杂的工作,于是图书馆的建立计划一再搁置。1868年,情况发生了变化,藏书难题迎刃而解。伟烈亚力素有搜集中国文献之好,从他1847年来华就开始收集与中国以及东方学研究相关的各种文献,到了1868年,他的私人藏书已经达到相当规模,其中不乏伟烈亚力费尽周折才得到的稀有中文文献,这些文献不论从其实际价值,还是从研究角度上讲,其价值都不菲。恰巧伟烈亚力已经决定次年回国,而这些文献数量众多,全部运回英国是不现实的,这就为图书馆的建立提供了机会。

事实上,早在1868年10月召开的亚洲文会例会上,就已经有人提出了购买伟烈亚力藏书的提议,但当时还有人提出建造学会大楼的计划。1868年学会的年度报告上记载了几份相关文件,可以看出学会讨论购买伟烈亚力藏书的全过程。[③] 学会于1869年4月购买了伟烈亚力的收藏,这些藏书遂成为新建立的学会图书馆的核心部分,也是学会最引以为傲的图书。[④]

学会这次购买的伟烈亚力藏书包括718种西文著作和1023种中文文

---

① Report of the Council of the North China Branch of the Royal Asiatic Society, for the year 1867, Journal of North China Branch of Royal Asiatic Society, NS. No. V, Dec. 1868. p. 4. Report of the Council of the North China Branch of the Royal Asiatic Society, for the year 1873, Journal of North China Branch of Royal Asiatic Society, NS. No. VIII, 1874. p. iv.

② 胡道静撰《外国教会和外国殖民者在上海设立的藏书楼和图书馆》,见李希泌、张椒华编《中国古代藏书与近代图书馆史料(春秋至五四前后)》,北京:中华书局,1982年,第521页。

③ Report of the Council of the North China Branch of the Royal Asiatic Society, for the year 1868, Journal of North China Branch of Royal Asiatic Society, NS. No. V, Dec. 1868. pp. vi – ix.

④ Report of the Council of the North China Branch of the Royal Asiatic Society, for the year 1869, Journal of North China Branch of Royal Asiatic Society, NS. No. VI. 1869 – 1870. p. ii.

献,前者构成了早期欧洲汉学著作的优秀藏品,后者半数以上是方志文献。这部分藏书的目录一直没有整理,直至 1871 年 4 月 16 日,高迪爱开始整理学会图书馆的书目,并于次年出版了该目录。这份目录包括 826 种著作(包括定期出版的学会会议记录以及期刊)、81 种地图或图表、48 种中文著作,其中有许多方志(provincial histories)。[①] 由这些相近的数字我们可以看出,实际上此时学会图书馆的核心部分仍然是 1869 年购买的伟烈亚力的那些藏书。据高迪爱回忆,在他整理亚洲文会图书馆书目的过程中,大量资料来源于伟烈亚力,正是在整理的过程中,他萌发了编纂一部有关中国文献目录的想法,这一想法后来凝聚为使他享誉汉学界的《西人论中国书目》(Bibliotheca Sinica)。[②]

这座著名的图书馆坐落在博物院路[③] 6 号[④](今上海虎丘路 20 号),每天都对公众开放。自建立后,藏书的增添速度一直比较缓慢,直至 1908 年第一次引进了现代目录卡片。[⑤] 此后则不断扩充馆藏,主要是有关东方尤其是中国的宗教、语言、科学、艺术、史地的书籍,以及一些知名学会的各种会刊以及报告纪录,还有许多年代久远的杂志和报纸。这些报刊许多是专涉上海的,如《上海工部局年报》(Shanghai Municipal Reports. 1866 – 1871; 1875 –)、《北华捷报》(North China Herald. 1854 – 1860; 1870 – 1882; 1908 –)、《华洋通闻》(Celestial Empire. 1902 – 1927)、《上海锦囊与每周差报》(Shanghai Budget and Weekly Courier Jan. 1871 – 1874.12)、《博医会

① Proceedings—the forty – fifth anniversary of the institution of the North China Branch of Royal Asiatic Society, Journal of North China Branch of Royal Asiatic Society, NS. Vol. XXXV, 1903 – 04, p. xv.

② Henri Cordier, The Life and Labours of Alexander Wylie, Agent of the British and Foreign Bible Society in China. Cf. Journal of the Royal Asiatic Society of Great Britain and Ireland, NS. Vol. XIX, Part III. 1887. pp. 351 ~ 352.

③ "博物院路原名圆明园路,约在 1886 年始改今名。与此可见租界市政当局对于该院之注重"。参见胡道静撰《上海博物院史略》,载上海通社编《旧上海史料汇编》(下),北京图书馆出版社(原书目文献出版社),1998 年,第 391 页。

④ 据 Florence A. Wheeler Ayscough 所作《皇家亚洲文会北华分会图书馆》一文,此图书馆应位于博物馆路 5 号,参见 Florence A. Wheeler Ayscough, Notes and Queries—The Library of the North China Branch of the Royal Asiatic Society, Journal of North China Branch of Royal Asiatic Society, NS. Vol. XLVII, for the year 1916. p. 157.

⑤ Florence A. Wheeler Ayscough, Notes and Queries——The Library of the North China Branch of the Royal Asiatic Society, Journal of North China Branch of Royal Asiatic Society, NS. Vol. XLVII, for the year 1916. p. 157.

报》(China Medical Journal. 1891 - 1902; 1908 - 1931)、《教务杂志》(Chinese Recorder and Missionary Journal. 1868 - 1971; 1874 -)等,逐渐形成了一座东方学藏书的宝库。[①] 至1931年,已有西文藏书15000册,中文藏书1000册。[②]

(三)对文会的苦心经营

在为学会提供了大量价值连城的有关中国研究的文献资料,从而使得亚洲文会图书馆由此创办起来之后,1869年,"鉴于(他对学会做出了)不可胜数的颇有价值的贡献",伟烈亚力当选为学会的"名誉会员"(Honorary Member)。根据学会年度报告中列出的一份会员名单,我们可以看到,直至1885年10月1日,伟烈亚力仍是学会的名誉会员。[③] 同年,伟烈亚力回国,临行前,他被授权为学会的全权代表返欧,凡是伟烈亚力认为有利于促进学会发展的事务,他都有权代表学会采取行动。对伟烈亚力委以如此重任,表明了学会对他能力和判断的高度信任,也可以看出伟烈亚力在学会中受人尊崇的地位。

1871年,伟烈亚力被学会选为副会长(Vice - President),[④]并任此职位直至1877年,伟烈亚力因眼疾不得不离开中国,无法管理学会事务为止。这期间伟烈亚力对工作可谓兢兢业业,他在任期间,使文会摆脱了财政上的困境,提高了学会会刊刊登论文的质量,使学会获得了较大发展,详细情况可以从高迪爱为学会45周年纪念会议特地写的一封信上了解到。

在信中,历数了各届主席之后,高迪爱指出,学会最能干的经营者其实是伟烈亚力,他同时也是学会会刊实际上的编者。正是在这样一个灿烂的

---

① 胡道静撰《外国教会和外国殖民者在上海设立的藏书楼和图书馆》的第三部分《亚洲文会北中国支会图书馆》,见李希泌、张椒华编《中国古代藏书与近代图书馆史料(春秋至五四前后)》,北京:中华书局,1982年,第521页。

② 同上。

③ List of Officers for 1885, List of Members, Journal of North China Branch of Royal Asiatic Society, NS. No. XX, 1885, p.106.

④ 笔者并未见到1871年的亚洲文会年度报告,之所以认为伟烈亚力被选为副会长为1871年事,理由有二:其一,在1872年的年度报告,伟烈亚力已经身为副会长,而报告并未专门纪录此事,而如果伟烈亚力是此年入选,则依据文会报告的习惯,则必然会有专门记载;其二,据高迪爱在文会45周年纪念报告中的信件可知,文会开会的地址一直在变动中,直至1871年才有了自己的永久会馆,信中又记有,伟烈亚力任职期间,文会才有了自己的永久会馆,而根据文会的年度报告,1870年时伟烈亚力还不是副会长。据此,伟烈亚力任副会长,应在1871-1877年间。

时期,学会获得更大的发展:建造了属于自己的房舍,使学会告别了长达十几年租用场地开展事务的历史;图书馆搬迁并对止于 1872 年 12 月 31 日[①]的藏书进行了首次编目,并出版该目录,进一步完善了亚洲文会图书馆的建设工作;学会会刊提高了稿件质量,刊载不少非常出色的论文,如梅辉立(William Frederick Mayers, 1831 – 1878)[②]关于中国人使用火药的介绍,谭微道(Jean Pierre Armand David, 1826 – 1900)[③]关于中国博物学的论文,鲍乃迪(the Archimandrite Palladius, 1817 – 1878)[④]关于马可 · 波罗的论文,以及贝勒(Dr. Emile Bretschneider, 1833 – 1901)[⑤]关于中世纪西域地理学的论文等。这些优秀论文固属作者的心血,但也必不能少欣赏他们的伯乐,伟烈亚力就是这样一位独具慧眼的伯乐。然而,他的时间几乎都被编辑校订工作给占满了,他自己则很少在会刊上发表文章,而且除了学会会刊,当时他还担任着《教务杂志》的编辑。[⑥]

伟烈亚力对文会最成功的经营是缓解文会的财政紧张。1871 年以前,文会没有自己的会馆,不得不租用场地以处理日常事务,每年此项费用都相当高,这也是造成学会财政紧张的主要因素。在 1869 年的财务报告中,司库提请学会注意,"学会基金的现状堪忧,目前的支出几乎耗尽了所有的收入,已经没有可以支付印刷学会会刊费用的资金了。这主要是由于过重的租金压力造成的;除非不从基金里支付这部分开支,否则学会将不能有效地履行它对公众承诺的义务"。[⑦] 不出所料,1870 年学会的财政赤字已达 41.57

---

① Report of the Council of the North China Branch of the Royal Asiatic Society, for the year 1873, Journal of North China Branch of Royal Asiatic Society, NS. No. VIII, 1874. p. iii.

② 英国外交官,1859 年来华,1860 为使馆翻译学生,1871 – 1878 年为汉文正使,终老于上海。

③ 法国遣使会传教士,著名博物家。1862 年来华,即为法国政府研究中国博物学,走遍全中国,搜集各种标本,曾在北堂设立一所自然博物馆。

④ 俄国传教士兼汉学家,精通汉文。1840 年随俄国东正教传道团来华,1848 年返国。1849 和 1865 年又两度以俄国东正教传道团团长身份来华。

⑤ 俄国人,1866 – 1883 年任驻华使馆医师。研究中国植物和中西交通史,著有《元明西域史地论考》。

⑥ Proceedings—the forty – fifth anniversary of the institution of the North China Branch of Royal Asiatic Society, Cf. Journal of North China Branch of Royal Asiatic Society, NS. Volume XXXV, 1903 – 1904, pp. xviii ~ xix.

⑦ Report of the Council of the North China Branch of the Royal Asiatic Society, for the year 1869, Journal of North China Branch of Royal Asiatic Society, NS. No. VI. 1869 – 1870. p. iii.

两银子。[1] 在此情形下,伟烈亚力决定将学会会员的会费由每年5美元提升到每年10美元。而文会自己的会馆又于1871年建成(此块地皮乃英国政府赠送的),省却了每年昂贵的房屋租金,从根本上缓解了学会的财政困难。于是,到了1872年,学会司库的报告中记录着:"我现在提交的1872年收支账目表,与前些年相比,似乎是振奋人心的",[2]这一年学会的基金在付清了1871和1872两年所欠学会会刊印刷费用之后刚好收支持平,此后几年的情况更是蒸蒸日上。为了描述地更清晰,笔者统计了伟烈亚力在任期间(1871-1877年)以及前后两年亚洲文会的收支情况,具体数据如下(表2.1):

表2.1 亚洲文会部分年度收支表(1869-1879年)

年份	1869	1870	1872	1873	1874	1875	1876	1878	1879
收入	508.12	696.80	857.03	1061.77	986.12	879.98	1701.35	901.3	969.88
支出	467.28	738.37	857.03	588.6	566.2	611.86	1679.24	1008.94	987.15
结余	40.84	-41.57	0	473.17	419.92	268.12	22.11	-107.64	-17.27

注1:表中数据采自各年度亚洲文会报告中财务报告部分,详见亚洲文会会刊相应各年各卷期。

注2:表中1869-1873年计量单位为银两,1874年开始计量单位为美元。

由上表可知,伟烈亚力的确使文会摆脱了财政困境,且不说将其与前后若干年度的财政状况作一对比,至少我们可以看出伟烈亚力在任期间(1871-1877)经营管理有方,成效突出,有目共睹。考察伟烈亚力的生平,不难判断,他的经营才干实来源于他管理和经营墨海书馆的经验。

(四)参与创建文会博物馆

除了参与创立文会,大力支援文会图书馆的建立,以及上述经营方面的成就,伟烈亚力还是亚洲文会博物馆的创建者之一。1874年2月13日

---

① Report of the Council of the North China Branch of the Royal Asiatic Society, for the year 1870, Journal of North China Branch of Royal Asiatic Society, NS. No. VI, 1869-1870. p. xi.

② Report of the Council of the North China Branch of the Royal Asiatic Society, for the year 1872, Journal of North China Branch of Royal Asiatic Society, NS. No. VII, 1871-1872. p. iv.

的学会例会上,宓吉(Alexander Michie, 1833 - 1902)[①]首先提出此项建议,伟烈亚力附议并表示赞成其意,此案由全体出席会员一致通过。他们希望能从运物事业董事基金(Trustees of the Recreation Fund)那里协定贷款 1500 两银子,以组织安排博物馆的筹建事宜。3 月 24 日,在亚洲文会会议室举行的第二次半公开会议上,学会任命了一个委员会,专门负责博物馆的建设,伟烈亚力受命负责考古和古钱币方面的事务。[②] 博物馆正式建成已经是伟烈亚力离开中国之后的事情了,它坐落在公共租界博物院路(今上海虎丘路)20 号,亚洲文会北华分会大楼的四楼和五楼。"该院完全公开,故对文化与社会教育之影响甚钜"。[③]

伟烈亚力在文会的诸多贡献,使他在文会的声誉颇盛。自然地,当 1878 年,伟烈亚力返欧之际,亚洲文会理事会请他作为学会代表参加即将在意大利佛罗伦萨举行的"第四届东方学家大会"。[④] 自 1869 年起,伟烈亚力转为文会的荣誉会员(Honorary Member),并享有此荣誉直至 1885 年。

五、与中外学者的交往

(一)中国学者与他的交游

在墨海书馆和江南制造局翻译馆等处,伟烈亚力结识了不少中国学者,其中既有李善兰、徐寿、徐建寅、华衡芳等科学家,又有王韬、蒋敦复、沈

---

① 英国人,1853 年来华,在上海经商。1864 年牛庄开埠,他成为第一位在此居住的英国人。1883 迁至天津,任伦敦《泰晤士报》驻华通讯员,兼任天津《时报》英文版 The Chinese Times 的编辑,并充李鸿章顾问。1890 - 1893 年任意大利驻华使馆翻译。1895 年奉李鸿章之命随天津海关税务司德璀琳赴日本接洽和议,后因日本拒绝德氏而返。

② Report of the Council of the North China Branch of the Royal Asiatic Society, for the year 1874, Journal of North China Branch of Royal Asiatic Society, NS. No. IX, 1875. p. xi. & Cf. Proceedings—the forty - fifth anniversary of the institution of the North China Branch of Royal Asiatic Society, Cf. Journal of North China Branch of Royal Asiatic Society, NS. Volume XXXV, 1903 - 1904, pp. xvi ~ xvii.

③ 胡道静撰《上海博物院史略》,见上海通社编《旧上海史料汇编》(下),北京图书馆出版社(原书目文献出版社),1998 年,第 391 页。

④ 事见时任会长的金斯密(Thomas William Kingsmill, 1837 - 1910)在 1879 年 2 月 3 日亚洲文会例会上所作告全体会员的发言,参见 Report of the Council of the North China Branch of the Royal Asiatic Society, for the year 1878, Journal of North China Branch of Royal Asiatic Society, NS. No. XIII, 1879. p. xxi.

毓桂等学者。

伟烈亚力与李善兰相识于麦都思讲经的教堂，据载，（中国著名算学家李壬叔）“一日到上海墨海书馆礼拜堂，将其书与麦先生展阅，问泰西有此学否？其时有住于墨海书馆之西士伟烈亚力，见之甚悦，因请之译西国深奥算学，并天文等书”。[①] 从此展开了一段两位数学天才合译西方科技书籍的佳话，二人合译之西书，如《续几何原本》、《代微积拾级》、《代数学》、《谈天》等，在当时影响颇盛，伟烈亚力在中国学者眼中的科学家形象也是由此而得的，当时的中国学者常常尊称他“伟烈君”。伟烈亚力对宋代数学的研习也正是在李善兰的指导下进行的，这对伟烈亚力撰写《中国数学札记》帮助很大。

据《李香兰年谱》载，“英国伟烈亚力来华，寓沪城北关外，日与华人相讨论”。[②]而1849年，王韬初到上海之时，亦居于城北关，时任墨海书馆的中文编辑，开始了与伟烈亚力等外国传教士共事达13年之久的“佣书”时期。在墨海书馆，王韬与伟烈亚力所译西书有《华英通商事略》、《西国天学源流》、《重学浅说》等。据《王韬日记》载，伟烈亚力继艾约瑟任《中西通书》编辑时，曾请王韬为之作序；[③]伟烈亚力还常常向王韬请教古钱币学，如1858年伟烈亚力得明命通宝银钱一枚、漳州官铸银饼一块，曾向王韬询问铸于何代。[④] 王韬对西士观念的转变也正发生在此“佣书”时期，虽然伟烈亚力对王韬思想上的影响还没有确切证据，但二人毕竟常年接触，又有默契的译书经历，若有影响也在情理之中。

---

① 见《格致汇编》光绪六年五月至八月（1880年6月－9月）所刊，傅兰雅撰之《江南制造总局翻译西书事略》，转引自汪广仁主编《中国近代科学先驱徐寿父子研究》，北京：清华大学出版社，1998年，第202页。也见于 In Memoriam, by W. M., Journal of North China Branch of Royal Asiatic Society, vol. XXI, NOS. 5&6, 1886, p. 306.

② 见赖光临著《中国近代报人与报业》，（台湾）商务印书馆，1987年，第110－111页。

③ 咸丰八年（1858年）晦日壬申（10月6日），“艾迪谨（艾约瑟）所著中西历（《中西通书》）已阅七年，今岁暂返英国，继其事，伟烈亚力先生也，见予所说有足与犹太古历相发明者，将刊几未历，即命以是说为序”。参见方行、汤志钧整理《王韬日记》，中国近代人物日记丛书，北京：中华书局，1987年，第19页。

④ 咸丰八年（1858年）十有九日辛卯（10月25日），“伟烈君得明命通宝银钱一枚，云来自台湾。询铸于何代？予按：明命系伪造之品，历代钱币中无可稽考。今所有明命钱俱系铅质。或谓定安南国年号，而何时所铸，亦不可知，姑阙疑以备考。伟又得漳州官铸银饼，系道光年间颁发军饷者。上錾寿星像，暮又则印鼎，不知何义。想饰外观取谶耳，亦无甚深意也”。参见方行、汤志钧整理《王韬日记》，中国近代人物日记丛书，北京：中华书局，1987年，第23页。

沈毓桂与伟烈亚力的交往颇深。《万国公报》第六百四十九卷载沈毓桂之《中西相交之益》中提到他与伟烈亚力的相识,"同治丙寅(1866年)冬,由京同回苏省亲。次岁至沪,即蒙伟力亚烈先生招余翻译,极承优待"。[①] 对伟烈亚力在中国学者中的地位,"当世士大夫咸钦佩之"。他称伟烈亚力"先生性情朴茂,学问深奥。终年手不释卷。所著《谈天》、《代数学》等书,遐迩争购"。沈毓桂尝自述自己对西学的了解来自于与"西友"的交往,"且以仆一身论,与西友艾约瑟、慕维廉、伟烈亚力、林乐知诸君交二十余载,询余以西文西语敢谢不敏,而泰西古今典籍、政令风俗,概能洞悉源流、深明本末。是皆翻译西书而得"。[②] 随公使额尔金沿长江旅行期间,沈毓桂还被伟烈亚力聘为通事。至伟烈亚力回国之际,他还撰有送别诗文,署名"吴江沈寿康"刊于1877年6月30日的《申报》上,此后与伟烈亚力"虽短札时通,而敬仰弥涯矣"。[③]

(二)同时代外国学者对他的评价

伟烈亚力以传教士身份寓沪,他所接触的异域人士自然以传教士学者为众,如麦都思、艾约瑟、慕维廉等人,当然也有理雅各博士、高迪爱、庄延龄(Edward Harper Parker,1849-1926)这样的汉学家,还有威妥玛、麦华陀等外交官。伟烈亚力的文献学成就享誉西方汉学界,他常常用这些丰富的文献知识帮助有需要的人,那些与他接触过的学者都对他充满感激和敬佩之情。

著名传教士学者艾约瑟这样评价他,"他是《中国文献记略》一书的杰出作者,这部著作价值极高,因为伟烈亚力求知欲强、功底扎实,并能坚持不懈地阅读中国文献。他是一个性情温和、勤勉的人,是位出色的数学家,而且酷爱学习语言。在搜集书籍和掌握所搜集文献的内容时,他从来不知

---

① 钱钟书主编,朱维铮执行主编,李天纲编校《中国近代学术名著——万国公报文选》,北京:生活·读书·新知三联书店,1998年,第488页。

② 沈毓桂撰《西学必以中学为本者》,见《万国公报》复刊(月刊)后第二册(光绪十五年二月),原著《中西书院掌教沈毓桂稿》。参见钱钟书主编,朱维铮执行主编,李天纲编校《中国近代学术名著——万国公报文选》,北京:生活·读书·新知三联书店,1998年,第516页。

③ 钱钟书主编,朱维铮执行主编,李天纲编校《中国近代学术名著——万国公报文选》,北京:生活·读书·新知三联书店,1998年,第488页。

疲倦。他非常谦虚，但实际上他脑子里装满了各个领域的知识"。[①]

亚洲文会会长金斯密（Thomas William Kingsmill, 1837 - 1910）[②]在1879年2月3日亚洲文会例会上所作告全体会员的发言中说道，"也许我们最遗憾的就是失去了已故副会长伟烈亚力先生，他那谦逊而不引人注目的贡献将被那些有幸曾与共事的人们久久缅怀。虽然有着深厚的汉学根基，他却能不耻下问，而且总是乐于随时向别人提供建议和帮助，我们学会的许多会员都受了他很大影响，最终走向从事中国研究的道路"。[③]

慕维廉认为，伟烈亚力"通常是考虑到实用的目标，然而总是跑题到晦涩的内容，他曾经考虑到一些有益的事情，或者作为他个人研究的成果，或者为好问的人准备；这对那些从他手里寻求中国事务信息的人来说非常有吸引力，对那些寻求近期发生的事或有关中国人目前行为习惯的人则不然，但它对古代历史或中国科学和文献很有参考价值，来访者一定能从我们朋友的资料中得到有价值的信息。伟烈亚力没有自负或骄傲的成分，他是我们中间最谦恭的人之一。的确，这些就是大家公认的他在这些方面的杰出成就，而且有充分理由说他是我们中国学者们中一流的和最重要的一位，并由此在所有认识他的人中间获得极高尊重"。[④]

---

① Proceedings—the forty - fifth anniversary of the institution of the North China Branch of Royal Asiatic Society, Cf. Journal of North China Branch of Royal Asiatic Society, NS. Volume XXXV, 1903 - 1904, p. iv.

② 英国人，早年来华，旅居上海多年，汉学有相当基础，常在亚洲文会会刊发表文章。

③ Report of the Council of the North China Branch of the Royal Asiatic Society, for the year 1878, Journal of North China Branch of Royal Asiatic Society, NS. No. XIII, 1879. p. xxi.

④ In Memoriam—Alexander Wylie, by Rev. Wm. Muirhead, Chinese Recorder, Vol. XVIII, May. 1887, No. 5, pp. 200 ~ 201.

第三章
英国汉学学院化及其繁荣期(19 世纪中后期)(下篇)

继 19 世纪上半期,英国首次设立专门教授中文的伦敦东方语言学校,并相继在伦敦大学学院和国王学院设立汉学教授职位,开创了英国汉学向学院化发展的先锋。到了 19 世纪中后期,随着汉学研究人员的充实,以及对汉学研究的进一步认识,使得英国本土汉学学院化和专业化的趋势进一步明朗化。本章将主要集中讨论依托于各大学学院的英国汉学家及其汉学研究。

第一节　伦敦大学学院的汉学研究

一、继续开设汉学讲座

1842 年,基德的汉学教授任期满了之后,伦敦大学学院既未给基德续任的允许,亦未重新指派新的汉学教授,就这样伦敦大学学院的汉语教席从此中断。据陈尧圣的文章介绍,该讲座曾于 1860 年重新恢复,聘请的乃是一名华人教授名为齐玉堂(Che Juitang),这也是最早一位在英国任教授的中国人,可惜的是我们对这位中文教授能掌握到的材料几乎没有,只知道他在大学学院开设有古代汉语和日常会话两门普通课程,[①]而且知道他在伦敦大学学院任职仅一年就去职,于是大学学院的汉学教授再度告缺。

① 刘正著《图说汉学史》,桂林:广西师范大学出版社,2005 年,第 88 页。

直至1873年,才任命一位退休的领事官H. F. Holt为汉学教授,1877年开始则聘请对中国佛教颇有研究的牧师毕尔(Samuel Beal, 1825 - 1889)担任汉学教授一职,毕尔1852年就在英国驻华海军任牧师,很早就开始了汉语学习,他很有语言天赋,精通中文、梵文以及巴利文,这些都是研究中国佛教必不可缺的语言工具。在大学学院任职期间,他除了教授汉语和汉学之外,还专门开设了关于中国佛教的讲座,这些佛教讲座的内容后来编辑成书并予以出版。[①] 在毕尔之后大学学院亦有汉学教授的任命,但时段上已超出本书所论范围,故在此不加讨论。

二、毕尔对中国佛教的介绍与研究

毕尔(Samuel Beal, 1825 - 1889),1825年11月7日出生于英国德文郡,1852年来华,时任英国海军牧师。1856至1858年"亚罗号"事件时,毕尔曾任英国海军翻译官。毕尔很有语言天赋,除了中文之外,他还学习梵文和巴利文,这些为他的佛学研究提供了基本的语言基础。在华期间就潜心研究中国佛教,返英之后,又陆续出版了多部佛经的英文译本,1877年被聘为伦敦大学学院的汉文教授,1885年获得达姆勒大学名誉法学博士学位,1889年8月20日逝世。

毕尔可以说是19世纪英国汉学史上研究中国佛教的先驱,虽然在中文世界他的名字并不为广大学者所熟悉,但他对佛教文献的翻译与研究在当时是颇有影响的,即使到现在他的一些关于中国佛教的翻译与研究作品都可以很方便地在英文或其他语言的网站上找到,包括部分作品的全文阅读通过简单的网络操作就可以轻松实现,由此也可侧面看到其作品的学术生命力十分强劲。对于当时的英国汉学家而言,若想研究任何一个领域内的汉学,首先要解决的就是相关文献的英译,就佛教而言,需要的语言工具更是在必备的中文之外,还需要精通梵文以及巴利文,而颇具语言天赋的毕尔对这几种语言的精通就为他提供了基础研究的必要保障。

毕尔的佛教翻译及研究作品颇为丰富,1869年出版了他的第一部佛教文献译作《法显传》(Travels of Fah - Hian and Sung - Yun, Buddhist Pilgrims, From China to India. (400A. D. and 518 A. D.). London: Trübner

---

① 陈尧圣撰《英国的汉学研究》,见陶振誉等编《世界各国汉学研究论文集》第一辑,台北:中国文化研究所,1962年,第187页。

and Co., 1869),由于法显是有记载历史上第一位到达印度本土的中国人,此外这部作品以实地考察记录了那个时代中亚、南亚以及部分东南亚的历史、地理以及宗教风土,这部传记也因而具有重要的价值。本书共计208页,包括法显及宋云游记两个部分;在书的前言中,毕尔首先回顾了1836年法国汉学家雷慕沙出版的第一部法文译本《佛国记》,接着以第20章为例,具体指出了雷慕沙译本中存在的若干印刷与释义上的错误,最后毕尔感谢了在此书翻译过程中为他提供帮助的人们;在正式译文之前,还有一篇长达60页的序言,共分为三个部分,详细回顾了佛教在印度、在中国的发展历史以及法显在佛教史上的重要地位。[①] 这部译本在英文世界是《法显传》的第一部英文译本,[②]尽管与之后几年理雅各的译本相比较,此译本的翻译水平不能算最佳,但鉴于它是《法显传》第一部完整的英译本,故而即使现在,也常被佛教研究者加以参考利用。

之后,毕尔又陆续出版了《中国佛典丛书》(A catena of Buddhist scriptures from the Chinese, London: Trübner and Co., 1871);翻译出版了马鸣菩萨的《佛所行赞》(The romantic legend of Sâkya Buddha : from the Chinese - Sanscrit, London: Trübner and Co., 1875),"这使英国人了解到,只有对巴利文和汉文佛典同样深入研究,才能对佛教有一个全面完整的了解。因此西方人也开始重视起汉文佛典的研究工作。"[③]

1877年,在毕尔接受大学学院的汉学教授职位之后,仍然不断有大量佛教研究作品问世。首先,毕尔根据1879至1880年在大学学院四次关于中国佛教的讲演内容,于1882年整理出版《在伦敦大学学院所做关于中国佛教文献的四次讲演摘要》(Abstract of four lectures on Buddhist literature in China: delivered at University College, London. London: Trübner & Co., 1882)。[④] 这四次演讲的主题分别为"中国佛教书籍的早期译者",介绍了

① Samuel Beal, tr. Travels of Fah - Hian and Sung - Yun, Buddhist Pilgrims, From China to India (400A. D. and 518 A. D.), London: Trübner and Co., 1869, pp. vii ~ lxxiii.

② 《法显传》的西译并非以毕尔为始,早在1836年法国汉学家雷慕沙就出版了他的法文译本,名为《佛国记》,后来也有学者将雷慕沙的译本转译为英文本。毕尔的译本仍然是从中文本直接译为英文的第一部英译本。

③ 广兴撰《英国佛教与佛学研究概观》,见《法音》,1998年第8期,第27页。http://www.fjzd.org/news/ShowArticle.asp? ArticleID = 227

④ Samuel Beal, Abstract of four lectures on Buddhist literature in China: delivered at University College, London. London: Trübner & Co., 1882, p. viii.

在基督教时代开始600多年前，那些带着佛经来到中国、翻译或协助翻译佛经为中文的印度佛教译者；“《律藏》(The inaya Pitaka)中佛教戒律的展示方式”，毕尔尝试探讨那些早期佛教徒是如何向中国人清晰地描绘出那些用各种印度方言写成的佛教经典；“马鸣(Asvaghosha)”，着重讲述了莲宗十二祖马鸣菩萨的生平及其著作；以及“佛教与其他宗教体系相合之处”，论述了佛教早期神话中构建和谐宇宙的特质。①

1884年，毕尔的《中国佛教》(Buddhism in China, London: Society for Promoting Christian Knowledge, 1884)一书作为“非基督教宗教体系丛书”之一在伦敦出版，全书共分25章，共计263页。与6年前艾约瑟出版的那部《中国佛教》相比，显得不够丰富，份量轻了很多，毕尔的书分章虽多，每章的内容却是少则几页，多也不过十几、二十页。相对于艾约瑟那样全面系统地细数中国佛教的历史与发展历程，毕尔的书涉及范围虽广，但内容零散，更像是普及读物。列举一下毕尔之书的目录，再回头与艾约瑟的相比，就会看得更加明白。毕尔的24章(第一章为序言)正文按顺序分别介绍和讨论了北方佛教经典的知识来源、早期南北方佛教在某些方面的一致性、历史上印度与中国的联系、明帝感梦、释迦的起源、释迦佛陀的生平传说、马鸣的《佛本行经》、随后中国佛教的发展历史、从哲学和宗教角度看佛教、观音崇拜、佛教徒的西方极乐世界、观音的礼仪功能、阿弥陀佛、作为哲学的佛教、佛教对于神(God)的概念、关于灵魂、未来的希望—涅磐、佛教戒律、戒律的实质、佛教僧侣的等级制、实用主义的佛教、天堂与地狱、佛教的宽容精神以及美学观点下的佛教。②

与《中国佛教》同年，毕尔翻译的皇皇巨著《大唐西域记》(Si - Yu - Ki: Buddhist records of the Western World, translated from the Chinese of Hiuen Tsiang (A. D. 629), 2 v. London: Trübner and Co., 1884)终于出版。本书初版时为两卷本，第一卷为几年前出版的《法显传》，第二卷则为《大唐西域记》的翻译。我没能看到这个版本，只见到了1980年翻印的版本，③在出版时做了一些改动，把本来的两卷本分开成为四册，其中第一册

① Samuel Beal, Abstract of four lectures on Buddhist literature in China: delivered at University College, London. London: Trübner & Co., 1882.

② Samuel Beal, Buddhism in China, London: Society for Promoting Christian Knowledge, 1884.

③ Samuel Beal, tr. Si - Yu - Ki: Buddhist Records of the Western world, Chinese Accounts of India. Vol. I - 4. Delhi: Bharatiya Publishing House, 1980.

包括《法显传》以及《大唐西域记》的第一卷,第二册包括《大唐西域记》的第二至五卷,第三册为《大唐西域记》的第六至九卷,第四册为《大唐西域记》的第十至十二卷。在第一册的序言里,毕尔简单介绍了法显、宋云、玄奘以及中国佛教文献的基本情况。

与《法显传》的情况相类似,在毕尔之前,《大唐西域记》已于1857年由法国汉学家儒莲首次翻译为法文出版,毕尔的英译本虽然不是该书第一次被译为西文,却的确是《大唐西域记》的第一位英译者,因而,长久以来儒莲和毕尔的译本就成为研究《大唐西域记》的西方学者的入门之作。

第二节　伦敦国王学院的汉学研究

一、汉学讲座的设立

由于1842年大学学院汉学教授在基德去世后就告中断,斯当东不得不重新开始着手汉学教授的事宜,在斯当东的努力之下,1845年,伦敦国王学院(Kings College, London)设置了同样的"中国语言与文学教授"职位,国王学院的首任汉学教授为James Fearon,并于4月20日提交了他的就职演说,[①]只是英国历史上第二任汉学教授所需的经费则由斯当东通过募集公众人士的捐赠来提供,[②]据称设立此教席的目的专为培训被派来华的传教士。关于这位教授的资料所见甚少,据陈尧圣说,这位Fearon教授曾经在广州任通译,也曾在香港任注册官(Registrar),1846年仅有学生两名,之后更少,至1852年Fearon退休。[③] 与大学学院不同,国王学院的汉学教授职位并未因Fearon退休就中止,而是继续任命了下一任汉学教授。

国王学院的第二位汉学教授为苏谋斯(James Summers, 1828－1891),幼年只接受了一点初等教育,其他的外语和经典文献都是通过自学得来

---

① Journal of Occurrences: Mr. Fearon appointed professor of Chinese, Cf. Chinese Repository, 1847, Vol. xvi, No. vii, p. 320.

② T. H. Barrett, Singular Listlessness: a short history of Chinese books and British scholars. London: Wellsweep, 1989, p. 72.

③ 陈尧圣撰《英国的汉学研究》,见陶振誉等编《世界各国汉学研究论文集》第一辑,台北:中国文化研究所,1962年,第186页。

的,因为家境贫寒,无法承受当时昂贵的高等教育花费,于是立志成为一名外交官,离开英国,来到香港,在斯当东为培训来华传教士建立的圣约翰学院任辅导教师。在发生了一段小插曲之后,苏谋斯辞去了圣约翰学院的职位,于1851年返回英国。1852年他接任国王学院的汉学教授之职,虽然这时他还没有任何学术经历,但接下来的事实证明了他的学者身份。1853年他出版了他的第一部汉学作品《中国语言与文字讲稿》(Chinese language and literal lecture)。由于当时英国需要派遣大量精通汉语的领事、传教士和商人到中国,大批人被送到苏谋斯这里听讲座,其中就有后来成为英国驻华公使的萨道义爵士(Sir Ernest Mason Satow, 1843 - 1929),萨道义在国王学院学习期间受苏谋斯影响,对日本产生浓厚兴趣;苏氏的学生中还有Jone Lauder,日后成为驻神户及横滨领事;以及庄延龄(E. H. Parker, 1849 - 1926)(1867年随苏氏学习汉语),后来在中国研究领域作出重要贡献。苏氏对日本的语言和文学的兴趣始终多于对中国研究的兴趣,1872年,苏氏收到东京开成学校(今东京大学的前身)聘他为英文教师的邀请,于是苏氏去职,前往日本。①

在苏氏之后,下一任汉学教授即为道格斯(Robert Kennaway Douglas, 1838 - 1913),道格斯曾经在伦敦师从苏谋斯学习汉语,1858年以外交官身份来华,翌年在英国驻广州领事馆任职,自1861年担任英国驻华使馆翻译,1865年辞职返英,遂进入大英博物馆担任东方部任职,并任此职位一直到1905年,对博物馆中文图书的收藏及整理颇有贡献。国王学院汉学教授苏谋斯于1873年离职后,道格斯即开始在国王学院兼任汉学教授。②

二、道格斯的汉学研究与贡献

除了在大英博物馆东方部日常工作中需要为中国文献编撰各种目录之外,道格斯第一项为世人所熟知的汉学贡献,可能就是筹备1874年在伦敦召开的"第二届国际东方学家会议"(the Second Session of the International Congress of Orientalists),并负责编辑出版这次的会议纪要(Transac-

① http://www2s. biglobe. ne. jp/ ~ matu - emk/summers. html 并参见陈尧圣撰《英国的汉学研究》,见陶振誉等编《世界各国汉学研究论文集》第一辑,台北:中国文化研究所,1962年,第186~187页。

② T. H. Barrett, Singular Listlessness: a short history of Chinese books and British scholars. London: Wellsweep, 1989, pp. 83 ~ 84.

tions of the Second Session of the International Congress of Orientalists, 1876)。[①]

至于道格斯自己的研究作品,则由于其汉学研究的兴趣广泛,涉及很多领域,内容比较杂。1875年5、6月间,道格斯在英国皇家学会(Royal Institution of Great Britain)上两次演讲,并于同年出版了演讲稿的单行本《中国的语言与文学》(The Language and Literature of China)[②],仅118页的小书。

1879年,作为"非基督教宗教体系丛书"之一,道格斯出版了《儒教与道教》(Confucianism and Taoism),整部书分为两个部分,分别论述了中国的儒教与道教,全书共计287页。其中,儒教部分分为八章,依次记述了导言、孔子生平、孔子的教导、要想成为"君子"必须接受必要的训练、治理国家、非主要的孔子教导、孟子以及近代儒学;道教部分分为八章,依次记述了导言、道德经、道德经(续)、老子与庄子、其后的道教、"感应篇"、"阴骘文"以及道家的众神仙。[③]

1889年,道格斯出版了《中文指南》(A Chinese Manual),全书376页,正如书的副标题说的,这部书是一本包含了惯用短语和对话的简明中文语法手册。除了序言以及对中文语法的简单介绍外,主要按照词性名词、形容词、数词、人称代词、动词、助词、否定词分列开来,很明显是以英文语法为基础来讲解的,甚至还将性、数、格的概念引入汉语语法,书末还附有多音字表、中国十八省、中国历代皇帝表、度量衡等等,附录的风格也很接近现代词典的一般编排。[④]

1895年,道格斯甚至出版了一本《李鸿章传》(Li Hungchang),编制了一份李鸿章大事年表,基本采用现代人物传记的编撰及研究方法,按时间顺序记述了自出生至1895年之前的李鸿章。[⑤]

---

① Robert K. Douglas, Transactions of the Second Session of the International Congress of Orientalists, London: Trübner & Co., 1876.

② Robert K. Douglas, The Language and Literature of China. Two lectures delivered at the Royal Institution of Great Britain In May and June, 1875. London: Trübner & Co., 1875.

③ Robert K. Douglas, Confucianism and Taoism. London: Society for Promoting Christian Knowledge, 1879.

④ Robert K. Douglas, A Chinese Manual, comprising a condensed grammar with idiomatic phrases and dialogues. London: Sampson Low, Marston & Company Limited, 1889.

⑤ Robert K. Douglas, Li Hungchang. London: Bliss, Sands and Foster, 1895.

1901年，道格斯所著《中国社会》(Society in China)在伦敦出版，全书446页，分为28章，具体包括皇帝和朝廷、国家治理、律例、法律的执行、乡村社会、文人学士与农民、机械与商人、医疗、科举制、孝顺与女性地位、婚姻、葬仪、中英商业关系、1860年战争、外交、对传教士的暴行、谒见礼仪、与中国的外贸、中国的建筑、家奴、杀婴、衣食、花园与旅行、娱乐、货币与艺术、中国宗教、战争、近事等，从各个方面介绍了中国社会的整体概况。[①]

三、外交官汉学家庄延龄的汉学研究

虽然庄延龄并非伦敦国王学院的汉学教授，而且1896年他在利物浦大学教授汉语，1901年曼彻斯特维多利亚大学甚至为庄延龄专门设置了汉学教授的职位，[②]但鉴于以上两所学校设立汉语教师及教授的资料少之又少，难以作为专节书写，又1867年庄延龄曾师从国王学院第二任汉学教授苏谋斯学习汉语一年，为了凸显国王学院各位汉学家之间的师承联系，特意将庄延龄的汉学研究成果放在此处进行论述。

庄延龄(Edward Harper Parker, 1849－1926)，生于1849年1月3日，英国领事官，汉学家。17岁时开始在利物浦和伦敦从事棉花经纪、丝、茶贸易两年，1867年在伦敦曾经跟随汉学家苏谋斯(James Summers)学习一年汉语。1869－1871年任驻华公使馆翻译学生，曾到蒙古旅行。1871－1875年在天津、大沽、汉口、九江及广州等领事馆任职。1877－1880年在福州、镇江、广州领事馆任职，1883－1884年代理驻温州领事。1885－1886年调朝鲜暂代釜山、济物浦领事，1886－1887年代理汉城总领事。1887－1888年任上海领事，1889－1894年任福州、海口、琼州领事。其间，1892－1893年任缅甸的中国事务顾问。1895年退休回英，次年开始在利物浦大学学院教授汉语，1901年应曼彻斯特维多利亚大学力邀，接受了19世纪英国本土第五个设立的汉学教席，任此职位直到1926年1月21日去世。[③]

这里不得不提到他与翟理斯的敌对状态，即便庄延龄还是翟理斯之子翟林奈(Lionel)的教父，这种敌对状态始于1871年两人均在天津时，对中

---

① Robert K. Douglas, Society in China. London: Ward, Lock & Co., Limited, 1901.

② T. H. Barrett, Singular Listlessness: a short history of Chinese books and British scholars. London: Wellsweep, 1989, pp. 79～80.

③ E. T. C. Werner, Obituary Notices—Prof. E. H. Parker. Journal of the North China Branch of the Royal Asiatic Society, 1926, NS. vol. LVII, pp. i～vi.

文习语正确翻译方法的讨论,敌对状态贯穿了他们的职业生涯直至退休,不过这并不妨碍庄延龄将本应自己接受的某个职位优先推荐给翟理斯,如1924年时。二人相互间有益的"谩骂"早期刊载于《中国评论》上。①

庄延龄的汉学作品包括《蒙古游记》(Travels in Mongolia)(1870－1871),《比较中国家庭习惯》(Comparative Chinese Family Law)(1878),《关于鸦片战争的汉文记载:魏源〈圣武记〉卷十〈道光洋艘征抚记〉译文》(Chinese Account of the Opium War)(1888),《中国同外国人的关系》(China's Relations with Foreigners)(1888),《中西纪事》(China's Intercourse with Europe)(1890),《上溯长江》(Up the Yangtze)(1892),《缅中关系史》(Burma, with special Reference to the Relations of China)(1893),《鞑靼千年史》(A Thousand Years of the Tartars)(1895),《中国的风俗习惯》(Chinese Customs)(1899),《中国从古至今的历史、外交和商业》(China: her History, Diplomacy, and Commerce, from the Earliest Times to the Present Day)(1901),《中国佬约翰及其它》(John Chinaman and a few others)(1901),《中国的过去和现在》(China, Past and Present)(1903),《中国与宗教》(China and the Religion)(1905),《诸夏原来》(Ancient China Simplified)(1908),《中国宗教研究》(Studies in Chinese Religion)(1910)等书。除此之外,庄氏还经常在《中国评论》(China Review)、《亚洲文会会刊》(The Journal of the Royal Asiatic Society)、《教务杂志》(the Chinese Recorder)和《通报》上发表文章。

正如同时代很多其他汉学家一样,庄延龄的汉学研究也基本集中于中国的语言与宗教,不过这样反而使他的边疆史地研究显得比较突出。而且稍微注意一下就会发现,庄延龄所做论文及出版的汉学书籍相对集中于19世纪末20世纪初。

1878年,庄延龄就曾在亚洲文会北华分会会刊上发表过一篇长文,对中国方言进行了比较研究,其中包括北京官话、汉口方言、广东方言以及福州方言,为了方便读者比较,庄延龄还特意做了图表,包括总结出来的四种方言的平仄规律表,注意一下这些都是设有通商口岸的城市及地区,也是

① E. T. C. Werner, Obituary Notices—Prof. E. H. Parker. Journal of the North China Branch of the Royal Asiatic Society, 1926, NS. vol. LVII, p. v.

驻华外交官最有可能遇到的问题。[①]

1888年，庄延龄翻译的《关于鸦片战争的汉文记载：魏源〈圣武记〉卷十〈道光洋艘征抚记〉译文》(Chinese Account of the Opium War)在上海出版，[②]开始关注中国与周边地区的关系，翌年又翻译出版了夏燮的《中西纪事》(China's Intercourse with Europe)[③]。而在中国与周边地区关系方面，庄延龄最为著名、影响最大的一部作品则是1895年在上海出版的《鞑靼千年史》(A Thousand Years of Tartars)，全书共计371页，分为七卷：匈奴、鲜卑、蠕蠕、突厥、西突厥、回纥以及契丹。[④] 这部作品在1934年就被中国学者向达译出第一部分，并以《匈奴史》为题名，作为"史地小丛书"之一，由商务印书馆出版。三年后，1937年向达、黄静渊翻译的全本《鞑靼千年史》再次由商务印书馆出版。

1908年《诸夏原来》(Ancient China Simplified)得以出版，这其实是一部古代中国简史。书中把公元前842年作为中国有确切纪年的开始，即"厉王奔彘年"，全书分为47章，共计332页，没有按照编年的顺序来分章，而是类似于道格斯的《中国社会》，以类别分章，如宗教、祖先崇拜、古代文献的发现、土地与人民、教育与文学、孔子及其作品、法律、公共事业、城镇、诸侯与天子、中文的来源、历法、关于西方的知识、古代日本、妇女与道德、地理知识、鞑靼、音乐、儒学等。[⑤]

庄延龄还撰有一篇关于突厥文的研究论文，1889年俄国考古学会东西伯利亚分会组织的以雅德林采夫(N. M. Yadrintsev)为首的蒙古考古队为研究、解读古代突厥文提供了新的材料。在这次考查中他们到过今蒙古共和国的土拉河、鄂尔浑河一带，并粗略探查了蒙古故都哈拉和林(Qara-qorum)和回鹘汗国故都哈拉巴喇哈逊(Qarabalghasun)遗址。他在鄂尔浑河流域的和硕柴达木(Koshotsaidam)湖畔发现了轰动当时全世界学术

---

① E. H. Parker, The Comparative Study of Chinese Dialects. Journal of the North China Branch of the Royal Asiatic Society, 1878, NS. vol. XII: 19 ~50.

② Edward Harper Parker, Chinese Account of the Opium War. Shanghai: Kelly & Walsh, 1888

③ Edward Harper Parker, tr. China's Intercourse with Europe. 夏燮. 中西纪事. Shanghai: Kelly & Walsh, 1890.

④ Edward Harper Parker, A Thousand Years of Tartars. Shanghai; Hong Kong; Yokohama and Singapore: Kelly & Walsh, Limited, 1895.

⑤ Edward Harper Parker, Ancient China Simplified. 诸夏原来. London: Chapman & Hall, Limited, 1908.

界的《阙特勤碑》和《毗伽可汗碑》。关于这次的发现,雅德林采夫在他的《蒙古及鄂尔浑河上游考查总结》一文中写道:“非常坚固结实的花岗石千百年来被侵蚀的情况表明,它们已有千年以上的历史。碑上刻有以前在西伯利亚其他地方也曾发现过的、谜一样的如尼文(按指古代突厥文)。在边上和背面并刻有契丹字(按指汉文)。如果是汉文的话,很可能就是解读(另一种)文字的钥匙”。1893 年 12 月 15 日丹麦科学家魏·汤姆森(Vilhelm Thomsen)(1842－1927)在丹麦皇家科学院会议上报告了他胜利解读古代突厥文的经过,宣告他对古代突厥文的成功解读。该报告的法文本题作《鄂尔浑和叶尼塞碑文的解读——初步成果》(Dechiffrement des inscriptions de l'Orkhon et de l'Ienissei. Notice preliminaire)于 1894 年在哥本哈根正式出版。庄延龄也对在鄂尔浑发现的一份重要碑文“阙特勤碑”的汉文部分进行了英译,并被收录于 1896 年汤姆森出版的《鄂尔浑碑文的解读》(Inscriptions de l'Orkhon Dechiffrees, Memoires de la Societe finno－Ougrienne, Helsigfors, 1896)的附录中。[①] 同年,金斯密还撰写了一篇论文讨论庄延龄对此碑的研究。

庄延龄的汉学作品数量众多,除了以上提到的,还有两部著作值得一书,一本是《中国佬约翰及其他》(John Chinaman: and a few others. New York: E. P. Dutton and Co., 1901),这部作品 1901 年就已经问世,至 1909 年八年间就再版了三次,受欢迎的程度可见一斑。另一本则是《中国宗教研究》(Studies in Chinese religion. London: Chapman and Hall, Ltd., 1910),书中论述了道教、儒教、佛教、伊斯兰教以及基督教在中国的发展。

综上,伦敦大学学院乃是英国最早设立中国语言与文学教授的学院,虽然 1842 至 1873 年之间基本处于停滞状态,但仍然为英国汉学学院化建制的先声,伦敦大学学院与国王学院汉学教授席位的长期设置,开启了英国汉学在大学里逐步步向专门化的过程,虽然由于后来的发展并不像牛津大学和剑桥大学的汉学研究那么为世人所知所重视,却不可因此而抹杀它在英国汉学学院化过程中的开拓之功。再加上 1909 年,伦敦大学东方学院的成立并于翌年开始招生,此乃英国汉学重要阵地伦敦大学亚非学院(SOAS)的前身,在 20 世纪至今的英国汉学研究中都发挥着重要的作用。

---

① 耿世民撰《古代突厥文碑铭的发现和解读研究》,见《西北民族研究》,2005 年第 1 期,第 6～9 页。

第三节　牛津大学的汉学研究

一、汉学教授的设立

说到牛津大学中国学，不得不提到 17 世纪博学多才的波斯学者托马斯·海德（Thomas Hyde）担任牛津大学波多利安图书馆（The Bodleian Library）馆长时的一段轶事。早在 1682 年，一名中国人沈福宗跟随比利时耶稣会士柏理应来到欧洲，并自 1687 年至 1690 年居住于英国，其间沈福宗担任海德的助手，在与沈福宗使用拉丁语进行的交流中，海德第一次接触了中国书籍，但是海德究竟是否懂得中文，如果懂，程度又是如何，这些都还没有确切资料的证实，因而无法确认。据说后来海德编撰了《中国杂录》（Varia Chinesia）一书，该书使得海德作为一名中国学学者留名于后世。"海德对中华文化的了解虽属尝试性的，但视之为英国汉学研究之滥觞亦并不为过。"①

时至 1825 年，马礼逊在遗嘱中曾经希望以自己大量的中国书籍的捐赠为条件，在牛津或者剑桥大学设立汉语教授的职位，未果，在斯当东的努力下最终在伦敦大学学院设立。而到了英国伦敦大学学院第一个中国语言与文学教授席位设立三十多年之后，英国汉学在本土仍然不受重视，英国政界对华的实用主义政策以及知识界的短浅目光，造成了英国在华的利益与英国学者对中国语言文献方面所做的研究形成巨大反差。正是在这样的环境下，也许始于理雅各的一位朋友阿尔弗雷德（Alfred Howell）的建议，牛津大学终于在 19 世纪 70 年代初也开始筹备设置汉语教授，这项决策是传教事业、商业活动和殖民扩张相结合的产物，同时依然是基于英国在华利益而做出的决定。

担任牛津大学第一任汉学教授的是传教士汉学家理雅各（James Legge，1814－1897），而且早在理雅各获儒莲奖之前，就已经开始讨论为理雅各设置汉学教授的职位一事，并由一些在华商人组织成立了专门的委员

---

① 熊文华撰《英国的汉学研究》，见阎纯德主编《汉学研究》第五集，北京：中华书局，2000 年，第 7 页。

会,阿礼国任主席,以解决牛津大学设立教授职位所需的经费。1873 年,理雅各离开香港返回英国,他竭力主张应加强对中国的研究,特别是对中国社会思想的支柱儒家思想和典籍的研究。当时在英国的一些原来在中国当外交官或经商的英国人,提出应在牛津大学设立汉学讲座,并推荐理雅各为该讲座的第一任教授。推进此项计划最努力的,有英国前驻华公使阿礼国和前香港总督德庇时等,他们为募集捐款多方奔走,一共募得三千英镑之巨,专供牛津大学开设汉文讲座之用,但英国的正统派仍嫌理雅各不是牛津或剑桥大学毕业生,不是贵族,又不是英国国教的教徒而加以阻挠。经过各方疏通,加上理雅各的大量译著和它们对欧洲影响的客观存在,使得那些正统派也只好让步,最终让一名传教士出任第一任汉学教授。

1875 年,委员会召开了几次会议,做出如下决议:"出于商业、政治和宗教目的,为了英国的在华利益,为了解中国人,在牛津大学开设汉学具有相当的现实和长远利益。牛津大学的首任汉学教授由理雅各博士担任,有关委员会必须筹集经费。理雅各在华居留三十多年,深谙其语言、典籍,是该职位的合适人选。理雅各在一年中(10 月 10 日至第二年 7 月 1 日)留在学校的时间、须在六个月以上,在此期间不得在其他大学担任教授"。[①]于是,虽然经历重重困难,牛津大学汉学教授一职终于得以设立。汉学教授设立不久,在华英商以及一些香港政府前任官员和顾问等人也捐助了这项计划,随之设立了"德庇时奖学金"(Davis Chinese Scholarship),颁发给在汉语语言与文学方面成绩突出的学生,金额为每年 50 英磅,该奖学金至少持续到了 1892 年,至于该项奖学金考试的题库以及评判的标准则由牛津大学与汉学设立委员会共同认定。任教之后的理雅各采取的是语言与文化并重的教学策略和注重翻译的教学模式,但并不重视口语教学,他的学生为数不算多,毕竟汉学在当时还属于较为偏生的学科。理雅各所做的学术报告涉及多个方面,主要包括有中国历史、中国文学、中国人物传评、中国天文、中国社会与宗教等。他在牛津大学执教前后共 22 年,直至 1897 年逝世,期间培养了不少汉学家。[②]

---

① 岳峰著《架设东西方的桥梁:英国汉学家理雅各研究》,福州:福建人民出版社,2004 年,第 321 ~ 322 页。

② 岳峰著《架设东西方的桥梁:英国汉学家理雅各研究》,福州:福建人民出版社,2004 年,第 319 ~ 329 页。

1899年,继理雅各之后,牛津大学的第二任汉学教授为外交官布勒克(Thomas Lowndes Bullock, 1845－1915),任教至1915年,他曾在英国驻华领事机构中供职28年,自1869年进英国驻华领事界,1885年任公使馆会计,1886年代理汉文副使,不久后即任代理汉务参赞,1888年始任汉文副使。1897年任驻上海领事,是年退休回英,执教牛津。他的作品本身数量不多,多数是论文,一部《汉语书面语进阶练习》(Progressive exercises in the Chinese written language)[①]于1902年出版于伦敦。牛津大学第三人汉学教授为苏惠廉(William Edward Soothill, 1861－1935),他是英国浸礼会教派之一偕我公会(United Methodist Church)的传教士,1882年来华,在温州和宁波传教,1907年接替浸礼会传教士郭崇礼(Moir B. Duncan, 1861－1906)任山西大学西斋总教习。1914－1918年在欧洲做青年会的宗教工作。1925年被英国政府派为中英庚子赔款委员会委员,翌年返华进行调查。1920年他回到英国后接受了牛津大学的延聘,担任了汉学教授之职,直至逝世。他的主要作品包括《中国温州郊区的一个差会》(A Mission in China, 1907)、《中国的三教》(The Three Religions of China, 1913)、《李提摩太在中国》(Timothy Richard of China, 1913)、《中西交通史大纲》(China and the West: A Sketch of Their Intercourse, 1925)、《中国历史》(The History of China, 1927)、《中国与英国》(China and England, 1928)、翻译《论语》(Analects, 1937)以及与人合编的《汉语佛教术语词典》(A Dictionary of Chinese Buddhist Terms, 1937)等。

牛津大学早期三位汉学教授的设立都有着英国对华宗教和殖民扩张的背景,但由于牛津大学坚持学术独立的传统,以及严格的入学考试、昂贵的学费等因素,长期以来只有少数非正规学生在听课,相对而言汉学教授的主要精力则投入学术研究中,这样的背景逐渐促成了牛津早期汉学具有经院式纯学术研究的特色。理雅各在译介和研究中国古典经典著作上、苏惠廉在介绍中国历史文化方面,都在欧洲汉学史上有一定的影响力。[②]

牛津大学波多利安图书馆始设于1320年前后,有着悠久的历史,是英语国家中最古老的大学,也是世界上藏书量和质量首屈一指的大型图书

① Thomas Lowndes Bullock, Progressive exercises in the Chinese written language. Shanghai: Kelly & Walsh, Limited, 1902.

② 杨国桢撰《牛津大学中国学的变迁》,见《中国史研究动态》,1995年第8期,第5页。

馆,牛津大学的中文书籍都入藏于此,归东方书籍部管理。根据馆员海瑞尔(David Helliwell)编纂的《牛津大学波多利安图书馆中文旧籍书目》(A Catalogue of the Old Chinese Books in the Bodleian Library)的前言部分介绍,[①]牛津大学波多利安图书馆的汉籍入藏历史可以上溯到17世纪。早在1604年图书馆就由诺森伯兰郡(Northumberland)的伯爵亨利·珀西(Henry Percy)处获得了第一本中文图书,到了17世纪末已经收集了百部以上。18世纪未入藏中文书籍,直至1835年、1836年、1839年和1840年,当时的坎特伯雷大主教、牛津大学的校长威廉·兰德(William Land)先后四次向图书馆捐赠中文抄本,共计1151册,其中明初航海针路簿传抄本《顺风相送》即是其中之一。1856年从马六甲英华书院的负责人E. 埃文斯(E. Evans)处以50几尼(英国旧金币,1几尼=1镑1先令)的价格得到1100册汉籍,这些书成为图书馆中文藏书的基础。1876年,艾约瑟将波多利安所有中文书籍整理编目并出版,1882年图书馆以110磅的价格买到伟烈亚力600余册书籍,包括中文及日文书,其中不乏珍贵的书籍。接下来于1913年至1922年间,图书馆陆续收到巴克斯(Sir Edmund Backhouse)捐赠的4700种共计11700卷汉籍,这是波多利安图书馆的汉籍收藏中最主要的一部分,其中包括图书馆收藏到的第一批明代版本的汉籍。此后的中文书籍购入计划的实施就是第二次世界大战以后的事情了。[②]

一、理雅各翻译中国经典以及对中国宗教的研究

(一)理雅各生平略述

理雅各(James Legge, 1814-1897),1815年12月20日出生于苏格兰阿伯丁郡(Aberdeenshire)的小镇哈德利(Huntley)一个虔诚的基督教家庭,1829年毕业于哈德利教区学校(the Parish School of Huntley),进入阿伯

① 其中第一卷为巴克斯(Backhouse)的汉籍收藏目录,第二卷为伟烈亚力的汉籍收藏目录,分别于1983年和1985年由波多利安图书馆出版。

② J. D. Pearson, M. A., Oriental Manuscript Collections in the Libraries of Great Britain and Ireland, The Royal Asiatic Society, London, 1954, pp. 87~88. [日]近藤一成撰《英国的中国学》(上),见台湾汉学研究中心主编《汉学研究通讯》。台北:汉学研究资料及服务中心,1993年,第12卷第3期第181页。杨国桢撰《牛津大学中国学的变迁》,见《中国史研究动态》,1995年第8期,第4页。

丁语法学校(the Grammar School of Aberdeen)继续接受教育,少时的理雅各就已经显露出语言天赋,说拉丁语就像说英语那么流利,1831 年理雅各以第一名的入学成绩获得阿伯丁皇家学院(King's College)的奖学金,待到四年后毕业之时,理雅各又获得代表该校最高荣誉的"荷东奖学金"(Huttonian Prize),同一学生获得两项大奖,这在皇家学院的历史上前所未有的,理雅各也因此少年时期即名声在外。1837 年理雅各进入海伯里神学院(Highbury Theological College)攻读神学,决定投身海外传教事业。1838 年在其业师郝莱博士(Dr. Halley)以及马礼逊牧师(Rev. John Morrison of Bronpton)的推荐下,理雅各加入了伦敦会(London Missionary Society),并在 1837 年、1838 年两年间,根据伦敦会的安排,到伦敦大学大学学院师从基德(Samuel Kidd)在大英博物馆的阅览室学习中文。

1839 年理雅各与马礼逊牧师之女结婚,并于同年七月共同乘船来华,途经巴达维亚、新加坡等地,于次年 1 月 10 日抵达马六甲。很快理雅各就在伦敦会设在马六甲的英华书院(Anglo - Chinese College)担任埃文斯(John Evans)的助手之职,至 1840 年 11 月埃文斯与休(Josiah Hughes)在霍乱中去世,理雅各的职务得以晋升,并负责伦敦会在马六甲的出版业务。与同时期到中国传教的其他新教传教士一样,理雅各在繁忙的各项工作之余,首先的任务仍然是学习汉语以及当地方言,并逐渐开始对这些语言进行研究,1841 年理雅各所著《英、汉及马来语词典》(A Lexilogus of the English, Malay, and Chinese Languages; Comprehending the Vernacular Idioms of the Last in the Hok - keen and Canton Dialects, Malacca, 1841)在马六甲出版,后来成为英华书院的教材,此时理雅各已经初步开始了他的汉学研究。1841 年 7 月 13 日理雅各由于"为在基督教世界与文字领域所做出的显赫贡献以及虔诚的信仰"而获得纽约大学的名誉神学博士学位。[①] 同年 11 月理雅各正式担任英华书院校长。

至 1842 年鸦片战争结束,《南京条约》签订,伦敦会决定展开对华传教活动。在向马礼逊之子马儒翰提出建议并获得同意之后,1843 年理雅各正式将英华书院迁往香港。后来因为身体原因返英疗养,并于 1848 年重返香港,怀着让西方人了解中国之愿,他立志翻译中国古典文化最重要的

① Wong Man Kong, James Legge: A Pioneer at Crossroads of East and West, Hong Kong: Hong Kong Educational Publishing Co., 1996, p.28.

文本十三经,并希望通过对中国经典的译介推动基督教在华传教事业。在王韬的帮助下,理雅各连年持续不断地坚持翻译《中国经典》,该书系列的第一部出版于 1861 年。1873 年理雅各返英,1875 年理雅各首次获得西方汉学研究的最高荣誉"儒莲奖"的"汉籍国际翻译奖"(International Julien Prize for Chinese Literature)。退休回国的理雅各自 1875 年起执教牛津,担任牛津大学第一任汉学教授职位,同时继续《中国经典》的翻译出版工作,于 1891 年完成全部译本的出版,同时理雅各开始着手四书五经译本的修订,并于 1893 年最终完成。理雅各获得儒莲奖之后,在牛津大学执教期间又翻译了《法显传》、[①]《中国人关于神鬼的概念》、[②]《中国宗教:儒教、道教与基督教相比较》、[③]《孟子生平及其学说》。[④] 1895 年,即理雅各谢世的前两年,他还翻译了屈原的《离骚》。1897 年 11 月 29 日,理雅各因中风不治病逝牛津,享年 82 岁。于 12 月 3 日葬于牛津渥夫考特公墓(Oxford Corporation Wolvercote Cemetery)。[⑤]

(二)西方汉学史上的里程碑——理雅各翻译中国经典

回顾理雅各一生勤奋努力,未敢稍有怠懈,他对香港市政规划建设、对香港教育制度的改革、对香港社会道德的维系、对英国高等教育世俗化运动、对英国汉学研究贡献巨大,他的种种努力体现在诸多不同领域,然而使他最终在西方汉学史上留下深刻印记的则是他对于中国古代经典著作的系统翻译及研究,虽然从 16 世纪末到 18 世纪初西方来华传教士就不断对中国典籍有所译述,然而像理雅各这样如此系统地译介在西方汉学史上是第一次。

---

① James legge, tr. A Record of Buddhistic Kingdoms. 沙门法显自记游天竺事. Oxford: Clarendon Press, 1886.

② James Legge, Notions of the Chinese concerning God and Spirits: with an examination of the defense of an essay, on the proper rendering of the words Elohim and Theos, into the Chinese language. Hong Kong: Hong Kong Register Office, 1852.

③ James Legge, The religions of China: Confucianism and Taoism described and compared with Christianity. New York: C. Scribner's Sons, 1881.

④ James Legge, tr. The Works of Mencius. New York: Dover Publications, Inc., 1970. First published in Oxford: Clarendon Press, 1895.

⑤ G. Schlegel, Nécrologie—James Legge. T'oung Pao, 1898, vol. 9, pp. 59 ~ 63. 阎振瀛著《理雅各氏英译论语之研究》,台北:台湾商务印书馆,1971 年,第 4、5、6、15 页。岳峰著《架设东西方的桥梁:英国汉学家理雅各研究》,福州:福建人民出版社,2004 年,第 28 ~ 43 页。

关于翻译中国古代经典的动因，理雅各在《中国经典》第一卷的前言中已有说明，“诚然中国之文化与英土迥异，然彼之文明与野蛮相去甚远。在吾人心目中，一民族苟能卓然独立斯世，绵延接传达四千余年，当必有其民族之特质也。若亚述、波斯、希腊及罗马诸文明古国，迭经兴替，卒趋灭亡，而中华帝国拥有四亿子民，依然存在，其故安在哉？盖其百姓之中，必寓有伟大之道德与社会力量也……没有国家学术特质若中国之发达，亦无国家若中国之敬重知识也。”[①]在理雅各看来，要想明白中华民族的特质，就必须钻研中国古代经典，这种想法一直在激励着理雅各对中国经典的翻译。

要想从事中国经典的翻译，首先必须拥有优秀的文本和对中国文化的正确理解，这些条件理雅各很方便地主要得自于英华书院中文图书馆的收藏、在伦敦大学学院的老师基德的熏陶以及王韬带给他的大量文本，和他对中国经典的深入理解。虽然中国经典的翻译主要依靠的是理雅各坚强的意志、毅力与丰富的学识，但他从当时中西学者那里得到的帮助同样不可忽视，其中西人包括湛约翰牧师（Rev. John Chalmers）、合信医师（Dr. Benjamin Hobson）、史钊域博士（Dr. Frederick Stewart）、玛高温（MacGowan）、谢扶利（Mr. Jeffrey）、班因（Mr. G. M. Bain）、狄逊（Mr. Dixson）等人，华人则包括王韬、何进善、黄胜、罗祥、吴文秀、李金麟、宋佛俭等人。理雅各与这些学者朋友之间的交流碰撞甚至请他们助译部分章节，为翻译的完成提供了便利条件，相对之下也比较能够保证翻译的质量。

理雅各所译《中国经典》（Chinese Classics）第一版五卷八个部分陆续于1861至1872年在香港出版，第二版修订了部分内容的五卷本则于1893至1895年由牛津大学克莱仁登（Clarendon）出版社发行。第一版《中国经典》的第一卷包括《论语》、《大学》和《中庸》；第二卷为《孟子》；第三卷分为两个部分，分别是《尚书》和《竹书纪年》；第四卷分为《诗经》上下两部分；第五卷为《春秋》和《左传》两部分。[②] 由于这是一部学术类书籍，对英商而言没有太多利益可图，起初理雅各非常担心出版书籍的经费问题，虽

---

① 译文采自阎振瀛著《理雅各氏英译论语之研究》，台北：台湾商务印书馆，1971年，第7页。

② James Legge, tr. The Chinese Classics: with a translation, critical and exegetical notes, prolegomena, and copious indexes. 1861 - 1865.

然理雅各本人是反对鸦片贸易的,但最后却是凭借在华鸦片商查顿(Joseph Jardine)的赞助解决了经费难题,查顿死后则由他的弟弟颠地(Robert Jardine)继续为理雅各提供赞助,中国经典才得以付梓。而在1893年至1895年牛津大学出版的《中国经典》修订版,与出版的内容有不少不同之处,理雅各对孔子的态度则有所改变,似乎与中国古代的圣贤有了更多相同的观点。1873年,理雅各返英,并于两年后任牛津大学首任汉学教授,在讲学之余,他从未中断对中国文献的翻译和研究。适逢穆勒教授(Fredrich Max Muller)正在编辑大型译著丛书《东方圣书》(The Sacred Books of the East),并邀请理雅各加入此项计划。笔者没能见到这套书的初版,看到的是1966年德里(Delhi)的再版,其中第16卷收录了理雅各翻译的《易经》,[①]第27、28卷为《礼记》,[②]第39卷为《道德经》和庄子的作品,[③]第40卷为《太上感应篇》和庄子的作品。[④] 其中,理雅各所译《礼记》是欧洲各种语言的第一部全译本,而理氏所译的《尚书》和《竹书纪年》迄今仍是唯一的英文全译本,同时他也是第一位将整部《左传》译为英文的学者。

《中国经典》的翻译是理雅各倾注几十年心血才得以完成的一项宏大工程,在整个翻译过程中,理雅各始终贯彻着严谨的治学态度,除了认真参考和吸取王韬的研究成果外,他自己也十分注重旁征博采,力求持之有据,绝不主观臆断。别人在他之前用拉丁、英、法、意等语种译出的有关文字,凡是能够找到的,他都拿来仔细比较,认真参考,然后再反复斟酌,慎重落笔,甚至常常数易其稿。加上与王韬等人的切磋讨论,就大大减少了可能

① The sacred books of the East. V. XVI, The sacred books of China: the texts of Confucianism. Pt. II, The Yi King / translated by James Legge. Delhi: Motilal Banarsidass, 1966. xxi, 448 p.

② The sacred books of the East. V. XXVII, The sacred books of China: the texts of Confucianism. Part III, The Lī Kī, I-X. translated by James Legge. Delhi: Motilal Banarsidass, 1966. x, 484 p. The sacred books of the East. v. XXVIII, The sacred books of China: the texts of Confucianism. Part IV, The Lī Kī, XI-XLVI. translated by James Legge. Delhi : Motilal Banarsidass, 1966. viii, 496 p.

③ The sacred books of the East. v. XXXIX, The sacred books of China: the texts of Tāoism. Part I, The Tāo teh king, the writings of kwang-Tze, Book I-XVII / translated by James Legge. Delhi: Motilal Banarsidass, 1966. xxii, 396 p.

④ The sacred books of the East. v. XL, The sacred books of China: the texts of Tāoism. Part II, The writings of Kwang-3ze, Books XVIII-XXXIII — The Thāi-shang tractate of actions and their retributions, appendixes I-VIII. translated by James Legge. Delhi: Motilal Banarsidass, 1966. viii, 340p.

有的失误，使翻译质量有所保证。

对于翻译中国经典的基本原则，理雅各在书的总序中提到"起初我反对按照宋代著名批评家与哲学家朱熹的观点来翻译。但我苦苦寻找原著的意思时，很快意识到朱熹风格的俊美和力度，其分析的正确性以及思想的深度。应该说他的思想与经典原文总体上是一致的，应该接受朱熹的分析。"但在修订版中，理雅各又否定了他在出版中接受的朱熹的观点，在提出自己的观点基础上，他一贯的做法是把朱熹的观点列入注释。总体而言，理雅各在翻译的时候还是尽量避免有自己的新观点，而是以中国学者的诠释为主。这既说明理雅各在翻译的过程中希望尽量尊重原著以及中国学者对经典文本的阐释，同时也可以看到理雅各在翻译过程中出现与自己的观点相矛盾的看法时，也会兼容并包，尽量给读者更大的空间和素材进行深入地分析。然而，当既有的说法无法解决遇到的问题时，理雅各还是会自己或联系专家进行考证，这也成为汉学界译介中国文献的基本原则，即忠实原文进行直译的基础上，将更多的考证与论述的内容加入注释，既方便读者理解文本的背景，也提出了自己或其他学者对文本的研究，亦译亦著。理雅各以上述方式阐释中国人文思想的内涵，为西方人认识中国文化奠定了坚实的基础，其意义已远远超过单纯的文字翻译。费乐仁(Lauren Pfister)认为"理雅各从中国传统解经的浩瀚书海里独立理出了完整合一的头绪"，李志刚也指出理雅各对中国古代经典的分析结果即使在同代中国人中也是令人瞩目的，高迪爱(Henri Cordier)赞叹"理雅各确实是最早以注释圣经般的严肃态度研究儒家经典的人"。①

《中国经典》陆续出版后，在西方引起了轰动，欧美人士由此得以深入了解中国传统文化，理雅各也因在翻译上的成就与汉学研究方面的贡献，在1870年被阿伯丁大学授予荣誉法学博士学位，1884年又获爱丁堡大学荣誉法学博士学位，为该大学举行三百周年校庆庆典中最受尊崇的人物之一。理雅各在多次访问巴黎时，与法国著名东方学家儒莲(Stanislas Julien)进行关于汉学的讨论，并于1876年获得汉学界最高荣誉法兰西学院"儒莲奖"的首奖(the first International Stanislas Julien Prize for Chinese Literature)。

---

① 岳峰著《架设东西方的桥梁：英国汉学家理雅各研究》，福州：福建人民出版社，2004年，第162~164页。

不仅如此,自理雅各的译本推出之后,学界对此好评如潮,对理雅各在汉学上的地位也极为推崇。艾约瑟曾言,"这样的工程实为罕见,也许一个世纪里不可能有第二次,对于一个渴望了解中国文献的人来说,接触理雅各的译本是最实在的事","其辛勤迻译之中国典籍,却为一无尽之宝库。而今而后,欧美人士可藉其诸多译著,对中国有一正确之论断。盖此类经典之要义,已普及中土,而直接支配中国之知识分子及一般人士之思想……犹圣经之于基督教徒,莎士比亚之于英诗作者,可兰经之于回教徒也。"《中国评论》认为"理雅各的翻译是汉学史的一个里程碑"。翟理斯在他的论文"Adversaria Sinica"中赞扬理雅各所译《中国经典》,在汉学研究方面乃是一种空前的贡献,多年之后,也将永远被记忆与钻研。[①] 施古德说:"我一次又一次地研读理雅各的译作,不得不敬佩他感悟、把握中国文献的智慧以及他所译出的那些高难度段落,他从不像许多汉学家那样跳过棘手的问题,理雅各的中国经典翻译将鼓舞所有未来的汉学家"。[②] 吉瑞德教授(Norman J. Girardot)形容理雅各对中国古典文献的翻译是"东方朝圣之旅"(Oriental Pilgrimage),提出葛兰言(Marcel Granet)批判理雅各的翻译是没有规矩的这种看法是不正确的,教授进而认为理雅各铺出一条道路,结束了西方学者对中国文献研究的业余水平状态,开始了专业化的汉学研究。[③]

根据吉瑞德教授的研究,理雅各的职业生涯和学术生涯可以以1873年为界,前一时期(从19世纪40年代~1873年)是以传教士工作为主,以汉籍翻译和汉学研究工作为辅的时期;后一个时期(1873~1897年)则是理雅各作为一个职业汉学家的时期。而之所以确定1873年为时间上的标志,不仅是由于在这一年理雅各最终离开了他生活30多年的远东,更重要的是他在离开中国之前,曾专程前往曲阜拜谒了孔陵。而他对孔子以及儒家经典的态度,基本上也以此为界,之前之后发生了引人注目的变化。

欧洲汉学界和理雅各研究者公认19世纪的最后25年是英国汉学的

---

① 阎振瀛著《理雅各氏英译论语之研究》,台北:台湾商务印书馆,1971年,第13~14页。岳峰著《架设东西方的桥梁:英国汉学家理雅各研究》,福州:福建人民出版社,2004年,第167~172页。

② G. Schlegel, Nécrologie—James Legge. T'oung Pao, 1898, vol. 9: 63.

③ Norman J. Girardot, The victorian translation of China: James Legge's Oriental pilgrimage. Berkeley: University of California Press, 2002, p.9.

理雅各时代，这种认识的理论前提，就是将理雅各与英国汉学乃至整个西方汉学的发展进程相结合，再将19世纪下半期的西方，特别是英国以牛津大学为代表的大学中一批人文学科的产生背景与发展进程结合起来，对比较宗教学、比较语言学、比较文学、比较神话学等学科形成的历史环境与学术环境的描述中，逐渐确立理雅各作为一名汉学家的历史地位。与维多利亚时代的其他任何人相比，理雅各有选择性地借助了穆勒的比较宗教学以及中国传统的注释方法，更为有效地将新教在华宗教使命转化为学院化的汉学及东方学者从事理想化的圣经注释学的使命。[①]

第四节　剑桥大学的汉学研究

一、汉学教授的设立

19世纪80年代英国在华教会势力范围与在华传教士的人数不足形成强烈反差，于是在英国国内掀起了一场全国性的宗教运动，号召向中国派遣传教士，该运动以“剑桥七教士”（Cambridge Seven）达到高潮，继而成为全国的楷模。所谓“剑桥七教士”是1885年2月，7位中国内地会（China Inland Mission）传教士从剑桥出发前往中国传教的事件，群众的呼应和媒体的争相报道，一时使到华传教的氛围十分高涨，对中国的关注度也大大提升。

剑桥汉学由剑桥大学的汉学与剑桥所在地的汉学所组成，是英国汉学的重要组成部分。它的诞生，是在19世纪英国汉学随着英国在华势力的增强而逐渐成为西方汉学主流的历史背景下，由退休的英国驻华外交官员创建、并由退休的入华传教士继承和巩固的，其历史基础是剑桥学人入华人数逐渐增多以及由此与中国社会不断深入与广泛的联系，是英国汉学研究迅速发展的必然产物。[②]

---

① 段怀清撰《理雅各与维多利亚时代的英国汉学——评吉瑞德教授的〈维多利亚时代中国古代经典英译理雅各的东方朝圣之旅〉》，《国外社会科学》，2006年第1期，第81页。Norman J. Girardot, The victorian translation of China: James Legge's Oriental pilgrimage. Berkeley: University of California Press, 2002, p.14.

② 阙维民撰《剑桥汉学产生的历史基础》，《剑河风》第一卷，见：http://www.cam.ac.uk/societies/cssa/jhf/jhf_volume01/jhf_volume01_04_03.gb2312.htm.

剑桥汉学产生的标志是汉学教授的设置。剑桥大学是19世纪英国本土设立汉学教授职位的第三所大学,而且类似于伦敦大学学院当年的情况,1886年一批捐赠的中文图书被送达剑桥,于是此汉学教授职位其实是图书捐赠的"副产品",或曰条件。虽然自17世纪始剑桥大学也偶尔收到过个人捐赠的中文图书,但数量上与此次相去甚远,不可同日而语。这批中文及满文图书共计883种,4304卷,由驻华外交官威妥玛(Thomas Francis Wade, 1818-1895)捐出。① 在捐赠图书的信中,威妥玛指出"在这些汉籍作为礼物无偿提供的同时,我迫切提出一个条件,即允许我有权自由使用这些汉籍,只要我的精神和身体条件允许时,我被任命为这批书籍的管理者"。② 于是在1888年,威妥玛被任命为剑桥大学第一任汉学教授(Professor of Chinese),并确保威妥玛能够在不受干扰的情况下继续享有他的这批书籍,在他的就职演说中,威妥玛表示"如果我有学生的话,我希望他们能够成为传教士或者翻译官……我的建议适用于任何领域的申请人,请他们全速向中国出发。"③

据阙维民研究,虽然剑桥大学的首任汉学教授的设立是在1888年,但早在13年前此事就已经列入校董事会的议程,1875年5月,校董事会就曾建议东方系(Faculty of Oriental Studies)讨论剑桥大学的学科建设问题。经过调研,东方系于1875年11月提交了一个方案,建议设置叙利亚语、古埃及语和汉学教授职位,在同年12月出台的设立汉学教授的决定中同时制订了以下五条规则:第一,该教授职位称汉学教授职位,被选汉学教授自获选日期即开始工作;第二,汉学教授的职责是讲授汉语原理,在校内倡导学习汉语与中国文学;第三,汉学教授所属专业研究会为"东方研究专业委员会";第四,汉学教授的职位不能由本校其他教授兼任;第五,汉学教授没有薪水。这样看来,威妥玛似乎是校方指定的名誉教授,因为照校方开出的条件似乎也只有威妥玛才是最合适的。1888年3月剑桥大学副校长宣布4月21日举行汉学教授的选举,当日选举结果为威妥玛。这个职务实

① T. H. Barrett, Singular Listlessness: a short history of Chinese books and British scholars. London: Wellsweep, 1989, pp. 77~78.

② H. A. Giles, A Catalogue of the Wade Collection of Chinese and Manchu Books in the Library of the University of Cambridge, Cambridge, 1898, p. vi.

③ T. H. Barrett, Singular Listlessness: a short history of Chinese books and British scholars. London: Wellsweep, 1989, p. 78.

际上是荣誉性的,因为校方并没有给威妥玛安排实际的教学研究任务。于是,1888年威妥玛当选为剑桥大学第一任汉学教授一事标志着剑桥汉学的正式形成。[①] 威妥玛在华担任领事官期间编辑出版了《语言自迩集》(YÜ YEN TZŬ ÊRH CHI,1867)以及《文件自迩集》(Wen Chien Tzu Erh Chi,1867),作为培训使馆翻译学生的语言交往与公务处理教材,在此过程中,威妥玛总结出一套以罗马字拼读汉字的拼音系统,正是在此基础上才有了后来在世界范围得到广泛应用的威妥玛－翟理斯拼音系统,也是剑桥汉学对西方汉学研究的突出贡献。随着英国汉学建制的发展,剑桥大学汉学教授的要求和提供的条件也在不断发展完善。而1895年威妥玛逝世后,汉学教授的职位暂时空置,直到1897年,翟理斯(H. A. Giles)被任命为剑桥大学的第二任汉学教授,他对中国语言文字的研究也颇为深厚,早在1892年就出版了洋洋巨著《华英字典》(A Chinese－English Dictionary)。正是在这部字典中,翟理斯进一步修订完善了威妥玛式拼音,最后定型为威妥玛－翟理斯拼音系统,为威氏拼音在西方汉学界的推广和规范使用奠定了基础。翟理斯对汉学的兴趣浓厚,研究范围颇广,又用功颇勤,故著作等身。翟理斯对中国文学史的研究在相当长一段时间内被认为是世界上第一部中国文学史,他还著有不少对中国概述性的书籍,对中国语言、社会、宗教等方面的研究作品,还翻译介绍了不少中国的诗歌和小说等等。他的种种著作对19世纪末20世纪初英国汉学研究的普及和深入研究都有重要意义。

作为英国汉学研究重镇,剑桥大学有着丰富的汉学文献资料,分别入藏于剑桥大学图书馆的中文部、剑桥大学东方系图书馆以及后来的李约瑟研究所(Needham Research Institute)、剑桥菲茨威廉博物馆(Fitzwilliam Museum)以及剑桥大学各个院系的图书馆,其中又以剑桥大学图书馆中文部为核心。与牛津大学相类似,剑桥大学图书馆的中文藏书的入藏最早可以上溯到17世纪,据说1632年列入白金汉公爵捐赠书籍列单中,明代版的《丹溪心法》残本有可能是该图书馆最早入藏的汉文书。直至1886年威妥玛捐赠的藏书之前,图书馆的中文藏书都是零零散散的,威妥玛的这批汉籍藏书使得剑桥大学图书馆中文部名副其实。现在的威妥玛文库还包括

---

① 阙维民撰《剑桥汉学的形成与发展》,见台湾汉学研究中心主编《汉学研究通讯》,台北:汉学研究资料及服务中心,2002,第21卷第1期,第31～43页。

威妥玛后来几次的捐赠以及巴克斯捐赠的汉籍,1898年和1915年翟理斯先后编辑出版了《剑桥大学图书馆威妥玛氏汉文和满文藏书目录》(A Catalogue of the Wade Collection of Chinese and Manchu Books in the Library of Cambridge)及补编(A Supplement catalogue of the Wade collection of Chinese and Manchu Books in the library of the University of Cambridge)。1845年第二次世界大战结束后,剑桥大学图书馆收到中国南京国立图书馆和成都四川博物馆捐赠的珍贵中文图书与拓碑文献,收到骆克(Stewart Lockhart, 1858-1937)、欧内斯特·阿拉巴斯特(Ernest Alabaster)以及慕阿德(A. C. Moule)、哈隆(Gustav Haloun)等人的几批藏书,金璋(Lionel Charles Hopkins, 1854-1952)捐赠的800余件殷代甲骨片是剑桥大学图书馆年代最早的馆藏,此后中文部开始系统收藏中文文献,至今不辍。

二、威妥玛对汉语学习的重大贡献——《语言自迩集》与威妥玛拼音

威妥玛(Thomas Francis Wade, 1818-1895),1818年8月25日出生,出身陆军,在Harrow接受了教育之后,于1838年入伍,在第81步兵任少尉。鸦片战争期间,他作为第42苏格兰高地联队和第98步兵的军官非常活跃,首次有机会学习中文。1842年南京条约将香港割让给英国,给威妥玛提供了新的活动区域,当时他被任命为香港岛驻军的通事。1847年他作为第98步兵的中尉退役之后,被任命为驻华汉文副使。1852年威妥玛离开香港,同时被任命为上海副领事。1853年9月7日太平军占领了上海县城,三位领事在中国政府的许可下于1854年6月根据海关条令由三位管理者担任,威妥玛先生代表英国,L. Carr先生代表美国,亚瑟·史密斯代表法国。事实上,仅仅在威妥玛放弃Robert Hart先生的继任者Horatio Nelson Lay作为中华帝国海关总监察官的职位后不久,香港的行政长官包令先生那时给威妥玛安排了一项特殊任务。额尔金公爵的两次出任大使以及两次战争最终导致和平谈判,并于1860年10月3日在北京签订条约,这是威妥玛利用他的中国语言知识的新机会。

也许可以这样说,从这时起,威妥玛和巴克尔开始了他们两人注定要占有北京全权大使外交职位的有趣而相似的职业生涯。发表于《时代》周刊(1895年8月9日周末版)的那份讣告的作者正确地写道:

威妥玛先生的详细生平将同时也是我们同中国在40年里的外交关系的历史记述,因为在这段时间里在所有我们的与中国政府重要事物的处理中,他都绝不是扮演了无关紧要的角色。另外唯一一个与他有着同样经历、在令人迷惑的中国政治世界中表现出类似引人注目素质的英国人,也许就是他的朋友和同事巴克尔先生了,巴克尔先生10年前壮年逝世,年57岁。两人都具有出色的能力能够使自己完全熟知中国的语言、中国人的性格、中国人的处世方式,尤其是中国人的诡计,因而两人都能对他们自己的政府提供有价值的服务。但在自然的性格和倾向性上他们差别很大。威妥玛是一个思考者,而巴克尔更是一位行动者。当两人同处于从属地位时,前者自然会做大量相关的事务,而后者更多地进行一些会见或做一些户外的工作。然而必须承认,必要时他们每一个都能扮演另一个人的角色,而许多次勤勉的威妥玛都表现出巴克尔自身很难超越的活跃和勇敢。两人在处理与中国人关系的方式上也是不同的。巴克尔自然而然倾向于官方盛气凌人的方式,而威妥玛总体来说倾向于以耐心和抚慰来调节他的坚韧。然而这两人虽然在某种程度上是对手并常常与对方的方式相交叉,彼此之间却从来没有任何不足取的嫉妒。在他早期的一封信中,巴克尔写道:"威妥玛和我共享一个帐篷:威妥玛恰恰是那个好伙伴。"这相类似的措辞暗示了他们之间简单而精致的关系,这将被那些亲自认识威妥玛先生的人和现在仍然怀念他去世的人们所诚挚地再次回应。

威妥玛供职于英国驻华使团期间,在南京、香港、北京等地担任过多种职务。1853年任驻上海副领事,1855-1871年任驻华使馆汉文正使(汉务参赞),1871-1882年任公使。参与订立《天津条约》(1857年)和《烟台条约》(1876年),1882年退休。

在他逗留中国期间,威妥玛已经收集了非常广泛的极有价值的中文藏书,唯一能与他匹敌的是伟烈亚力在上海杰出的私人收藏。他把这批书捐赠给了剑桥大学,丰富了剑桥大学的中文藏书,这些藏书后来于1898年由剑桥大学出版社经翟理斯编辑出版了专门的书目[①]。在剑桥,威妥玛于

---

① Herbert A. Giles, A Catalogue of the Wade Collection of Chinese and Manchu Books in the Library of Cambridge. Cambridge: the University Press, 1898, A Supplement catalogue of the Wade collection of Chinese and Manchu Books in the library of the University of Cambridge. Cambridge: the University Press, 1915.

1886年获得了荣誉文学博士学位,并于1888年被任命为剑桥大学第一任汉学教授。威妥玛爵士抱病在剑桥 Salisbury Villas 5号的家中持续数月,1895年7月31日星期三逝世。①

威妥玛长期在华的经历使他非常明白文化外交的重要性,尤其是语言训练的重要性。作为一名汉学家,威妥玛以其学习中文的方法而著名。他对汉语学习方面的贡献始于1859年在香港出版的《寻津录》(The Hsin Ching Lu, or Book of Experiments),在这部书中第一次发表了他的威妥玛拼音系统。接着是1867年《语言自迩集》(YÜ YEN TZŬ ÊRH CHI)的出版,全书为三卷本,共计1100余页,内容十分丰富。② 书中威妥玛成功发展了用拉丁字母拼写汉字的方法,一般被称为"威妥玛拼音",后来经翟理斯在《华英字典》中的改良,形成了"威妥玛—翟理斯拼音系统"(Wade - Giles),并得到广泛应用,后来成为中国地名人名及事物名称外译的译音标准,中国正式刊物沿用此拼音直至1979年。在中国实际上使用的时间更长,而且至今仍为研究汉学的外国学者所使用。这里摘录了一整份威翟氏拼音与耶鲁拼音以及汉语拼音相对比的具体拼读对照细节,可以很方便地实现威翟氏拼音与现代汉语拼音的互相转换,具体请参见下表(表3.1):

表3.1 威翟氏、耶鲁及汉语拼音系统对照表③

项次	注音符号	威翟氏	耶鲁拼音	汉语拼音
NO.	Chu - Yin Fu - Hao	Wade - Giles	Yale	Hanyu Pinyin
1	ㄅㄚ	pa	ba	bɑ
2	ㄅㄛ	po	bwo	bo
3	ㄅㄞ	pai	bai	bɑi

① Henri Cordier, Nécrologie—Thomas Francis Wade. T'oung Pao, 1895, vol. 6: 407 ~ 412. 艾世超(Charles Aylmer), Sir Thomas Wade and the Centenary of Chinese Studies at Cambridge (1888 - 1988),见《汉学研究》第7卷第2期,民国78年12月,第405 ~ 422页。

② Thomas Francis Wade, YÜ YEN TZŬ ÊRH CHI. 语言自迩集. A Progressive course designed to assist the student of colloquial Chinese as spoken in the capital and the metropolitan department. In 3 volumes. Second edition. Shanghai: published at the statistical department of the inspectorate general of customs; London: W. H. Allen & Co., 1886.

③ 主要取材自刘伟夫主编《最新实用汉英辞典》,初版,台北市:礼记出版社,民国81年,第801 - 814页。刘书原表未列ㄛ(o,o,o)、ㄝ(e,e,e)、ㄟ(ei,ei,ei)三个注音符号,兹特补录于此。

续表

项次	注音符号	威翟氏	耶鲁拼音	汉语拼音
4	ㄅㄟ	pei	bei	bei
5	ㄅㄠ	pao	bau	bao
6	ㄅㄢ	pan	ban	ban
7	ㄅㄣ	pen	ben	ben
8	ㄅㄤ	pang	bang	bang
9	ㄅㄥ	peng	beng	beng
10	ㄅㄧ	pi	bi	bi
11	ㄅㄧㄝ	pieh	bye	bie
12	ㄅㄧㄠ	piao	byau	biao
13	ㄅㄧㄢ	pien	byan	bian
14	ㄅㄧㄣ	pin	bin	bin
15	ㄅㄧㄥ	ping	bing	bing
16	ㄅㄨ	pu	bu	bu
17	ㄆㄚ	p' a	pa	pa
18	ㄆㄛ	p' o	pwo	po
19	ㄆㄞ	p' ai	pai	pai
20	ㄆㄟ	p' ei	pei	pei
21	ㄆㄠ	p' ao	pau	pao
22	ㄆㄡ	p' ou	pou	pou
23	ㄆㄢ	p' an	pan	pan
24	ㄆㄣ	p' en	pen	pen
25	ㄆㄤ	p' ang	pang	pang
26	ㄆㄥ	p' eng	peng	peng
27	ㄆㄧ	p' i	pi	pi
28	ㄆㄧㄝ	p' ieh	pye	pie
29	ㄆㄧㄠ	p' iao	pyau	piao
30	ㄆㄧㄢ	p' ien	pyan	pian

续表

项次	注音符号	威翟氏	耶鲁拼音	汉语拼音
31	ㄆㄧㄣ	p' in	pin	pin
32	ㄆㄧㄥ	p' ing	ping	ping
33	ㄆㄨ	p' u	pu	pu
34	ㄇㄚ	ma	ma	mɑ
35	ㄇㄛ	mo	mwo	mo
36	ㄇㄞ	mai	mai	mɑi
37	ㄇㄟ	mei	mei	mei
38	ㄇㄠ	mao	mau	mɑo
39	ㄇㄡ	mou	mou	mou
40	ㄇㄢ	man	man	mɑn
41	ㄇㄣ	men	men	men
42	ㄇㄤ	mang	mang	mɑng
43	ㄇㄥ	meng	meng	meng
44	ㄇㄧ	mi	mi	mi
45	ㄇㄧㄝ	mieh	mye	mie
46	ㄇㄧㄠ	miao	myau	miɑo
47	ㄇㄧㄡ	miu	myou	miu
48	ㄇㄧㄢ	mien	myan	miɑn
49	ㄇㄧㄣ	min	min	min
50	ㄇㄧㄥ	ming	ming	ming
51	ㄇㄨ	mu	mu	mu
52	ㄈㄚ	fa	fa	fɑ
53	ㄈㄛ	fo	fwo	fo
54	ㄈㄟ	fei	fei	fei
55	ㄈㄡ	fou	fou	fou
56	ㄈㄢ	fan	fan	fɑn
57	ㄈㄣ	fen	fen	fen

续表

项次	注音符号	威翟氏	耶鲁拼音	汉语拼音
58	ㄈㄤ	fang	fang	fang
59	ㄈㄥ	feng	feng	feng
60	ㄈㄨ	fu	fu	fu
61	ㄉㄚ	ta	da	dei
62	ㄉㄜ	te	de	dao
63	ㄉㄞ	tai	dai	dai
64	ㄉㄟ	tei	dei	dei
65	ㄉㄠ	tao	dau	dao
66	ㄉㄡ	tou	dou	dou
67	ㄉㄢ	tan	dan	dan
68	ㄉㄣ	(ten)	den	den
69	ㄉㄤ	tang	dang	dang
70	ㄉㄥ	teng	deng	deng
71	ㄉㄧ	ti	di	di
72	ㄉㄧㄝ	tieh	dye	die
73	ㄉㄧㄠ	tiao	dyau	diao
74	ㄉㄧㄡ	tiu	dyou	diu
75	ㄉㄧㄢ	tien	dyan	dian
76	ㄉㄧㄥ	ting	ding	ding
77	ㄉㄨ	tu	du	du
78	ㄉㄨㄛ	to	dwo	duo
79	ㄉㄨㄟ	tui	dwei	dui
80	ㄉㄨㄢ	tuan	dwan	duan
81	ㄉㄨㄣ	tun	dwen	dun
82	ㄉㄨㄥ	tung	dung	dong
83	ㄊㄚ	t' a	ta	ta
84	ㄊㄜ	t' e	te	te

续表

项次	注音符号	威翟氏	耶鲁拼音	汉语拼音
85	ㄊㄞ	t' ai	tai	tɑi
86	ㄊㄟ	(t' ei)	tei	tei
87	ㄊㄠ	t' ao	tau	tɑo
88	ㄊㄡ	t' ou	tou	tou
89	ㄊㄢ	t' an	tan	tɑn
90	ㄊㄤ	t' ang	tang	tɑng
91	ㄊㄥ	t' eng	teng	teng
92	ㄊㄧ	t' i	ti	ti
93	ㄊㄧㄝ	t' ieh	tye	tie
94	ㄊㄧㄠ	t' iao	tyau	tiɑo
95	ㄊㄧㄢ	t' ien	tyan	tiɑn
96	ㄊㄧㄥ	t' ing	ting	ting
97	ㄊㄨ	t' u	tu	tu
98	ㄊㄨㄛ	t' o	two	tuo
99	ㄊㄨㄟ	t' ui	twei	tui
100	ㄊㄨㄢ	t' uan	twan	tuɑn
101	ㄊㄨㄣ	t' un	twen	tun
102	ㄊㄨㄥ	t' ung	tung	tong
103	ㄋㄚ	na	na	nɑ
104	ㄋㄞ	nai	nai	nɑi
105	ㄋㄟ	nei	nei	nei
106	ㄋㄠ	nao	nau	nɑo
107	ㄋㄡ	nou	nou	nou
108	ㄋㄢ	nan	nan	nɑn
109	ㄋㄣ	nen	nen	nen
110	ㄋㄤ	nang	nang	nɑng
111	ㄋㄥ	neng	neng	neng

续表

项次	注音符号	威翟氏	耶鲁拼音	汉语拼音
112	ㄋㄧ	ni	ni	ni
113	ㄋㄧㄝ	nieh	nye	nie
114	ㄋㄧㄠ	niao	nyau	niɑo
115	ㄋㄧㄡ	niu	nyon	niu
116	ㄋㄧㄢ	nien	nyan	niɑn
117	ㄋㄧㄣ	nin	nin	nin
118	ㄋㄧㄤ	niang	nyang	niɑng
119	ㄋㄧㄥ	ning	ning	ning
120	ㄋㄨ	nu	nu	nu
121	ㄋㄨㄛ	no	nwo	nuo
122	ㄋㄨㄢ	nuan	nwan	nuɑn
123	ㄋㄨㄣ	nun	nwun	nun
124	ㄋㄨㄥ	nung	nung	nong
125	ㄋㄩ	nu	nyu	nu
126	ㄋㄩㄝ	nueh	nywe	nue
127	ㄌㄚ	la	la	lɑ
128	ㄌㄜ	le	le	le
129	ㄌㄞ	lai	lai	lɑi
130	ㄌㄟ	lei	lei	lei
131	ㄌㄠ	lao	lau	lɑo
132	ㄌㄡ	lou	lou	lou
133	ㄌㄢ	lan	lan	lɑn
134	ㄌㄤ	lang	lang	lɑng
135	ㄌㄥ	leng	leng	leng
136	ㄌㄧ	li	li	li
137	ㄌㄧㄚ	lia	lya	liɑ
138	ㄌㄧㄝ	lieh	lye	lie

续表

项次	注音符号	威翟氏	耶鲁拼音	汉语拼音
139	ㄌㄧㄠ	liao	lyau	liao
140	ㄌㄧㄡ	liu	lyou	liu
141	ㄌㄧㄢ	lien	lyan	lian
142	ㄌㄧㄣ	lin	lin	lin
143	ㄌㄧㄤ	liang	lyang	liang
144	ㄌㄧㄥ	ling	ling	ling
145	ㄌㄨ	lu	lu	lu
146	ㄌㄨㄛ	lo	lwo	luo
147	ㄌㄨㄢ	luan	lwan	luan
148	ㄌㄨㄣ	lun	lwen	lun
149	ㄌㄨㄥ	lung	lung	long
150	ㄌㄩ	lu	lyu	lu
151	ㄌㄩㄝ	lueh	lywe	lue
152	ㄌㄩㄢ	luan	lywan	luan
153	ㄌㄩㄣ	lun	lywun	lun
154	ㄍㄚ	ka	ga	ga
155	ㄍㄜ	ke/ko	ge	ge
156	ㄍㄞ	kai	gai	gai
157	ㄍㄟ	kei	gei	gei
158	ㄍㄠ	kao	gau	gao
159	ㄍㄡ	kou	gou	gou
160	ㄍㄢ	kan	gan	gan
161	ㄍㄣ	ken	gen	gen
162	ㄍㄤ	kang	gang	gang
163	ㄍㄥ	keng	geng	geng
164	ㄍㄨ	ku	gu	gu
165	ㄍㄨㄚ	kua	gwa	gua

续表

项次	注音符号	威翟氏	耶鲁拼音	汉语拼音
166	ㄍㄨㄛ	kuo	gwo	guo
167	ㄍㄨㄞ	kuai	gwai	guai
168	ㄍㄨㄟ	kuei	gwei	gui
169	ㄍㄨㄢ	kuan	gwan	guan
170	ㄍㄨㄣ	kun	gwun	gun
171	ㄍㄨㄤ	kuang	gwang	guang
172	ㄍㄨㄥ	Kung	gung	gong
173	ㄎㄚ	k' a	ka	ka
174	ㄎㄜ	k' e/k' o	ke	ke
175	ㄎㄞ	k' ai	kai	kai
176	ㄎㄠ	k' ao	kau	kao
177	ㄎㄡ	k' ou	kou	kou
178	ㄎㄢ	k' an	kan	kan
179	ㄎㄟ	k' ei	kei	kei
180	ㄎㄣ	k' en	ken	ken
181	ㄎㄤ	k' ang	kang	kang
182	ㄎㄥ	k' eng	keng	keng
183	ㄎㄨ	k' u	ku	ku
184	ㄎㄨㄚ	k' ua	kwa	kua
185	ㄎㄨㄛ	k' uo	kwo	kuo
186	ㄎㄨㄞ	k' uai	kwai	kuai
187	ㄎㄨㄟ	k' uei	kwei	kui
188	ㄎㄨㄢ	k' uan	kwan	kuan
189	ㄎㄨㄣ	k' un	kwun	kun
190	ㄎㄨㄤ	k' uang	kwang	kuang
191	ㄎㄨㄥ	k' ung	kung	kong
192	ㄏㄚ	ha	ha	ha

续表

项次	注音符号	威翟氏	耶鲁拼音	汉语拼音
193	ㄏㄜ	he/ho	he	he
194	ㄏㄞ	hai	hai	hai
195	ㄏㄟ	hei	hei	hei
196	ㄏㄠ	hao	hau	hao
197	ㄏㄡ	hou	hou	hou
198	ㄏㄢ	han	han	han
199	ㄏㄣ	hen	hen	hen
200	ㄏㄤ	hang	hang	hang
201	ㄏㄥ	heng	heng	heng
202	ㄏㄨ	hu	hu	hu
203	ㄏㄨㄚ	hua	hwa	hua
204	ㄏㄨㄛ	huo	hwo	huo
205	ㄏㄨㄞ	huai	hwai	huai
206	ㄏㄨㄟ	hui	hwei	hui
207	ㄏㄨㄢ	huan	hwan	huan
208	ㄏㄨㄣ	hun	hwen	hun
209	ㄏㄨㄤ	huang	hwang	huang
210	ㄏㄨㄥ	hung	hung	hong
211	ㄐㄧ	chi	ji	ji
212	ㄐㄧㄚ	chia	jya	jia
213	ㄐㄧㄝ	chieh	jye	jie
214	ㄐㄧㄠ	chiao	jyau	jiao
215	ㄐㄧㄡ	chiu	jyou	jiu
216	ㄐㄧㄢ	chien	jyan	jian
217	ㄐㄧㄣ	chin	jin	jin
218	ㄐㄧㄤ	chiang	jyang	jiang
219	ㄐㄧㄥ	ching	jing	jing

续表

项次	注音符号	威翟氏	耶鲁拼音	汉语拼音
220	ㄐㄩ	chu	jyu	ju
221	ㄐㄩㄝ	chueh	jywe	jue
222	ㄐㄩㄢ	chuan	jywan	juan
223	ㄐㄩㄣ	chun	jyun	jun
224	ㄐㄩㄥ	chiung	jyung	jiong
225	ㄑㄧ	ch' i	chi	qi
226	ㄑㄧㄚ	ch' ia	chya	qia
227	ㄑㄧㄝ	ch' ieh	chye	qie
228	ㄑㄧㄠ	ch' iao	chyau	qiao
229	ㄑㄧㄡ	ch' iu	chyou	qiu
230	ㄑㄧㄢ	ch' ien	chyan	qian
231	ㄑㄧㄣ	ch' in	chin	qin
232	ㄑㄧㄤ	ch' iang	chyang	qiang
233	ㄑㄧㄥ	ch' ing	ching	qing
234	ㄑㄩ	ch' u	chyu	qu
235	ㄑㄩㄝ	ch' ueh	chywe	que
236	ㄑㄩㄢ	ch' uan	chywan	quan
237	ㄑㄩㄣ	ch' un	chyun	qun
238	ㄑㄩㄥ	ch' iung	chyung	qiong
239	ㄒㄧ	hsi	syi	xi
240	ㄒㄧㄚ	hsia	sya	xia
241	ㄒㄧㄝ	hsieh	sye	xie
242	ㄒㄧㄠ	hsiao	syau	xiao
243	ㄒㄧㄡ	hsiu	syou	xiu
244	ㄒㄧㄢ	hsien	syan	xian
245	ㄒㄧㄣ	hsin	syin	xin
246	ㄒㄧㄤ	hsiang	syang	xiang

续表

项次	注音符号	威翟氏	耶鲁拼音	汉语拼音
247	ㄒㄧㄥ	hsing	sying	xing
248	ㄒㄩ	hsu	syu	xu
249	ㄒㄩㄝ	hsueh	sywe	xue
250	ㄒㄩㄢ	hsuan	sywan	xuan
251	ㄒㄩㄣ	hsun	sywun	xun
252	ㄒㄩㄥ	hsiung	syung	xiong
253	ㄓ	chih	jr	zhi
254	ㄓㄚ	cha	ja	zha
255	ㄓㄜ	che	je	zhe
256	ㄓㄞ	chai	jai	zhai
257	ㄓㄠ	chao	jau	zhao
258	ㄓㄡ	chou	jou	zhou
259	ㄓㄢ	chan	jan	zhan
260	ㄓㄣ	chen	jen	zhen
261	ㄓㄤ	chang	jang	zhang
262	ㄓㄥ	cheng	jeng	zheng
263	ㄓㄨ	chu	ju	zhu
264	ㄓㄨㄚ	chua	jwa	zhua
265	ㄓㄨㄛ	cho	jwo	zhuo
266	ㄓㄨㄞ	chuai	jwai	zhuai
267	ㄓㄨㄟ	chui	jwei	zhui
268	ㄓㄨㄢ	chuan	jwan	zhuan
269	ㄓㄨㄣ	chun	jwun	zhun
270	ㄓㄨㄤ	chuang	jwang	zhuang
271	ㄓㄨㄥ	chung	jung	zhong
272	ㄔ	ch' ih	chr	chi
273	ㄔㄚ	ch' a	cha	cha

续表

项次	注音符号	威翟氏	耶鲁拼音	汉语拼音
274	ㄔㄜ	ch' e	che	che
275	ㄔㄞ	ch' ai	chai	chai
276	ㄔㄠ	ch' ao	chau	chao
277	ㄔㄡ	ch' ou	chou	chou
278	ㄔㄢ	ch' an	chan	chan
279	ㄔㄣ	ch' en	chen	chen
280	ㄔㄤ	ch' ang	chang	chang
281	ㄔㄥ	ch' eng	cheng	cheng
282	ㄔㄨ	ch' u	chu	chu
283	ㄔㄨㄚ	ch' ua	chwa	chua
284	ㄔㄨㄛ	ch' o	chwo	chuo
285	ㄔㄨㄞ	ch' uai	chwai	chuai
286	ㄔㄨㄟ	ch' ui	chwei	chui
287	ㄔㄨㄢ	ch' uan	chwan	chuan
288	ㄔㄨㄣ	ch' un	chwen	chun
289	ㄔㄨㄤ	ch' uang	chwang	chuang
290	ㄔㄨㄥ	ch' ung	chung	chong
291	ㄕ	shih	shr	shi
292	ㄕㄚ	sha	sha	sha
293	ㄕㄜ	she	she	she
294	ㄕㄞ	shai	shai	shai
295	ㄕㄟ	(shei)	shei	shei
296	ㄕㄠ	shao	shau	shao
297	ㄕㄡ	shou	shou	shou
298	ㄕㄢ	shan	shan	sh[illegible]
299	ㄕㄣ	shen	shen	sh[illegible]
300	ㄕㄤ	shang	shang	sh[illegible]

续表

项次	注音符号	威翟氏	耶鲁拼音	汉语拼音
301	ㄕㄥ	sheng	sheng	sheng
302	ㄕㄨ	shu	shu	shu
303	ㄕㄨㄚ	shua	shwa	shua
304	ㄕㄨㄛ	shuo	shwo	shuo
305	ㄕㄨㄞ	shuai	shwai	shuai
306	ㄕㄨㄟ	shui	shwei	shui
307	ㄕㄨㄢ	shuan	shwan	shuan
308	ㄕㄨㄣ	shun	shwun	shun
309	ㄕㄨㄤ	shuang	shwang	shuang
310	ㄖ	jih	r	ri
311	ㄖㄜ	je	re	re
312	ㄖㄠ	jao	rau	rao
313	ㄖㄡ	jou	rou	rou
314	ㄖㄢ	jan	ran	ran
315	ㄖㄣ	jen	ren	ren
316	ㄖㄤ	jang	rang	rang
317	ㄖㄥ	jeng	reng	reng
318	ㄖㄨ	ju	ru	ru
319	ㄖㄨㄚ	(jua)	rwa	rua
320	ㄖㄨㄛ	jo	rwo	ruo
321	ㄖㄨㄟ	jui	rwei	rui
322	ㄖㄨㄢ	juan	rwan	ruan
323	ㄖㄨㄣ	jun	rwen	run
324	ㄖㄨㄥ	jung	rung	rong
325	ㄗ	tzu	dz	zi
326	ㄗㄚ	tsa	dza	za
327	ㄗㄜ	tse	dze	ze

续表

项次	注音符号	威翟氏	耶鲁拼音	汉语拼音
328	ㄗㄞ	tsai	dzai	zai
329	ㄗㄟ	tsei	dzei	zei
330	ㄗㄠ	tsao	dzau	zao
331	ㄗㄡ	tsou	dzou	zou
332	ㄗㄢ	tsan	dzan	zan
333	ㄗㄣ	tsen	dzen	zen
334	ㄗㄤ	tsang	dzang	zang
335	ㄗㄥ	tseng	dzeng	zeng
336	ㄗㄨ	tsu	dzu	zu
337	ㄗㄨㄛ	tso	dzwo	zuo
338	ㄗㄨㄟ	tsui	dzwei	zui
339	ㄗㄨㄢ	tsuan	dzwan	zuan
340	ㄗㄨㄣ	tsun	dzwun	zun
341	ㄗㄨㄥ	tsung	dzung	zong
342	ㄘ	tz' u	tsz	ci
343	ㄘㄚ	ts' a	tsa	ca
344	ㄘㄜ	ts' e	tse	ce
345	ㄘㄞ	ts' ai	tsai	cai
346	ㄘㄟ	(ts' ei)	tsei	cei
347	ㄘㄠ	ts' ao	tsau	cao
348	ㄘㄡ	ts' ou	tsou	cou
349	ㄘㄢ	ts' an	tsan	can
350	ㄘㄣ	ts' en	tsen	cen
351	ㄘㄤ	ts' ang	tsang	cang
352	ㄘㄥ	ts' eng	tseng	ceng
353	ㄘㄨ	ts' u	tsu	cu
354	ㄘㄨㄛ	ts' o	tswo	cuo

续表

项次	注音符号	威翟氏	耶鲁拼音	汉语拼音
355	ㄘㄨㄟ	ts' ui	tswei	cui
356	ㄘㄨㄢ	ts' uan	tswan	cuɑn
357	ㄘㄨㄣ	ts' un	tswun	cun
358	ㄘㄨㄥ	ts' ung	tsung	cong
359	ㄙ	ssu	sz	si
360	ㄙㄚ	sa	sa	sɑ
361	ㄙㄜ	se	se	se
362	ㄙㄞ	sai	sai	sɑi
363	ㄙㄟ	(sei)	sei	sei
364	ㄙㄠ	sao	sau	sɑo
365	ㄙㄡ	sou	sou	sou
366	ㄙㄢ	san	san	sɑn
367	ㄙㄣ	sen	sen	sen
368	ㄙㄤ	sang	sang	sɑng
369	ㄙㄥ	seng	seng	seng
370	ㄙㄨ	su	su	su
371	ㄙㄨㄛ	so	swō	suo
372	ㄙㄨㄟ	sui	swei	sui
373	ㄙㄨㄢ	suan	swan	suɑn
374	ㄙㄨㄣ	sun	swun	sun
375	ㄙㄨㄥ	sung	sung	song
376	ㄚ	a	a	ɑ
377	ㄜ	e	e	e
378	ㄞ	ai	ai	ɑi
379	ㄠ	ao	au	ɑo
380	ㄡ	ou	ou	ou
381	ㄢ	an	an	ɑn

续表

项次	注音符号	威翟氏	耶鲁拼音	汉语拼音
382	ㄣ	en	en	en
383	ㄤ	ang	ang	ang
384	ㄦ	erh	er/r	er/r
385	ㄧ	i/yi	yi	yi
386	ㄧㄚ	ya	ya	ya
387	ㄧㄝ	yeh	ye	ye
388	ㄧㄠ	yao	yau	yao
389	ㄧㄡ	yu	you	you
390	ㄧㄢ	yen	yan	yan
391	ㄧㄣ	yin	yin	yin
392	ㄧㄤ	yang	yang	yang
393	ㄧㄥ	ying	ying	ying
394	ㄨ	wu	wu	wu
395	ㄨㄚ	wa	wa	wa
396	ㄨㄛ	wo	wo	wo
397	ㄨㄞ	wai	wai	wai
398	ㄨㄟ	wei	wei	wei
399	ㄨㄢ	wan	wan	wan
400	ㄨㄣ	wen	wen	wen
401	ㄨㄤ	wang	wang	wang
402	ㄨㄥ	weng	weng	weng
403	ㄩ	yu	yu	yu
404	ㄩㄝ	yueh	ywe	yue
405	ㄩㄢ	yuan	ywan	yuan
406	ㄩㄣ	yun	yun	yun
407	ㄩㄥ	yung	yung	yong

考察汉字的标音历史,中国传统音韵学以譬况、读若、直音和反切来标示,然而前三种方法难以对汉字读音的每个特定因为予以标示,虽然反切已流露出一些"拼音"的端倪,但仅仅依靠反切又不足以将韵头、韵腹、韵尾细细区分,因而整体上缺乏一套能对汉字读音的每个音素加以定位的符号系统。这使得本来就认为汉语难学的西方人更加无措,于是长久以来,在华传教士、外交官以及汉学家们都需要另辟蹊径想办法解决汉字的标音问题,对于他们而言首先想到的就是拉丁字母,如果能够成功为汉字准确标音,则会对西方人学习汉语提供很大的便利。追溯西方尝试以拉丁字母标注汉字发音的过程,首推1605年利玛窦(Matteo Ricci)所做《西字奇迹》以及金尼阁(Nicolas Trigault)的《西儒耳目资》,罗常培认为利玛窦的罗马字注音和金尼阁的《西儒耳目资》在中古音韵学史上和以前守温参照梵文所造的三十六字母,之后李光地《音韵阐微》参照满文所造的"合声"反切,应当具有同等地位。因为他们采用罗马字母分析汉字的音素,使向来被人看成繁难的反切变得简易;用罗马字母标注铭记的字音,使现在对当时的普通音可推知大概;给中国音韵学研究开出一条新路,使当时的音韵学者,如方以智、杨选杞、刘献廷等人受到很大影响。[①] 至19世纪尚有马礼逊的《华英字典》以及麦都思(W. H. Medhurst)的《英汉字典》,他们均采用26个英文字母给汉字注音。以上种种早期阶梯性的实践和准备,为威妥玛的拼音系统的出现以及流传打下了一定的基础。

周有光在《汉字改革概论》一书中指出,威妥玛拼音方案继承了马礼逊方案的一些特点,同时又简化了马礼逊方案的一些写法,威妥玛拼音的最大优点是减少了音符的数量,力求各个音符的一致性并近似英语的发音,从而达到经济、一致的原则。[②] 这在《语言自迩集》的初版序言中也有体现,威妥玛说直到1855年,他反复研究表音法大约已有八年之久,一位中国学者才在广州出版了一个比较接近实际的北京音节表,威妥玛的汉语老师应龙田(Ying Lung Tien)为他编制了一份词汇索引,威妥玛将它简化为按字母顺序排列的一个音节表,最终以北京话音节表(the Peking syllaba-

---

① 罗常培撰《耶稣会士在音韵学上的贡献》,见《中央研究院史语所集刊》第一本,第3部分,1930年,第267~268页。

② 张德鑫撰《威妥玛〈语言自迩集〉与对外汉学教学》,见任继愈主编《国际汉学》第9辑,郑州:大象出版社,2003年,第256~259页。

ry)的名义附于《寻津录》。这份音节表的基础是一部旧版《五方元音》(Wu Fang Yüan Yin),按五个调类(tone divisions)排列,每个调类里再依12声母(initials)和20韵母(finals)的特定顺序归类。[①] 威妥玛的汉语拼音系统经翟理斯在其《华英字典》中的继承、修改以及最后定型,成为后世称为"威翟氏"汉语拼音系统,为在西方汉学界推广和规范地运用这套汉语拼音系统奠定了语言学基础。自20世纪20年代之后,威翟氏汉语拼音系统在西方汉学研究汉语固定用词的罗马拼音翻译方面,逐渐占据主导地位,影响了西方几代汉学研究者。而且正如阙维民教授所言,"即使中国汉语拼音系统将逐渐取代威氏汉字罗马拼音系统,并最终成为汉字罗马拼音的主导系统,但目前威氏汉字罗马拼音系统仍然与汉语拼音系统并行使用着,并有两种拼音系统的索引表可供相互对换。而且,威氏汉字罗马拼音系统的工具作用可能永远无法取消,因为在20世纪问世的西方汉学研究文献中,充满着大量以威氏汉字罗马拼音系统为依据拼写的中国人名和地名,研读和利用这批近代西方汉学文献,非知威氏汉字罗马拼音系统不可,其理与现代学者研读中国历史文献必知古代汉语如出一辙。由此可知,威氏汉字罗马拼音系统在西方汉学界的影响之深之远。"[②]

威妥玛所著《语言自迩集》的第一版出版于1867年,是一部供西方人士学习汉语官话的教材,即当时的北京音。在序言中威妥玛指出,本书的基本功能在于帮助领事馆的学生打好基础,用最少的时间学会中国官话口语以及书面语,不论它是书本上的、公文信件上的,抑或是具有公众性质的文献资料中的官话。本书为三卷本,共计1100余页,主要分为两大部分:口语系列和文件系列。书名中的"自迩集"也许译为"循序渐进的课程"更为妥当,"自迩"源自中国经典《中庸》中的"君子之道,辟如行远,必自迩;辟如登高,必自卑"。就像威妥玛期望的那样,本书的易用性及准确性使它长期以来成为学习北京官话的口语及书面语的唯一的也是最好的教材。

《语言自迩集》既是一部高水平的汉语教材,又是百余年前北京话的精彩实录文献,还是一部以当时北京话为描写对象的语言学专著,对于中

---

① 我只见到1886年第二版的《语言自迩集》,并未见到第一版,此处第一版序言引自张卫东译,威妥玛著,《语言自迩集》,北京大学出版社,2002年,第15页。

② 阙维民撰《剑桥汉学的形成与发展》,见台湾汉学研究中心主编《汉学研究通讯》,台北:汉学研究资料及服务中心,2002年,第21卷第1期,第39~40页。

国语言学史、北京话史和普通话史的研究,具有划时代的意义。《语言自迩集》对汉语语法研究的贡献具有开拓性的意义,[①]由中国人撰写的第一部系统完整的汉语语法专著应该是马建忠于1898所撰之十卷本《马氏文通》,但该书中例句均属文言而非口语,其语法体系也是模仿拉丁文而建立的。至于国人所撰、在中国语言学史上第一部以白话文为语法研究对象的专著,则是黎锦熙出版于1924年的《新著国语文法》。因而,威妥玛的这部《语言自迩集》就成为早于中国人对北京官话口语语法进行研究的首部著作。[②] 实际上在中国语言学史上,这部著作拥有更多的"第一",如第一个把北京话口语作为描写与研究对象,第一个把北京话官话口语作为教学对象,第一次用西文字母给北京话口语标记声韵调及变调、轻声、儿化等各种语流音变现象,第一份北京话口语音节表(音韵配合表,声韵调配合总表),第一次归纳了北京话口语连读变调的部分规律,第一次详尽描述声调对韵母元音的影响,第一次成功地讨论了现代汉语的量词及其语法功能,第一次讨论汉语的词类问题并依据语法功能为汉语做了词类划分,第一个注意到"的"字结构、被动句式等等及其语法功能等等。[③]

《语言自迩集》在对外汉语教学史上也具有重要意义,"是一部世界性和开拓性的对外汉语教材",[④]在日本1879年出版的北京官话课本《亚细亚言语集》即以《语言自迩集》为蓝本;近来在韩国奎章阁也发现了它的一部手抄本,表明此书曾经在朝鲜半岛流传;在欧洲,直到1902年,仍有俄国学者认为关于北京官话口语,威妥玛的课本是最好的。《语言自迩集》广泛使用于英国公使馆和海关部门,与其他同类书相比,它更为有力地传播了北京方言。虽然当时不少人,包括高迪爱更倾向于选择南京方言而不选择使用北京方言,但这部书仍然在详尽介绍汉语知识方面做出了巨大贡献。有人认为给这部1886年由中国海关出资在上海出版的《语言自迩集》

---

① 鉴于此书在中国语言学史上的重要地位和价值,学者张卫东已经将其全书翻译为中文,并于2002年由北京大学出版社出版。

② 张德鑫撰《威妥玛〈语言自迩集〉与对外汉学教学》,见任继愈主编《国际汉学》第9辑,郑州:大象出版社,2003年,第262页。

③ 张卫东译,威妥玛著《语言自迩集》,北京:北京大学出版社,2002年,第2页。

④ 张德鑫撰《威妥玛〈语言自迩集〉与对外汉学教学》,见任继愈主编《国际汉学》第9辑,郑州:大象出版社,2003年,第259页。

刊行新版本是有必要的。[1]

三、翟理斯的汉学生涯及其贡献

翟理斯(Herbert Allen Giles, 1845 - 1935),是19世纪后期20世纪初英国著名汉学家,1845年12月8日出生于英国牛津,是家中第四子,他的父亲约翰·艾伦·翟理斯(John Allen Giles, 1815 - 1884)是19世纪英国最勤于笔耕、最多产的古典学者及民法专家之一,早在翟理斯出生之前就已著作等身。出生于学术气氛如此浓厚的家庭,翟理斯潜移默化从博学多才的父亲那里受到不少影响,在父亲的敦促下,他自小就抄写拉丁文和希腊文,广泛涉猎古希腊罗马神话以及历史书籍,在18岁以前,翟理斯接受的完全是古典式的教育。也正因为如此,翟理斯养成了严谨的学风,为他日后从事汉学研究打下坚实的基础,而且,翟理斯和他父亲在知识广博、下笔勤快以及多产方面也颇为相像。1854年翟理斯就读于牛津基督文法学校(Christ Church Grammar School),寄宿于父亲好友科夫(Corfe)博士家中,翟理斯从小身体就频频出状况,是年9月甚至患上严重的斑疹伤寒,之后其父因为一起违反教规案的误会被判关进牛津堡,1855年6月经坎贝尔爵士四处奔走终于获得皇家特赦。安定下来之后,翟理斯的父亲开始四处想办法希望能让翟理斯进入著名的伦敦查特豪斯公学(Charterhouse)接受教育,后来如愿以偿,翟理斯进入查特豪斯公学学习了四年。考虑到家庭的经济问题以及牛津大学昂贵的学费,翟理斯拒绝了父亲依靠以前在牛津执教时的同事关系得到的接受翟理斯进入牛津大学基督学院的机会。1863年5月6日,时年18岁的翟理斯离开查特豪斯公学,准备参加印度行政参事会(Indian Civil Service)的考试,可惜最终因为突然患病虽勉强去了考场,预料中的没有达到录取分数线。仍然是通过父亲的奔走,翟理斯得到英国外交大臣的推荐,于1867年1月参加了英国外交部中国司(the Chinese Department)的考试,通过这一选拔按规定即可获得进入英国驻华使领馆的资格。2月份成绩公布,在15名考生中翟理斯名列第三,2月2日,翟理斯即被任命为翻译学生,3月20日启程前往中国。

1867年5月,翟理斯作为英国驻华使馆翻译生来到北京,开始学习汉

---

① Thomas Francis Wade, by Henri Cordier T'oung Pao. Nécrologie(讣告)1895 vol. 6. pp. 407 - 412.

语。在威妥玛的《语言自迩集》出版之前,面对完全不会说英语的汉语教师,翟理斯只有马礼逊的那本字典可以帮得上忙,虽然开始的时候很困难,汉语水平提高得很慢,不过在与父亲的通信中,翟理斯提到自己已经捉摸到一些学习汉语的窍门。1868 年,翟理斯被派往天津任助理,在工作之余,仍然坚持汉语学习,他的办法是不死抠语法,通过广泛阅读来提高汉语阅读的能力,在有了一定的中文阅读基础后,翟理斯开始阅读理雅各翻译的《中国经典》系列,以及德庇时翻译的小说《好逑传》、雷慕沙和儒莲翻译的《玉娇梨》,还有其他大量的中国小说英译本。随着汉语能力的逐渐提高,翟理斯已经能在所读书中纠错,甚至可以细细分辨出不同译本的好坏等差异。这一时期广泛阅读和翻译中国文学作品,实际上为以后翟理斯写作《中国文学史》、编撰《华英字典》等对中国语言文字的研究积累了不少知识和素材。

自 1868 年被调至天津领事馆做助理,直至 1893 年辞去领事一职,翟理斯在华期间断断续续 20 余年,其间分别于 1870 年、1875 年、1881 - 1882 年、1883 - 1884 年以及 1888 年先后五次返英休假。在领事馆生涯中,翟理斯曾于 1869 年调任厦门领事馆副领事,1871 年调任天津领事馆代理领事,1883 年任上海领事,1885 年任淡水领事,1891 年任宁波领事。

在离开领事界回到英国之后,翟理斯于 1897 年继威妥玛之后以全票通过担任剑桥大学汉学教授职位,并主持该讲座直至 1932 年,潜心汉学研究 35 年,著作等身。翟理斯的研究范围甚广,包括对汉语的研究、对中国文学作品和文学史的研究和对中国社会宗教文化的研究,并从事文献目录学方面的工作。除去少数是在华期间出版的著作,如《汉言无师自明》(Chinese Without a Teacher,1872)、《语学举隅》(A Dictionary of Colloquial Idioms in the Mandarin Dialec,1873)、《字学举隅》(Synoptical Studies in Chinese Character,1874)、《中国概要》(Chinese Sketches,1876)、翻译《佛国记》(Record of the Buddhistic Kingdoms,1877)、《有关远东问题的参照词汇表》(A Glossary of Reference on subjects connected with the Far East,1878)、《中国文学作品选珍》(Gems of Chinese Literature,1884)、《华英词典》(A Chinese - English dictionary,1891),翟理斯的多数汉学作品是执教剑桥期间出版的,如《剑桥大学图书馆中威妥玛收藏的中文满文书籍目录》(A Catalogue of the Wade Collection of Chinese and Manchu Books in the Library of Cambridge,1898)、《古今诗选》(Chinese poetry in English Verse,1898)、

《中国与中国人》(China and the Chinese,1902)、《中国绘画史论》(An introduction to the History of Chinese Pictorial Art,1905)、《中国古代宗教》(Religions of Ancient China,1905)、《中国的文明》(The Civilization of China,1911)、《中国与满人》(China and the Manchus,1912)、翻译《洗冤录》(Chinese Instructions to Governers,1924)、《中国文学史》(A history of Chinese literature,1923)、《中国笑话书中的妙语》(Quips from a Chinese jest book,1925)、翻译《庄子》(Chuang Tzŭ, mystic, moralist, and social reformer,1926)。而翟理斯最引以为豪的则是《华英字典》的出版,而且在这部作品里,翟理斯对威妥玛的汉语拼音系统进行补充和修订,促进威妥玛拼音系统确切地说是经过改进的威妥玛-翟理斯汉语拼音系统在西方汉学界的推广和应用。

由于翟理斯性格不好,生性好斗,往往兴之所致就会口诛笔伐,对同时代其他汉学家的批评毫不留情,也因此在汉学界树敌甚多,其中包括与庄延龄以及威妥玛的冲突。然而,翟理斯一生毕竟致力于汉学研究,勤于著述,对于英国汉学乃至整个西方汉学界的贡献颇丰,所以种种荣誉也纷至沓来,曾于1897获得阿伯丁大学荣誉法学博士学位,1897和1911年两次获得法兰西学院儒莲奖,1904年当选皇家亚洲文会北华分会名誉会员,1922年获得皇家亚洲文会三年一度的金奖,1923年获中华民国嘉禾章,1924年获牛津大学荣誉文学博士学位,1924年成为法兰西学院海外通讯院士。[①] 虽然翟理斯执教剑桥,他的汉学成就理当属于剑桥大学汉学发展的一部分,但鉴于其汉学研究作品多数出版于19世纪末20世纪初,且充分体现出世纪之交英国汉学研究的特点,符合当时汉学研究的发展趋势,为了行文方便,同时也为了使19世纪英国汉学发展的阶段性勾勒得更为清晰,故对他的汉学成果具体论述将移至下一章讨论。

① "ヂャアイルズ博士小傳",见石田幹之助《欧米に於ける之那研究》,创元社,昭和十七年,第399~406页。John C. Ferguson, Obituary—Dr. Herbert Allen Giles. Journal of the North China Branch of the Royal Asiatic Society, 1935, NS. vol. LXVI, pp. 134~136. 王绍祥撰《西方汉学界的"公敌":英国汉学家翟理斯(1845-1935)研究》博士学位论文,福州:福建师范大学,2004年。

第四章
向现代中国学的过渡期
(19 世纪末至 20 世纪初)

20 世纪的英国汉学与 19 世纪相比,无论在研究内容的倾向性、研究机构的专业化设置等方面都发生了一系列的变化,这些变化并非以世纪之交为分界,在 19 世纪末就已经初现端倪。

第一节　筹备设立伦敦大学东方系

伦敦大学学院曾经设立了英国第一个中文教授讲座,到了 20 世纪,伦敦大学亚非学院(School of Oriental and African Studies,简称 SOAS)逐渐成为英国的东方学中心,[①]而这个中心的筹备建立则始于 19 世纪末 20 世纪初,它为英国汉学家聚在一起进行长期的集体工作创造了最基本的条件。

然而,这并非雷伊爵士(Lord Reay)于 1897 年 12 月在皇家亚洲文会的例会上宣读论文"论在伦敦建立东方系的重要意义"之后,那些为创办此研究院而持续奔走 20 余年的各位参与者们当时的主要动力。雷伊在论文中指出,早在 40 年前穆勒教授就曾经给泰晤士报写信指出,忽视对东方语言的学习是造成印度"叛乱"的因素之一。他认为建立一所东方系是纪念印度女皇——维多利亚女王在位 60 周年最恰当的姿态。皇家亚洲文会在这个问题上的殖民主义立场毫不含糊,1910 年,当一位文会会员写信到泰

① ［日］近藤一成撰《英国的中国学(上)》,见台湾汉学研究中心主编,《汉学研究通讯》,台北:汉学研究资料及服务中心,1993,第 12 卷第 3 期,第 179 页。

晤士报鼓吹政治暗杀尤其是印度人暗杀英国人的时候，虽然事后这位会员极力为自己申辩，表明自己虽然为印度独立服务，但并不敌视文会的基本目标，二者并不冲突，但这并未保住他的文会会员资格，为了表明自己的殖民主义立场，文会最终将此人除名，虽然这种做法与文会历来行事作风并不相符。[①]

1905年，伦敦大学东方语言与文学研究委员会向英国学术院（The British Academy）和皇家亚洲文会（The Royal Asiatic Society）提出建议，主张成立一个单独的东方研究学院。[②] 于是在次年，英国财政部组织了委员会，由雷伊爵士任主席，对这一建议进行调查，调查结果于1909年提交给国会作为在伦敦大学成立东方系（The School of Oriental Studies）[③]的参考，在报告书中雷伊爵士强调"东方学院应对汉学做高深之学术研究，不光是培养商业用之通译人才"，可惜该意见并未得到当时伦敦大学校长的支持，校长认为"只要教授普通学识及语言即可应用"。[④]

经过长时间的讨论，直到1912年才最后定下研究院的章程，从这一段时期产生的一些文献中，我们可以深刻感受到那些负责创办这座研究院的人们的初衷。在1909年提交国会讨论的报告书中，英国财政部委员会毫不隐藏地表明了他们关心的重心为"大家都强烈地感觉到如果英国人要维护和改善他们在东方和远东的通商地位，外语知识是商人和外人洽谈生意中绝不可少的"。结合当时中国的国情，上面这段话的含义可以在报告中的另一席话中得到更明确的答案，"中国的开发，新的通商城市，和该国交往的总体扩展——我指的是海上、江河上以及当今的铁路联系——将自然而然导致和中国百姓的交往，这种交往将比我们光住在并被限制在几个开放的城市里时候所有的交往机会广泛得多。因此，我认为如欲彻底了解我们所居住国的需求——商业上的和工业上的，对该国语言的知识是必不可

① ［加］许美德（Rufh Hayhoe）撰《英国的中国学》，见《中华文化集刊》第三辑，第474～475页。

② 黄长著、孙越生、王祖望主编《欧洲中国学》，北京：社会科学文献出版社，2005年，"英国篇"，第261页。

③ 后更名为伦敦大学亚非学院（School of Oriental and African Studies，简称SOAS）。

④ 陈尧圣撰《英国的汉学研究》，见陶振誉等编《世界各国汉学研究论文集》第一辑，台北：中国文化研究所，1962年，第189页。T. H. Barrett, Singular Listlessness: a short history of Chinese books and British scholars. London: Wellsweep, 1989, p. 84.

少的。所以我对教好汉语予以最大的关注。”①

当英帝国高人一等的文化优越感不复存在,并处于担心自己是否会落后于欧洲诸强的焦虑中时,皇家亚洲文会提请英政府注意,类似的机构在巴黎、柏林和圣彼得堡已经开办很多年了,而英国首都伦敦却不具备这样一个经营东方事务的资源宝库。这种比较的心态转变为有力的武器,促使英政府慌忙发散调查表格到巴黎、柏林、那不勒斯、维也纳等欧洲主要城市,征询有关当地东方系开办的相关经验及数据,并于 1908 年 2 月 6 日至 7 月 7 日召开了长时间详尽的听证会,从英国和欧洲各国东方学者以及具有相关东方经验的人们那里获取了不少意见和建议。②

在所有这些调查的基础上,1912 年通过了一个法案,确定了建立和管理东方系的机构并制定了研究院的章程。学院最终于 1916 年正式建立,翌年开始招生,由于两方意见分歧,在学院的课程设置上发生争论,结果是对商业的广泛关心保障了注重实用的意见占上风,要建立一所既教授现代汉语口语,又从事东方古典文化研究的学院,资金上也还达不到要求。因而,东方系最终延聘的中文教授多数是退休领事馆以及传教士等非专业的学者,其中较为知名的有曾任溥仪英文教师的庄士敦(Sir Reginald Fleming Johnston, 1874 - 1938)。学院的主要研究范围包括近东、印度、马来亚与缅甸、中国与日本、东非与西非等地区和国家的语言,第一任院长为丹尼森·罗斯(Denison Ross)。该学院于 1938 年改称“亚非学院”(School of Oriental and African Studies,简称 SOAS)。

亚非学院在院内设有一所附属图书馆,最初主要藏书是从国王学院并入的,如马礼逊赠与伦敦大学的藏书后来就全部移至亚非学院图书馆,经过不断充实,至 20 世纪 90 年代,伦敦大学亚非学院的中文藏书从数量上讲,与牛津、剑桥也不相上下。馆内所藏书刊中有 11 万余册中文书籍,包括经过电脑检索处理部分在内的 3000 余种定期刊物和报纸,正在出版发行的定期报刊 500 种,除此之外,亚非学院附属图书馆还藏有 1.5 万册用中文以外其他语言写成的有关中国的书籍。

---

① [加]许美德(Rufh Hayhoe)撰《英国的中国学》,见《中华文化集刊》第三辑,第 475 页。
② [加]许美德(Rufh Hayhoe)撰《英国的中国学》,见《中华文化集刊》第三辑,第 476 页。

第二节 汉学研究内容的多样化与细化

英国汉学在向现代中国学的过渡,不仅仅体现在大学专门学院的设立,在研究内容的倾向性上的变化更为明显。

一、大型工具书的编纂

工具书的编撰对于西方汉学研究者也是最为基本的、方便的查阅方式,只是英国早期汉学主要停留在对中文的认识和学习、对中文书籍的翻译整理等等,工具书的编辑远远没有提到日程,而到了19世纪末20世纪初,这项工作已经初有成效。

说起这一时期的大型工具书,我们不得不提的就是库寿龄(Samuel Couling,1859－1922)的《中国百科全书》(The Encyclopaedia Sinica),该书由上海别发洋行出版于1917年。全书包括前言、正文、附录及勘误表,加上前言共计641页。[①] 作者本人也曾在前言中提到,这么本小书却冠了如此的名字似乎有些夸张,不过就内容而言,本书就是一本名副其实的小型百科全书,就连编排方式也是按照一般百科全书的方法,按英文字母顺序排列的,其中必要的部分加上中文的注释,基本采用威妥玛的拼音方案来注音。本书内容丰富,包括人名、地名、朝代、宗教、经济、政治等等各个方面的内容,真正起到了百科全书的功能,而且词条的解释也很丰富。如"元代"词条下甚至列出了元代的历代世系表,包括年代以及年号等等详细的信息,在"经典"词条下也历数了中国的四书五经,并做了细致的说明。虽然内容庞杂,库寿龄对于词条的选择也颇为精当,有一般性的常识,也有当时的社会情况的统计与归纳,大略翻一下就能发现大量的统计数字与整理的表格等等,细节及有用的知识颇多。于是库寿龄此书一出就好评如潮,更使他拿到了1918年度的儒莲奖。事实证明,本书的确如作者所预期的那样,达到了"向外国读者介绍中国,增进东西方的认识与尊重"的目的。[②]

当然提到类似的小型工具书的话,早在1878年,翟理斯就在上海出版

---

① 常常被人提到这部书共633页,是没有记入前言的页数。

② Samuel Couling, The Encyclopaedia Sinica. Shanghai: Kelly & Walsh, Limited, 1917, p. vii.

了《有关远东问题的参照词汇表》(A Glossary of Reference on subjects connected with the Far East),只是这是一本仅有 328 页的小书,仍然按英文字母顺序排列,也在必要时标有中文字符,只是词条的选择基本是有关中国的常识性问题,词条的解释与库寿龄的相比,也简单了许多,但是作为一般普及型的工具书还是足够的。本书的受欢迎程度大致可以从它的重印上看得出来,直至 1900 年别发洋行还在出版本书的第三版。[①]

说到词典类工具书的编撰,虽然一直都有这方面的著作问世,但集大成者当属翟理斯(Herbert Allen Giles, 1845 - 1935)的巨著《华英字典》(A Chinese - English Dictionary),这部字典最初于 1891 年在上海出版,全书共分三卷七个分册,据翟理斯在第二版的前言指出,自字典的第一版出版开始,他就在着手修订的工作,去除重复的部分,又增添了大量新的词汇,直至 20 年之后,1909 年在上海出版了字典修订版的第一分册,至 1912 年修订版全部出版完毕。修订版几个分册问世之后受到学界广泛好评,为此,1911 年法兰西学院第二次将儒莲奖授予翟理斯。当然,由于翟理斯在威妥玛拼音的基础上进行了一定的修订和补充,世称"威妥玛—翟理斯拼音方案"的最终确立也就是体现于这部巨著的出版。因此尽管有些学者对这部词典有些许微词,如辜鸿铭就曾指责字典的词条编排有些杂乱,但是在汉英字典编纂史上,在中国语言学史上,它仍然是一部具有里程碑性质的巨著,对西方的汉学研究做出了重大的贡献。[②]

这时期的英国汉学家不仅自己注意编撰,还对中国固有的工具书也相当重视,如著名汉学家翟理斯的儿子,时在大英图书馆东方部供职的翟林奈(Lionel Giles, 1875 - 1958)于 1911 年在伦敦编辑出版了《〈钦定古今图书集成〉索引》(An Alphabetical Index to the Chinese Encyclopaedia)。这部中国历史上保存下来规模最大的综合性类书得以更方便地被国外汉学家查阅。[③]

---

① Herbert A. Giles, A Glossary of Reference on subjects connected with the Far East. 3rd edition. Shanghai: Kelly & Walsh, Ld, 1900.

② Herbert A. Giles, A Chinese - English dictionary. 2nd ed. London: B. Quaritch; Shanghai: Kelly & Walsh, 1912.

③ Lionel Giles, compiled. An Alphabetical Index to the Chinese Encyclopaedia 钦定古今图书集成. London: Printed by Order of the trustees of the British Museum, 1911.

二、普及性读物的增多

相对于早期英国汉学更注重语言宗教的基础性学习与研究，到了19世纪末20世纪初，由汉学家编著的普及性汉学作品大大增多，内容既有对中国文明的整体描述，也有对中国文学史等内容的宏观论述，当然也有既有的汉语学习作品，只是这些作品的读者群设定都偏向普通大众，而作者则为较专业的汉学家。这与之前商业报告或者旅行者的游记大大不同，是汉学家关注提高普通民众对中国认识的体现。这些作品的普遍特征就是体系庞大但语言简单明了，很多都是以小册子的形式出版的，这时期的英国汉学家中，以翟理斯的此类作品最多，贡献最大。

翟理斯对中国整体性的研究著作如《中国文明史》(The Civilization of China)，本书于1911年在伦敦出版，是Home University Library of Modern Knowledge丛书中的一本，书虽然有256页，但却是只有18cm的小书，在简单的前言中，翟理斯就明确指出这本小书针对的读者是对中国一点都不了解或仅仅有一点点了解的人，希望本书能够吸引他们去做更广更系统的研究。[①] 尽管如此，这部小书还在1919年、1925年和1927年分别再版，可见它的受欢迎程度。类似的小书还有《中国和满人》(China and the Manchus, 1912, 148页, 17cm)、[②]《中国概要》(Chinese Sketches, 1876)[③]等。关于中国语言文学的翻译及著作则有《中国文学作品选珍》(Gems of Chinese Literature, 1884)、[④]《古今诗选》(Chinese poetry in English Verse, 1898)、[⑤]《中国笑话中的妙语》(Quips from a Chinese jest book, 1925)[⑥]等。

语言类的普及作品也有，如波乃耶(James Dyer Ball, 1847－1919)的

---

① Herbert A Giles, The Civilization of China. First published in New York: Henry Holt and co., 1911, p.5.

② Herbert A. Giles, China and the Manchus. Cambridge: Cambridge University Press, 1912.

③ Herbert A. Giles, Chinese Sketches. London: Trübner & Co.; Shanghai: Kelly & Co., 1876.

④ Herbert Allen Giles, Gems of Chinese Literature. Shanghai: Kelly & Walsh, Limited, 1884.

⑤ Herbert A. Giles, Chinese poetry in English Verse. 古今诗选. London: Bernard Quaritch; Shanghai: Kelly & Walsh, Ld, 1898.

⑥ Herbert A Giles, Quips from a Chinese jest book. Shanghai: Kelley & Walsh, 1925.

《粤语易学》(Cantonese made easy,1883)[1],初版于1883年,后来多次再版与修订,1907年出版了第三版,分为前言(三个版本的前言均收入)、粤语简介、课程、语法、附表以及索引部分,共计186页。整体的编排方式十分人性化,针对初学者设计的课程也非常实用,书中的字、词、句子通通标有粤语中文、拉丁字母拼读、英文解释,非常的简单易学。

三、研究内容更加细化

英国汉学在世纪之交渐渐发生的变化中,还包括研究内容的细化,针对某一领域的某些课题已经开始细致深入地探讨,不同于之前综合性概述类的作品。值得一提的如翟理斯的《中国文学史》(History of Chinese Literature,1901)以及《中国绘画史论》(An introduction to the History of Chinese Pictorial Art,1905)。

1901年,伦敦威廉·海涅曼公司(William Heinemann & Co.)计划出版一套丛书《世界文学简史》(Short Histories of the Literatures of the World),主编高斯(Edmund Gosse)邀请翟理斯撰写其中的中国文学史部分,翟理斯欣然应允,因为在过去几十年里,翟理斯一直在阅读和翻译各种体裁的中国文学作品,已经积累了完成这部作品所需要的足够的素材。翟理斯本人在书的前言自豪地宣称,这是首次尝试对中国文学史的梳理,即便是在中国,本书之前也没有过此类作品。[2] 自此,人们在介绍翟理斯的时候往往冠以《中国文学史》的作者之名,可见此书的影响力。不过,根据李明滨的研究,世界第一本中国文学史是1880年由圣彼得堡斯塔秀列维奇印刷所出版的俄国汉学家瓦西里耶夫所著《中国文学史纲要》。[3] 郭延礼经过研究也得出与李明滨同样的结论,即1880年出版的瓦西里耶夫的《中国文学史纲要》为世界上第一部中国文学史。

出版于1901年的这部《中国文学史》,全书按朝代顺序共分为八卷,分

---

① James Dyer Ball, Cantonese made easy: a book of simple sentences in the Cantonese dialect, with free and literal translations, and directions for the rendering of English grammatical forms in Chinese. Third edition. Singapore; Hong Kong; Shanghai; Yokohama: Kelly & Walsh, Ltd., 1907.

② Herbert A. Giles, A history of Chinese literature. New York: Grove Press, 1958. Originally published by D. Appleton and Company, 1923, pp. v ~ vi.

③ 李明滨撰《世界第一部中国文学史的发现》,见《北京大学学报》,2002年第1期,第92～95页。

别为第一卷封建时代,从公元前600年到前200年,主要介绍五经、四书和《楚辞》以及《道德经》;第二卷汉代,从公元前200年到公元200年,主要介绍汉赋的代表人物及作品,接着着重介绍了司马迁的《史记》以及许慎的《说文》,最后论及佛教经典的翻译,其中主要介绍了《法显传》;第三卷是所谓的"小朝代"(大致相当于魏晋南北朝和隋代),从公元200年到600年,主要介绍建安七子、竹林七贤、陶潜、鲍照等人及他们的作品;第四卷介绍唐代的诗歌,从公元600年到900年,着重译介陈子昂、王勃、宋之问、李白、孟浩然、王维、岑参、杜甫、白居易、韩愈、柳宗元等主要诗人的诗作,着重介绍了司空图的诗论,并全文翻译了司空图的《二十四诗品》;第五卷宋代,从公元900年到1200年,选译了欧阳修、苏轼、黄庭坚、王安石等重要作家的作品,注意到理学家邵雍、周敦颐等人的诗作,并选译宋慈的《洗冤录》片断;第六卷主要介绍元代的戏曲和小说,从公元1200年到1368年,主要介绍文天祥及其后的一些诗人,《赵氏孤儿》、《西厢记》等戏剧,《三国演义》、《水浒传》、《西游记》等小说;第七卷明代,从公元1368年到1644年,主要介绍宋濂之后的一些诗人,《金瓶梅》、《玉娇梨》、《今古奇观》、《平山冷燕》等小说,高则诚的《琵琶记》等戏剧,以及《永乐大典》、《本草纲目》、《农政全书》等;第八卷清代,从1644年到1900年,用较大篇幅介绍《聊斋志异》和《红楼梦》,还有《康熙字典》、《佩文韵府》等工具书,《日知录》、《皇清经解》等学术书,《小仓山房尺牍》、《花镜》、《感应篇》、《玉历钞传》等杂书,以及晚清的《申报》和翻译的《天路历程》、《教育论》、《基督山伯爵》、《伊索寓言》,最后还谈到明末清初由揭帖发展起来的中国报刊文学及中国笑话《笑林广记》以及谚语和成语。①

翟理斯的《中国文学史》在向西方读者推广介绍中国文学作品方面具有举足轻重的作用,它第一次以文学史的形式,向英国读者展现了中国文学悠久发展历程的全貌,虽然尚有欠缺,也存在谬误,但还是向英国读者指点与呈现了一个富有东方异国风味的文学长廊,因此是19世纪以来英国译介中国文学的一个重要成果。② 这部作品一问世就在西方世界获得好评如潮,也迅速被译为其他语言出版或者在英国本土再版。在中文世界,

---

① Herbert A. Giles, A history of Chinese literature. New York: Grove Press, 1958. Originally published by D. Appleton and Company, 1923.

② 张弘著《中国文学在英国》,广州:花城出版社,1992年,第83页。

直到30年代,中国文学史家郑振铎才专门撰写一篇文章论翟理斯的《中国文学史》,文中郑振铎毫不留情地对此书提出批评,指出其缺陷主要存在于以下四点:疏漏、滥收、编次非法以及详略不当。至于此书的优点,只是被他一略而过,"Giles这本中国文学史,百孔千疮,可谈处极少。全书中最可注意处:一是能第一次把中国文人向来轻视的小说与戏剧之类列入文学史中;二能注意及佛教对于中国文学的影响。……除了这两种好处以外,Giles此书实毫无可以供我们参考的地方。"①

翟理斯在《中国绘画史论》前言中提到,这是迄今为止用欧洲语言撰写中国绘画史的第一次尝试。② 全书共计179页,基本按中国朝代顺序论述,分为如下篇章:早期、三国时期、唐代、五代、宋代、蒙元时期、明代,接下来是人名的中英文对照表以及勘误表。书中还附有精美的绘画作品,虽然书的篇幅不算太长,却也是首次对这一领域的尝试,颇具开创之功。当然,类似的某一专门领域的课题研究,并不仅仅限于这两部作品,还有很多,前面几章介绍汉学家时已经提到的传统类汉学,如有关中国语言、宗教类的,也有一些接近现代中国学研究重心的中国乡村社会等等的研究内容,从研究内容上就可以明显看到英国汉学正在由传统汉学向现代中国学过渡的萌芽。

四、对中国西部的四次考古探险——斯坦因敦煌盗宝

提到20世纪初的中英学术界,不得不提的一个人物就是斯坦因(Sir Mark Aurel Stein,1862-1943),他是西方来到敦煌盗宝的第一人。斯坦因1862年11月26日出生于匈牙利布达佩斯一个犹太人的家庭,早年在维也纳大学、莱比锡大学和土宾根大学专攻东方学,1883年获得哲学博士学位之后,遂赴英,在伦敦、牛津、剑桥大学从事博士后研究,主攻东方语言学和考古学,先后掌握匈牙利语、德语、希腊语、拉丁语、法语、英语、梵语以及波斯语等等。1886年,时年仅24岁的斯坦因被推荐出任英属印度旁遮普大学注册官和拉合尔东方学院院长双职,1888年到任后,斯坦因就留在英属

① 郑振铎撰《评Giles的中国文学史》,载《郑振铎古典文学论文集》,上海古籍出版社,1984年,第34~35页。

② Herbert A. Giles, An introduction to the History of Chinese Pictorial Art. Shanghai: Kelly & Walsh, 1905, p. v.

印度为英政府效力。他在学生时代就已表现出非凡的才华。25 岁时他独身一人来到印度、克什米尔地区，从此开始探险、测绘和考古事业。他是以一个地理学家为开端，进而成一名世人注目的探险家和考古学家的。从现在看来，他在探险中的发现和考古方面的贡献，要比他在地理方面的贡献大得多。

受英属印度政府之命，斯坦因曾经先后四次到中亚探险，第一次在 1900 年至 1901 年，发掘和田地区、尼雅古代遗址，取得了巨大的成功。写成《去东突厥斯坦从事考古和地形考察的初步报告》、《沙埋和阗废墟记》(Sand - buried Ruins of Khotan)(1903)，旅行记的正式考古报告是《古代和阗》(Ancient Khotan)(两卷，1907)。第二次在 1906 年至 1908 年，除了重访和田和尼雅遗址外，还发掘古楼兰遗址，并深入河西走廊，在敦煌附近长城沿线掘得大量汉简，又走访莫高窟，拍摄洞窟壁画，并利用王道士的无知和贪婪，廉价骗购藏经洞出土敦煌写本 24 箱、绢画和丝织品等 5 箱。斯坦因从敦煌莫高窟骗走的大批敦煌文物一时轰动了整个欧洲。他还著有旅行记《中国沙漠上的废墟》(Ruins of Desert Cathay)(两卷，1912)及正式考古报告《斯坦因西域考古记》(On Ancient Central - Asian Tracks)。第三次在 1913 年至 1916 年，又重访和田、尼雅、楼兰遗址，并再次到敦煌，从王道士手中获得 570 余件敦煌写本，还发掘了黑城子和吐鲁番等地的遗址，考察后写下《亚洲腹地考古记》(1928)和《在中亚的古道上》(1933)，对前两次探险作了简要记述。第四次在 1930 年至 1931 年，由于中华民国政府出台的文物保护法令及其他因素，无功而返。1943 年 10 月，81 岁高龄的斯坦因在阿富汗进行探险考古时因着凉发展为支气管炎，最后中风而亡，死在考察的路上。他的遗体就近安葬于喀布尔的基督教墓地。

斯坦因本人除上述考古报告和旅行记之外，还编著《千佛洞：中国西部边境敦煌石窟寺所获之古代佛教绘画》(The Thousand Buddhas)(1921)一书。由于他在探险中有着惊人的发现，并获取大量珍贵资料，深受英国政府赞赏，被英女王授予爵士勋号，牛津和剑桥大学赠以名誉博士学位，并被接受为维多利亚女王的臣民。①

由于斯坦因的探险受印度政府的资助，双方事先就成果的分配有了约

① 斯坦因的详细论著目录参见《东洋学报》第 33 卷第 1 号，生平事迹参见米尔斯基(Jeannette Mirsky)所著《考古探险家斯坦因爵士传》(1977)。

定。因此,四次中亚探险中斯坦因所获的敦煌等地出土文物和文献就分藏在印度和英国,其中部分文书在大英图书馆(British Library)、印度事务部图书馆(India Office Library),绘画藏在大英博物馆(British Museum),以及印度德里中亚古物博物馆(今新德里的印度国立博物馆)。主要入藏大英博物馆和印度事务部图书馆藏品由各科专家编目、研究,后来学者们据此发表大量的研究成果。

敦煌文献的被盗并运至英印,对斯坦因个人、对英国和印度政府及其学术界都未尝不是一件好事,但对于中国而言,则是中国近代学术文化史上的最大损失。甚至于中国学者需要这部分资料进行敦煌学研究都要到英国去查阅资料,想来很是讽刺。对此,陈寅恪先生曾悲愤地说:"敦煌者,吾国学术之伤心史也!"

第三节 中国学者视野下的英国汉学

一、中国学者看西方汉学

中国学者对西方汉学的重视度一直不高,而且很多年内对待西方汉学以及汉学家的观点都很少发生变化。我们来看这位20世纪30年代中国学者梁绳袆对西方汉学的分析,根据他的总结,他认为外国汉学研究的优点共有如下几点:

第一,采用科学实证法。"吾国往昔学者之考订故实、大率求证于古籍、而折衷于经义。其立论则焦劳于心者多、实验于目者少。乏进化之观念、少分析之能力。甚或以谶纬解经、以小说证史。谬悠相承、代有其人。……西人之治汉学也异是。其考汉代之尺度也、验之于发掘之古尺与古缣。(注十)考汉代之里程也、据汉书所记各地名之今日位置、而实测其距离。平均归纳而知汉代一里均四百米。……皆所谓以目治以手治、而不徒恃乎书册。其一部结论之精与确、非偶然也。"①

第二,发达的辅助科学。"今日学术之分科虽细、而其相互之关涉亦多。博大精深、缺一不可。汉学研究须他种学科相助益彰者甚多。求史料

① 梁绳袆撰《外国汉学研究论》,见《国学丛刊》第三册,民国三十年,第31页。

于地下、须有地质考古之知识。治边疆之史地、须以中国典籍与安南、日本、朝鲜、满蒙藏乃至粟特、唐居、突厥、西夏之古文字典籍相印证。言佛教之东来、须兼读印度梵籍、与中亚古文。考元初历史、须远证伊尔汗波斯史家之著述。他如南海交通、盗屠广府、有何剌伯人之记事。蒙古驿制、和林盛况、见罗马使节之报告。守一经固不能通一经、而尽汉籍亦不足以明汉史。"①

第三,保存搜集特殊资料。"敦煌古卷、散在英法。殷墟甲骨、并见日英。昭陵石刻、远输费府近代名画、早渡伦敦。大典残本、分存于七国。流沙坠简、多储于英都。资料所在、学术以兴。……资料搜集、为学问之始而非其成。然文献无征、宣尼兴叹。孤本神物、随舶西东。乃外国汉学者之大利、而中国国学者之不幸也。"②

第四,注意冷僻资料。"中国学者自昔侧重经史、而忽略杂书。以治史言、喜究朝章国故、而忽视民间生活。至于四夷会同、海外贸易、宗教变迁、奇技淫巧、则鄙不足道焉。外人之治汉学者则一反其道。盖欧人治史自西而东、由埃及、波斯、印度、中亚而及中国。日人治史自东而西、由朝鲜满蒙而及大陆。其注意于边疆者较内地为先。故正史之四夷传、文献通考之蛮夷考、反视为重要资料焉。玄奘慧超丘处机之游记、张骞王玄策郑和之业绩、皆详为考订。大唐景教碑之发现、耸动欧人、以宗教史为西人所重也。"③

第五,公开合作精神。"国人治学多冥心孤索、耻言求助于人。硕学畸士、欲以其著述期知己于后世、而不愿以干当代公卿。忍资料之缺乏、受社会之冷遇、而不以为异。即或求助友生、多为研究方法范围之相近者。奖借之益、多于切磋。精神之交、过于物质。外人之风气异是。研究题目与计划、多先刊布。社会之协助学者、不必待其成名。治学之需要资助、人皆视为固然。斯坦因(Aurel Stein)为匈牙利人、其考古中亚、得印度政府之资遣。克拉布罗特为德意志籍、其研究满蒙、得俄人之奖励。"④

第六,确立研究机构。"大学乃补充知识、训练研究能力、知识研究方

① 梁绳祎撰《外国汉学研究论》,载《国学丛刊》第三册,民国三十年,第31~32页。
② 梁绳祎撰《外国汉学研究论》,载《国学丛刊》第三册,民国三十年,第32~33页。
③ 梁绳祎撰《外国汉学研究论》,载《国学丛刊》第三册,民国三十年,第33页。
④ 梁绳祎撰《外国汉学研究论》,载《国学丛刊》第三册,民国三十年,第33~34页。

法之机关。欲求学术之进步、必有专设之研究机关。各国之学士院为国家学术代表机关。法德日本等国学士院中均有汉学大师任委员。其专究汉学之机关、如法于巴黎大学有汉学研究所、于河内有远东研究院。……各国在华之基督教会及学校、星罗棋布、亦多搜罗典籍、资助教士之中国研究。研究人员于大学卒业后、始择定范围、追随名师、从事与资料之搜集与论定。依其需要、或借助他山、或远游海外。集中精力、从容奋勉、以期有所成就。学术研究多与职业合而为一、终身以之。社会承认其价值、国家保障其生活、个人自信其贡献。非如吾国过去只一律视为个人消遣、听其自生自灭也。"①

第七,便利的印刷出版条件。"印刷事业、关系与文化进步极大、而汉学之研究尤然。古书之复制、古艺术品之影写、皆需较高之技术。且费至钜而不能取偿于市场。专门书报学术价值虽高、而社会之流行实难。……一般书肆亦不以书籍之插入图版、视为畏事。汉学刊物之能如期刊行、多由学术研究机关主持、脱离盈利主义之故。"②

以上种种,这位先生对西方汉学的优势作了充分肯定,着实道出了西方汉学的核心优点所在,也是可以为中国学界所吸收的经验。同时,他也指出了西方汉学的缺点,具体如下:

第一,博雅之难。主要来源于西方学者获得中文文献的困难,以及语言文化理解上的障碍,尤其对于音韵的欣赏非常不利。第二,用力至僻。因为缺乏中国传统观念,西方人的汉学研究对象的选择以及范围的决定多是凭主观感情偶然决定的,正所谓"采燕石而转遗美玉、察毫末而不见邱山。虽在贤者、多不能免焉。"③第三,环境见闻之蔽。"外人生活于全然别异之环境。以汉籍之部分知识、或在华之一时见闻、刺激。欲论定千古、常如隔雾看花、难求其情真理得。以欧洲之封建制度而想象中国、执中古之基督权威以拟议孔子、自属异趣。或更乱于一时之恩怨、动于内政外交之期冀。政谈与学术交流、史实与理想混淆。执偶然之相似为因袭、湮彰明之史迹以尊国体。如此之类、殆亦不乏。"④第四,与中国学者之隔离。第

① 梁绳祎撰《外国汉学研究论》,载《国学丛刊》第三册,民国三十年,第34页。
② 梁绳祎撰《外国汉学研究论》,载《国学丛刊》第三册,民国三十年,第35页。
③ 梁绳祎撰《外国汉学研究论》,载《国学丛刊》第三册,民国三十年,第36页。
④ 梁绳祎撰《外国汉学研究论》,载《国学丛刊》第三册,民国三十年,第37页。

五，俗务之累。

应该说这些缺点中不少至今都还是西方汉学被中国学者所诟病之处，如源于语言文化上的障碍对中文文献的理解仍然是每位西方汉学家必然面临的首要问题，只是随着世界政治格局的变化以及中国改革开放之后国内环境的改变，中西学术界之间的交流日渐增多，又是一番新气象了。

二、中国学者眼中的 19 世纪英国汉学

中国学者对 19 世纪英国汉学也已经存在一些分析，根据陈尧圣先生的论文，总结出自 19 世纪上叶至 20 世纪 30 年代，英国汉学研究之进展甚为迟缓，各大学之汉文系形同点缀的原因如下：

（一）英国最初对中国文化并不重视，只注意语言训练培养商业上之通译人才，故一切课程简单而无学术上的研究计划与设备。（二）英国大学由于印度近东等国家与英国关系密切，所以以研究希腊罗马文化之方式及态度来研究近东文化，对中国文化则加蔑视，故汉学系课程内容甚为简单，且不准汉学生念荣誉学士学位。（三）担任汉学教授的师资太差，过去多半为退休领事官及传教士，他们对于汉学，原无深奥修养，亦乏教学经验，自不能指导及奖掖学生培养优秀汉学人才，即有少数知名之士因不受学校当局之重视，缺乏图书设备及研究工具如字典之类，故亦不能进一步作高深之研究，致使整个汉学水准无法提高。（四）英国外交部直接派使领人员到北京去学习华语之结果，给予一般英人一种错误观念，即认为中文及华语只有到中国去才学得好，英国政府并不鼓励学生在英国作高深之汉学研究。（五）政府后来虽知研究汉学之重要，但对经费之筹措则不大热心，而学校当局因无充裕之经费，致教授待遇及图书设备均甚差，甚至须赖英商之捐助始能维持，此亦阻碍汉学研究进展一重要因素。①

陈尧圣的总结基本正确，如对于英国对中国研究的忽视态度显然是建立在英国对华整体政策以及英国实用主义基础上的。而传统的大学里的观念尤其在英国汉学初初进入英国高等教育殿堂，与传统教育观念相碰撞之时，体现得更为明显。但陈的观点中有几条有待商榷，如师资的问题，虽然师资的来源的确并非专业的汉学家，但像他所说师资的教师水平普遍偏

① 陈尧圣撰《英国的汉学研究》，见陶振誉等编《世界各国汉学研究论文集》第一辑，台北：中国文化研究所，1962 年，第 186 ~ 190 页。

低,主要集中发生在英国汉学刚刚在高等学校设立汉学教授职位之时,到了 19 世纪末 20 世纪初,这种状况则由理雅各、威妥玛和翟理思的任职有一定的改善。至于外交部派遣使领人员来华学习汉语导致一般英国人认为中文只有到中国才能学好,这种观念恐怕来自苏谋斯教导外交部人员中文方言,而到了中国北京则需要面对北京话,因而在英国所学全部无用所致,其实这是由于当时对中国官话界定的转变而造成的误解。

这些欠妥之处,也是陈先生对于 19 世纪英国汉学尚有待进一步了解的表现。只是中国学界对西方汉学家的偏见至今仍存,迄今对西方汉学的了解都十分的有限,这对于学术资源的共享并无益处。如今世界一体化的趋势逐渐增强,又有着便利的语言、通讯、交通等工具,完全可以借助很多方式充分了解西方汉学的研究成果,既可以为中国学人的学术研究提供新的思考角度,亦可以充分利用世界汉学研究的成果,避免不必要的重复劳动。

结论

一、19世纪英国汉学学院化的历程

纵览19世纪英国汉学，整体而言是从最早的传教士外交官等业余汉学家到拥有专门研究队伍、研究机构、设立中文教授职位，甚至开始在大学里拥有专门的院系，逐步走向专业化、学院化的历程。这一时期，外交官汉学家的代表人物如斯当东、威妥玛，传教士汉学家的代表如伟烈亚力、艾约瑟、理雅各等，这些力量在中国及英国本土逐渐积累，渐渐开始设立专门的研究机构亚洲文会、出版专门的研究刊物亚洲文会会刊等，以至于在大学成立中文教授，设立讲座职位，最后设立专门研究东方的学院，这些专业的学院又进一步培养了中国研究的新生力量。虽然基于较多的商业考量，这些人员中不少是为了中英贸易而学习中文或者了解中国的，但其中毕竟开始有学者走向深入的汉学研究，也有海外的学者在英国大学学习汉学，回到本国开始另一种类型的汉学研究，研究重心和方法都开始发生转移（这里主要指美国中国学等现代中国学的研究特征），这些重要的现象和转变都集中在19世纪至20世纪初。从这些轨迹中我们可以看到19世纪英国汉学的发展历程，以此为线索，大概也会对英国汉学家的师承源流等关系看得比较明白。

二、英国汉学研究的阶段性特征

任何学科的发展都有一定的自然进程，英国汉学也是如此，19世纪的英国汉学大致上可以分为三大阶段，草创与发展期（19世纪上半期）、学院化及其繁荣期（19世纪中后期）以及向现代中国学过渡的时期（19世纪末20世纪初）。

每个时期各有其特点，但又不可以截然分开，大致总结如下：

首先，从学习汉语开始，继而编纂词典、创制罗马化拼音法。毕竟语言是一切研究的基础，每个国家的汉学史都是如此，英国汉学也不例外。其中做出重要贡献的有马礼逊、艾约瑟、威妥玛、翟理斯等人的汉语学习著作以及英汉汉英字典的编辑，当然还有“威妥玛—翟理斯拼音”统一学界用拉丁字母拼读中文的方法，这对世界汉学界都是一项重大贡献，在中国沿用的时间也相当长，影响深远。

其次，早期汉学作品主要是在描绘中国，而非学术性研究。所有英国籍作者的著作虽然数量颇大，但质量良莠不齐，作者身份更为混乱，且互为交叠，有传教士、商人、外交人员、旅行者、学者，还有海员，其中相当多的是游记、地理性描述、商务报告、传教工作汇报，但缺乏学术性，当然这又与西方史学的发展历程紧密相关，如果我们把这个过程放在英国学术史中看的话。然而不可否认，描绘恰恰是学术性研究的基础，没有基本的描绘又怎能使人了解，又何来研究的文本资料，这些最基本的奠基工作的重要性自不待言，这些对中国的种种描绘也勾勒了一幅19世纪中国的新形象，同时也成为19世纪上半期英国汉学的特征之一。而在19世纪中期，传教士汉学与专业汉学研究并存，此为短暂的过渡期，分界也不太明显。

再者，到了19世纪下半期，向后延伸到20世纪初，我们就渐渐看到专业化的英国汉学轮廓越来越明显，专业的学院、专业的机构、专门的研究队伍，这在19世纪上半叶根本是无法想象。而在研究内容上面也逐渐可以窥到向现代中国学过渡的迹象。

三、在汉学史上的地位

要说19世纪英国汉学贡献最多的，恐怕是在中国经典的翻译研究、文献目录学以及汉语研究方面。提到19世纪英国汉学就必须提到理雅各翻译的中国经典系列，其在国际汉学界的口碑使得它的价值至今未减。文献目录学方面则主要是基于英国对于中国文献的丰富收藏，在管理和运用时提出的自然需求，加上出色的汉学家辛苦整理编辑，这些文献目录学作品也就继而成为为国际汉学界同仁服务的良好工具。提到汉语研究，就不得不提到艾约瑟对于汉语语法以及若干方言的研究，他的研究成果在国际汉学界这一领域内都是屈指可数的。

而相对于国际汉学界，不重视学术传承的传统风气对英国汉学发展的负面作用不小，这些导致19世纪英国汉学史上不乏佼佼者，但似乎并未形成学派。其特点之一便是研究者及研究阵地各自为战，较为分散零布，其影响也就因而十分有限。同时,英国当时的学术传统和风气也是造成这种分散局面的原因之一。甚至到了费正清到英国学习时,也并未得到那位著名汉学家传授其学术传统,而是命费正清自己去自学。这种不重视学术传承的传统风气对英国汉学在国际汉学界的负面影响着实不小,而且持续时间相当长。

总体而言,19世纪英国汉学在英国汉学史上是一个起步的阶段,也是传统汉学研究的主要阶段,至20世纪中期,部分学校的东方研究学院或机构开始向现代中国学转型,但传统汉学的研究方法仍然保存,构成英国汉学不同风格中的其中之一。在本书之后的阶段,也就是20世纪的英国汉学更是蓬勃发展,汉学作品更加丰富多姿、更加深入细化,英国汉学家与中国以及与世界各地汉学家的交流也逐渐增多,与19世纪的气象完全不同,是更值得深入探讨的课题。

附录

附录一 19世纪英国各大学延聘中文教师及教授一览表

所设学院	任职时间	中文教师或教授
伦敦东方语言学校 London Oriental Institution	1825 - 1828	马礼逊 Robert Morrison
伦敦大学学院 University College, London	1837 - 1842	基德 Samuel Kidd
	1860 - 1861	齐玉堂 Che Juitang
	1873 - 1876	H. F. Holt
	1877 - 1889	毕尔 Samuel Beal
伦敦国王学院 Kings College, London	1845 - 1852	James. Fearon
	1852 - 1872	苏谋斯 James Summers
	1873 - 1905	道格斯 Robert Kennaway Douglas
牛津大学 Oxford University	1875 - 1897	理雅各 James Legge
	1899 - 1915	布勒克 T. L. Bullock
	1920 - 1935	苏惠廉 W. E. Soothill
剑桥大学 Cambridge University	1888 - 1895	威妥玛 T. F. Wade
	1897 - 1932	翟理斯 H. A. Giles
曼彻斯特维多利亚大学 Victoria University, Manchester	1901 - 1926	庄延龄 Edward Harper Parker
伦敦大学东方学院(SOAS前身) School of Oriental Studies	1917 - 1938	庄士敦 Johnston

注:据陈尧圣《英国的汉学研究》及其他资料编制。

附录二　19世纪英国汉学家著述及大事年表①

［1］1810，斯当东（Sir George Thomas Staunton），翻译《大清律例》（The Penal Code of China）

［2］1812，马礼逊（Robert Morrison），完成《通用汉言之法》（A Grammar of the Chinese Language）（1815年出版）

［3］1814，马礼逊，编成《华英字典》（A Dictionary of the Chinese Language）（六卷本，1815－1823出版）

［4］1821，斯当东，翻译图理琛的《异域录》（Narrative of the Chinese Embassy to the Khan of the Tourgouth Tartars，in the years 1712，13，14，and 15. London：John Murray）

［5］1822，德庇时（John Francis Davis），翻译《中国小说选》（Chinese novels：translated from the originals：to which are added proverbs and moral maxims，collected from their classical books and other sources：the whole prefaced by observations on the language and literature of China. London：John Murray，Albemarle Street）

［6］1822，斯当东，《中国与中英商业关系杂评》（Miscellaneous Notices Relating to China and our Commercial Intercourse with that Country）

［7］1823，德庇时，编辑《中国道德格言》（Hien wun shoo. Chinese moral maxims，with a free and verbal translation；affording examples of the grammatical structure of the language. London：John Murray）

［8］1823，马礼逊，回英国一次，带去大批汉文书籍，后来这些书籍由其家人捐赠给伦敦大学学院UCL（University College London）

［9］1823，斯当东，与科尔布鲁克（H. T. Colebrooke）共同创立亚洲文会（The Royal Asiatic Society），并捐赠中文书籍三千卷

［10］1824，马礼逊，被选为英国皇家学会会员

［11］1824，斯当东，《阿美士德勋爵使华记》（Notes of Proceedings and Occurrences during the British Embassy to Pekin in 1816）

［12］1827，马礼逊，翻译《公告》（Singular proclamation，issued by the Foo－yuen，or Sub－Viceroy，of Canton，December 28，1822. Translated from the Chinese by the Rev. Dr. Morrison. Communicated by Sir George Thomas Staunton，Bart. Transactions of Royal Asiatic Society，1827，vol. I，pp. 44～48）

［13］1827，德庇时，《汉语字符书写艺术》（Eugraphia Sinensis；or，the art of writing the Chinese character with correctness：contained in Ninety－two Rules and Examples.

---

① 此著述目录在本人见到的版本基础上，另参考高迪爱（Henri Cordier）的《西人论中国书目》（Bibliotheca Sinica）等书目补充完善。

To which are prefixed, some observations on the Chinese writing. Transactions of the Royal Asiatic Society, 1827, vol. I, pp. 304 ~312)

[14] 1827, 德庇时,《有关中文的论文集》(Memoir concerning the Chinese. Transactions of the Royal Asiatic Society, 1827, vol. I, pp. 1 ~18)

[15] 1828, 马礼逊,《广东省土话字汇》(A Vocabulary of the Canton Dialect. London: Ganesha Publishing Ltd)

[16] 1830, 德庇时,《汉文诗解》(On the Poetry of the Chinese. Transactions of the Royal Asiatic Society, 1830, vol. II, pp. 393 ~461)

[17] 1832, 麦都思(W. H. Medhurst),《书讯:英日日英词典》(Literary Notices - An English and Japanese, and Japanese and English Vocabulary; by W. H. Medhurst. Chinese Repository, 1832, vol. I, pp. 109 ~110)

[18] 1832, 麦都思,《汉语福建方言词典》(A dictionary of the Hok - këèn dialect of the Chinese language, according to the reading and colloquial idioms, containing about 12, 000 characters. Chinese Repository, 1832,1837, vol. VI, pp. 142 ~143)

[19] 1833, 斯当东,《书评:马戛尔尼访华》(Review - Macartney's embassy to China. Chinese Repository, 1833, vol. ii, pp. 337 ~350)

[20] 1834,《中国宗教现状》(The state religion of China. Chinese Repository, 1834, vol. III, pp. 49 ~53)

[21] 1834,《讣告:马礼逊》(Obituary notice of the Reverend Doctor Morrison, with a brief view of his life and labors. Chinese Repository, 1834 -35, vol. III, pp. 176 ~184)

[22] 1835,斯当东 ,《英中关系及交往评论》(Remarks on British relations and intercourse with China. Chinese Repository, 1835, vol. III, pp. 406 ~409)

[23] 1836, 德庇时, 书评《中国人:中华帝国及其居民概述》(Literary Notices - The Chinese, a general description of the empire of China and its inhabitants, by John Francis Davis. Chinese Repository, 1836, vol. V, p. 280)

[24] 1836,《马礼逊词典中的汉字拼写体系》(System of Orthography for Chinese words - that of Morrison's dictionary imperfect. Chinese Repository, 1836, vol. V, pp. 22 ~29)

[25] 1836,《组建"马礼逊教育会"相关会议记录》(Proceedings relative to the formation of the Morrison Education Society; including the Constitution, names of the Trustees and members, with remarks explanatory of the object, of the Institution. Chinese Repository, 1836, vol. V, pp. 373 ~381)

[26] 1836, 斯当东,《英中关系评议及改善方案》(Remarks on the British Relations with China and the Proposed Plan for Improving them, 1836)

[27] 1837, 伦敦大学学院汉学讲座初设立, 基德(Samuel Kidds)任第一任汉语

教师

[28] 1837，马礼逊教育会，《马礼逊教育会的首次年度报告》(Morrison Education Society. First annual report of the Morrison Education Society. Chinese Repository, 1837, vol. VI, pp. 229 ~ 244)

[29] 1837，《已故马礼逊在华宗教使命》(The late Dr. Morrison. Christian missions in China. Chinese Repository, 1837, vol. VI, pp. 49 ~ 54)

[30] 1838，《评现存学习汉语工具》(Review of the facilities existing for the study of the Chinese language, especially as regards England and America. Chinese Repository, 1838, vol. VII, pp. 113 ~ 121)

[31] 1838，麦都思，《中国：目前状况及其展望》(China: its state and prospect, with especial reference to the spread of the gospel: containing allusions to the antiquity, extent, population, civilization, literature, and religion of the Chinese. Chinese Repository, 1838, 1840, 1973, vol. IX, pp. 74 ~ 81)

[32] 1839，德庇时，《滥用鸦片》(Abuse of opium: opinions on the subject given by one long resident in China, W. Howitt, Mr. Bruce, and the Calcutta Courier, Mr. Davis, and sir Stamford Raffles. Chinese Repository, 1839, vol. VIII, pp. 506 ~ 515)

[33] 1840，德庇时，《略论汉语语法》(Notes on Chinese Grammar. About Mr. Davis. Chinese Repository, 1840, vol. IX, pp. 518 ~ 530)

[34] 1840，马礼逊，《清政府对待尊敬的东印度公司雇员的行为有感》(Thoughts on the conduct of the Chinese government toward the Honorable E. I. Company's servants at Canton. Chinese Repository, 1840, vol. VIII, pp. 615 ~ 619)

[35] 1841，德庇时，《中国闻见录》(Sketches of China. Partly during an Inland Journey of Four Months between Peking, Nanking and Canton with Notices and Observations relative to the Present War, 2 vols)

[36] 1841，《马礼逊的生平与事迹》(A. Morrison. Comp. Memoirs of the life and labors of Robert Morrison. Chinese Repository, 1841, vol. X, pp. 25 ~ 37)

[37] 1842，德庇时，《评1832 - 1841十年间公众事件》(Review of Public Occurrences During the Last Ten Years, from 1832 to 1841 - Mr. Davis. Chinese Repository, 1842, vol. XI, pp. 75 ~ 81)

[38] 1843，理雅各(James Legge)，《绣像正德皇游江南·序言》(prefaced. The Rambles of the Emperor Ching Tih in Keang Nan. translated by Tkin Shen. In two volumes. Vol. I. London: Paternoster - row, 1843)

[39] 1843，麦都思，《汉英词典》(Chinese and English Dictionary; containing all the words in the Chinese imperial dictionary, arranged according to the radicals. Chinese Repository, 1843, vol. XII, pp. 496 ~ 500)

[40] 1844,《时事报道:香港总督德庇时》(Journal of Occurrences – John F. Davis, governor of Hongkong. Chinese Repository, 1844, vol. XIII, p. 266)

[41] 1844,《总督德庇时参观北方港口》(Journal of Occurrences – Gov. Davis visits the northern ports. Chinese Repository, 1844, vol. XIII, pp. 447 ~ 448)

[42] 1844,《时事报道:总督德庇时从北方港口归来》(Journal of Occurrences – return of his excellency, governor Davis, from the northern ports. Chinese Repository, 1844, vol. XIII, pp. 559 ~ 560)

[43] 1844,《马礼逊教育会第六次年度报告》(The sixth Annual Report of the Morrison Education Society. Chinese Repository, 1844, vol. XIII, pp. 619 ~ 641)

[44] 1845,伦敦国王学院汉学教授初设立,James Fearon 为第一任教师

[45] 1845,《马礼逊的中国记忆》(Chinese Reminiscences, compiled from notes made by the late Dr. Morrison, in the year 1826 – 27. Chinese Repository, 1845, vol. XIV, pp. 156 ~ 171)

[46] 1846,《马礼逊墓碑上的铭文》(Epitaphs on the graves of the Rev. Robert Morrison. Chinese Repository, 1846, vol. XV, pp. 104 ~ 108)

[47] 1846,《时事报道:马礼逊基金》(Journal of Occurrences – Morrison fund. Chinese Repository, 1846, vol. XV, pp. 55 ~ 56)

[48] 1846, 麦都思,《书经》(即《尚书》)(The Shoo King, or The historical classics, being the most ancient authentic record of the annals of the Chinese empire. Shanghai: Printed at the Mission Press)

[49] 1847, 马礼逊,《讣告:米怜》(Biography and Obituary – Mrs Dr. Milne. Chinese Repository, 1847, vol. XVI, pp. 168 ~ 179)

[50] 1847, 麦都思,《英汉词典》(English and Chinese dictionary. Vol. 1 – 2. Shanghai: Printed at the Mission Press, 1847 – 1848)

[51] 1847, 密迪乐(Thomas Taylor Meadows),《关于中国政府、人民及汉语杂录》(Desultory Notes on the Government and People of China and on the Chinese Language)

[52] 1848, 麦都思,《关于中国宗教的讨论》(A Dissertation on the Theology of the Chinese, with a view to the elucidation of the most appropriate term for expressing the Deity in the Chinese language. Chinese Repository, 1848, vol. XVII, pp. 414 ~ 416)

[53] 1849,《中国相关著述目录》(List of Works upon China, principally in the English and French languages. Chinese Repository, 1849, NS. vol. XVIII, pp. 402 ~ 444)

[54] 1850, 麦都思,《上海及其近郊概述》(General Description of Shanghai and its Environs, Extracted from Native Authorities)

[55] 1850, 斯当东,《对华商务观察报告》(Observations on our Chinese Commerce)

[56] 1852,苏谋斯(James Summers), 担任伦敦国王学院汉学教授

[57] 1852，德庇时，《交战时期及媾和以来的中国》(China, during the War and since the Peace)

[58] 1852，理雅各，《中国人关于神鬼的概念》(Notions of the Chinese concerning God and Spirits: with an examination of the defense of an essay, on the proper rendering of the words Elohim and Theos, into the Chinese language. Hong Kong: Hong Kong Register Office)

[59] 1853，艾约瑟(Joseph Edkins)，《上海方言语法》(A grammar of colloquial Chinese, as exhibited in the Shanghai dialect, Shanghai)

[60] 1856，艾约瑟，《评译自梵文的汉语佛教文献》(Notices of Chinese Buddhist Works translated from the Sanskrit. Journal of Royal Asiatic Society, 1856, OS. vol. XVI, pp. 316 ~ 339)

[61] 1856，密迪乐，《中国人及其叛乱》(The Chinese and their Rebellions, viewed in Connection with their National Philosophy, Ethics, Legislation and Administration)

[62] 1856，斯当东，《多马斯当东回忆录》(Memoirs of the Chief Incidents of the Public Life of the Sir George Thomas Staunton, Bart)

[63] 1857，艾约瑟，《官话语法》(A grammar of the Chinese colloquial language, commonly called the Mandarin dialect, Shanghai)

[64] 1858，艾约瑟，《壹输卢迦论(附中文)》(A Buddhist Shastra, translated from the Chinese: with an analysis and notes. The Shanghai Literary and Scientific Society, 1858, OS. vol. I. No. 1, pp. 107 ~ 128)

[65] 1858，艾约瑟，《孟子其人其著》(Notices of the Character and Writings of Meh Tsï. The Shanghai Literary and Scientific Society, 1858, OS. vol. I. No. 2, pp. 165 ~ 169)

[66] 1858，艾约瑟，《现代形态的道家神话概述》(A Sketch of the Tauist Mythology in its Modern Form. The Shanghai Literary and Scientific Society, 1858, OS. vol. I. No. 3, pp. 309 ~ 314)

[67] 1859，艾约瑟，《中国的宗教状况》(The religious condition of the Chinese, London)

[68] 1859，威妥玛(Thomas Francis Wade)，《寻津录》(Book of Experiments)

[69] 1860，艾约瑟，《论长江的古代河口》(On the ancient mouths of the Yangtsï Kiang. Journal of the North China Branch of the Royal Asiatic Society, 1860, OS. vol. II, pp. 77 ~ 84)

[70] 1860，艾约瑟，《孔子生平》(A Sketch of the Life of Confucius. Journal of the North China Branch of the Royal Asiatic Society, 1860, OS. vol. II. No. 1, pp. 1 ~ 19)

[71] 1860，杨格非(Griffith John)，《中国人的道德规范》(The Ethics of the Chi-

nese, with special reference to the doctrines of human nature and sin. Journal of the North China Branch of the Royal Asiatic Society, 1860, OS. vol. II. No. 1, pp. 20 ~ 44)

[72] 1861至1886年，理雅各，致力于翻译出版《中国经典》(The Chinese Classics: with a translation, critical and exegetical notes, prolegomena, and copious indexes. In seven volumes. Vol. III Part 2. The fifth part of the Shoo King. Or the Books of Chow: and the indexes. First published in Hong Kong: The London Missionary Society's Printing Office, 1865. Reprinted in Peking: Wen Tien Ko, 1940)

[73] 1862，艾约瑟，《汉语口语进阶》(Progressive Lessons in the Chinese Spoken Language)

[74] 1863，麦华陀(Walter Henry Medhurst)，修订其父麦都思的《汉语对话、提问与常用句》(Chinese dialogues, questions, and familiar sentences, literally rendered into English, with a view to promote commercial intercourse, and to assist beginners in the language. rev. by his son. Shanghai: the London Mission Press)

[75] 1865，艾约瑟，《走访蒙古农民》(A Visit to the Agricultural Mongols. Journal of the North China Branch of the Royal Asiatic Society, 1865, NS. vol. II, pp. 91 ~ 101)

[76] 1865，德庇时，《中国杂记》(Chinese miscellanies: a collection of essays and notes. London: John Murray)

[77] 1865，金斯密(Thomas William Kingsmill)，《1865年中日事件回顾》(Retrospect of the events in China and Japan during the year 1865)

[78] 1865，金斯密，《广东某地地质概况》(A Sketch of the Geology of a portion of the Quang - tung province)

[79] 1866，金斯密，《中国东南省份的偏僻煤层》(Notes on some outlying coal - fields in the S. E. provinces of China)

[80] 1867，梅辉立(Wm. Fredrick Mayers)，《中国编年表》(Chinese Chronological Tables. Journal of the North China Branch of the Royal Asiatic Society, 1867, NS. vol. IV, pp. 159 ~ 183)

[81] 1867，金斯密，《1867年中日事件回顾》(Retrospect of events in China and Japan during the year 1867)

[82] 1867，威妥玛，《语言自迩集》(YÜ YEN TZŬ ÊRH CHI. A Progressive course designed to assist the student of colloquial Chinese as spoken in the capital and the metropolitan department. In 3 volumes. Second edition. Shanghai: published at the statistical department of the inspectorate general of customs; London: W. H. Allen & Co., 1867, 1886)

[83] 1868，麦华陀，《禹碑》(The Tablet of Yü. Journal of the North China Branch of the Royal Asiatic Society, 1868, NS. vol. V, pp. 78 ~ 80)

[84] 1869，梅辉立，《文昌帝君的历史及信仰》(On Wên - Ch'ang, the God of Lit-

erature, his history and worship. Journal of the North China Branch of the Royal Asiatic Society, 1869 – 70, NS. vol. VI, pp. 31 ~ 44)

[85] 1869，毕尔(Samuel Beal)，翻译《法显传》(Travels of Fah – Hian and Sung – Yun, Buddhist Pilgrims, From China to India. (400A. D. and 518 A. D.). London: Trübner and Co., 1869)

[86] 1870，德庇时，《汉文诗解》(The poetry of the Chinese. London: Asher & Co.)

[87] 1871，瓦特斯(T. Watters)，《韩愈其人其著》(The Life and Works of Han Yü or Han Wên – Kung. Journal of the North China Branch of the Royal Asiatic Society, 1871 – 72, NS. vol. VII, pp. 165 ~ 181)

[88] 1871，艾约瑟，《中国在语言学上的地位》(China's place in philology: an attempt to show that the languages of Europe and Asia have a common origin, London)

[89] 1871，毕尔，《中国佛典丛书》(A catena of Buddhist scriptures from the Chinese, London)

[90] 1871，金斯密，《周朝的神话起源》(The Mythical Origin of the Chow or Djow Dynasty, as set forth in the Shoo – King. Journal of the North China Branch of the Royal Asiatic Society, 1871 – 72, NS. vol. VII, pp. 137 ~ 146)

[91] 1872，麦华陀，《在遥远中国的外国人》(The foreigner in far Cathay. London: Edward Stanford)

[92] 1872，翟理斯(Herbert A. Giles)，《汉言无师自明》(Chinese Without a Teacher.. Fifth and revised edition. Shanghai: Kelly & Walsh, Limited, 1901)

[93] 1873，道格斯(Robert K. Douglas)，担任伦敦国王学院汉学教授

[94] 1873，翟理斯，《语学举隅》(A Dictionary of Colloquial Idioms in the Mandarin Dialect. Shanghai: A. H. De Carvalho)

[95] 1874，瓦特斯，《中国狐仙神话》(Chinese Fox – Myths. Journal of the North China Branch of the Royal Asiatic Society, 1874, NS. vol. VIII, pp. 45 ~ 65)

[96] 1874，艾约瑟，《走访孔城曲阜》(A Visit to the City of Confucius. Journal of the North China Branch of the Royal Asiatic Society, 1874, NS. vol. VIII, pp. 79 ~ 92)

[97] 1874，金斯密，《中国周代奠基人"文王"传》(The Legend of Wên Wang, Founder of the Dynasty of the Chows in China. Journal of the North China Branch of the Royal Asiatic Society, 1874, NS. vol. VIII, pp. 23 ~ 29)

[98] 1874，翟理斯，《字学举隅》(Synoptical Studies in Chinese Character. Shanghai: A. H. De Carvalho)

[99] 1875，道格斯，《中国的语言与文学》(The Language and Literature of China. Two lectures delivered at the Royal Institution of Great Britain In May and June, 1875. Lon-

don: Trübner & Co.)

[100] 1875, 瓦特斯,《论〈妙法莲华经〉》(Notes on the Miao - Fa - Lien - Hua - Ching, a Buddhist Sûtra in Chinese. Journal of the North China Branch of the Royal Asiatic Society, 1875, NS. vol. IX, pp. 89 ~ 114)

[101] 1875 年, 艾约瑟, 被爱丁堡大学授予荣誉神学博士学位

[102] 1875, 毕尔,《佛所行赞》(The romantic legend of Sâkya Buddha : from the Chinese - Sanscrit)

[103] 1875, 理雅各, 始任牛津大学首次设立的汉文讲座教授并在那里执教直到去世

[104] 1875, 亨利・玉尔(Henri Yule),《告皇家亚洲学会会刊编辑书》(To the Editor of the Journal of the Royal Asiatic Society. Journal of Royal Asiatic Society, 1875, NS. vol. VII, p. 189)

[105] 1876, 艾约瑟,《汉字在文字发明之初的状况》(The State of the Chinese Language at the Time of the Invention of Writing. In: Robert K. Douglas, eds. Transactions of the Second Session of the International Congress of Orientalists. Held in London in September, 1874. London: Trübner & Co. , 1876, pp. 98 ~ 119)

[106] 1876, 金斯密,《简评中国古代史上月底和羌族的认同》(Short Notes on the Identification of the Yuè - Ti and Kiang Tribes of Ancient Chinese History. Journal of the North China Branch of the Royal Asiatic Society, 1876, NS. vol. X, pp. 71 ~ 73)

[107] 1876, 翟理斯,《中国概要》(Chinese Sketches. London: Trübner & Co. ; Shanghai: Kelly & Co.)

[108] 1877, 毕尔, 始任伦敦大学学院汉学教授职位

[109] 1877, 金斯密,《地质学与史学的交界》(The Border lands of geology and history. P. G. von Möllendorff Collection.)(单行本或抽印本)

[110] 1877, 金斯密,《会长就职演说:地质学与史学的交界》(Inaugural Address by the President - The Border Lands of Geology and History. Journal of the North China Branch of the Royal Asiatic Society, 1877, NS. vol. XI, pp. 1 ~ 31)

[111] 1877,《书评:翟理斯译〈佛国记〉》(Notices of Recent Publications - Record of the Buddhistic Kingdoms Translated from the Chinese. By Herbert A. Giles. The Chinese Recorder, 1877, vol. VIII, pp. 447 ~ 450)

[112] 1877, 翟理斯, 翻译《佛国记》(Record of the Buddhistic Kingdoms. London: Trübner & Co. ; Shanghai: Kelly & Walsh.)

[113] 1878, 庄延龄(一作巴克尔)(Edward Harper Parker),《汉语方言比较研究》(The Comparative Study of Chinese Dialects. Journal of the North China Branch of the Royal Asiatic Society, 1878, NS. vol. XII, pp. 19 ~ 50)

［114］1878，梅辉立，《论中国陵墓中的石像生及活祭》(On the Stone Figures at Chinese Tombs and the Offering of Living Sacrifices. Journal of the North China Branch of the Royal Asiatic Society, 1878, NS. vol. XII, pp. 1 ~ 17)

［115］1878，伟烈亚力(Alexander Wylie)，《书评:艾约瑟著〈中国宗教〉》(Notices of Recent Publications – Religion in China by Joseph Edkins. The Chinese Recorder, 1878, 1893, vol. IX, pp. 152 ~ 156)

［116］1878，毕尔，《法句经》(Texts from the Buddhist canon, commonly known as Dhammapada, with accompanying narratives / translated from the Chinese by Samuel Beal. London : Trübner)

［117］1878，金斯密，《白匈奴的迁徙及早期历史》(Migration and Early History of the White Huns; principally from Chinese Resources. Journal of Royal Asiatic Society, 1878, NS. vol. X, pp. 285 ~ 304)

［118］1878，金斯密，《古代语言与周人礼仪》(The Ancient Language and Cult of the Chows; being notes critical and exegetical on the Shi – King, or Classic of Poetry of the Chinese. Journal of the North China Branch of the Royal Asiatic Society, 1878, NS. vol. XII, pp. 47 ~ 125)

［119］1878，翟理斯，《有关远东问题的参照词汇表》(A Glossary of Reference on subjects connected with the Far East. 3rd edition. Shanghai: Kelly & Walsh, Ld, 1900)

［120］1879，道格斯，《儒教与道教》(Confucianism and Taoism. London: Society for Promoting Christian Knowledge)

［121］1879，金斯密，《公元前2世纪中国与中亚西亚的交往》(The Intercourse of China with Central and Western Asia in the 2nd Century B. C. Journal of the North China Branch of the Royal Asiatic Society, 1879, NS. vol. XIV, pp. 1 ~ 29)

［122］1879，金斯密，《对皇家亚洲文会北华分会会员的演讲》(Address to the members of the N. – C. Branch of the Royal Asiatic Society. Journal of the North China Branch of the Royal Asiatic Society, 1879, NS. vol. XIII, pp. xix ~ xxxi)

［123］1879，金斯密，《舜帝传》(The Story of the Emperor Shun. Journal of the North China Branch of the Royal Asiatic Society, 1879, NS. vol. XIII, pp. 123 ~ 132)

［124］1879，理雅各，《汉语写作原则》(Principles of Composition in Chinese, as deduced from the Written Characters. Journal of Royal Asiatic Society, 1879, NS. vol. XI, pp. 238 ~ 277)

［125］1880，艾约瑟，《中国佛教》(Chinese Buddhism, 1880, 1996)

［126］1880，翟理斯，《中国的共济会制度》(Freemasonry in China. Amoy: A. A. Marcal)

［127］1881，理雅各，《中国宗教:儒教、道教、与基督教相比较》(The religions of

China: Confucianism and Taoism described and compared with Christianity. New York: C. Scribner's Sons)

[128] 1882，毕尔，《关于中国佛教文献的四次讲演摘要》(Abstract of four lectures on Buddhist literature in China: delivered at University College, London. London: Trübner & Co.)

[129] 1882，翟理斯，《汉语写作》(Notes on Chinese Composition. Journal of the North China Branch of the Royal Asiatic Society, 1882, NS. vol. XVII, pp. 1～21)

[130] 1883，艾约瑟，《古代中国人对希腊罗马的认识》(What did the Ancient Chinese Know of the Greeks and Romans. Journal of the North China Branch of the Royal Asiatic Society, 1883, NS. vol. XVIII, pp.1～23)

[131] 1884，艾约瑟，《易经》(The Yi king of the Chinese, as a book of Divination and Philosophy. Journal of Royal Asiatic Society, 1884, NS. vol. XVI, pp.360～380)

[132] 1884，毕尔，翻译《大唐西域记》(Si－Yu－Ki：buddhist records of the western world. Volume I, translated from the Chinese of Hiuen Tsiang (A. D. 629) by Samuel Beal. London, UK：Routledge, 1884, 1980)

[133] 1884，毕尔，《中国佛教》(Buddhism in China. London: Society for Promoting Christian Knowledge)

[134] 1884，金斯密，《托勒密描笔下的赛里加及其居民》(The Sêrica of Ptolemy and its Inhabitants. Journal of the North China Branch of the Royal Asiatic Society, 1884, NS. vol. XIX. Part II, pp. 43～60)

[135] 1884，翟理斯，《中国文学作品选珍》(Gems of Chinese Literature. Shanghai: Kelly & Walsh, Limited, 1884, 1922)

[136] 1885，H. F. W. Holt，《中国象棋》(Notes on the Chinese Game of Chess. Journal of Royal Asiatic Society, 1885, NS. vol. XVII, pp.352～365)

[137] 1885，《纪念麦都思》(In Memoriam－Sir Walter Medhurst. Journal of the North China Branch of the Royal Asiatic Society, 1885, NS. vol. XX, pp.287～288)

[138] 1885，翟理斯，《胡蔓草》(Notes and Queries－Hu－Man－Ts'ao. Journal of the North China Branch of the Royal Asiatic Society, 1885, NS. vol. XX, pp.52～53)

[139] 1885，翟理斯，《红楼梦》(Notes and Queries－The Hung－Lou－Mêng. Journal of the North China Branch of the Royal Asiatic Society, 1885, NS. vol. XX, pp.51～52)

[140] 1886，道格斯，《中国古代雕刻》(Ancient Sculptures in China. Journal of Royal Asiatic Society, 1886, NS. Vol. XVIII, pp. 469～476)

[141] 1886，波乃耶(James Dyer Ball)，《英粤语袖珍词汇表》(An English－Cantonese pocket vocabulary containing common words and phrases, printed without the Chinese

characters, or tonic marks, the sounds of the Chinese words being represented by an English spelling as far as practicable, By J. Dyer Ball. Hongkong: Printed at the "China mail" office)

[142] 1886，理雅各，翻译《沙门法显自记游天竺事》(A Record of Buddhistic Kingdoms. Oxford: Clarendon Press)

[143] 1886，威妥玛，《皇家亚洲文会年度报告:关于麦华陀》(Annual Report of the Royal Asiatic Society - Sir Walter Harry Medhurst. Journal of Royal Asiatic Society, 1886, NS. vol. XVIII, pp. xxii ~ xxiv)

[144] 1886，玉尔，《亚洲文会北华分会第63次年会会议记录》(Proceedings of the sixty - third anniversary meeting of the society - opening address. Journal of the North China Branch of the Royal Asiatic Society, 1886, NS. vol. XVIII, pp. i ~ v)

[145] 1887，道格斯，《足趺》(Notes of the Quarter - Tsuh fu. About Beal. Journal of Royal Asiatic Society, 1887, NS. Vol. XIX, pp. 512 ~ 513)

[146] 1887，艾约瑟，《汉语的演进》(Evolution of the Chinese Language, Journal of Peking Oriental Society)

[147] 1887，艾约瑟，《汉语语音学中唇音的优势》(Priority of Labial Letters illustrated in Chinese Phonetics. Journal of Royal Asiatic Society, 1887, NS. vol. XIX, pp. 207 ~ 222)

[148] 1887，毕尔，《简评法显的记述》(Some Remarks on the Narrative of Fâ - hien. Journal of Royal Asiatic Society, 1887, NS. vol. XIX, pp. 191 ~ 206)

[149] 1887，波乃耶，《粤语易学》(Cantonese made easy: a book of simple sentences in the Cantonese dialect, with free and literal translations, and directions for the rendering of English grammatical forms in Chinese. Third edition. Singapore; Hong Kong; Shanghai; Yokohama: Kelly & Walsh, Ltd., 1887, 1907)

[150] 1888，威妥玛，任剑桥大学第一任汉学教授

[151] 1888，庄延龄，《关于鸦片战争的汉文记载》(Chinese Account of the Opium War. Shanghai: Kelly & Walsh)

[152] 1888，毕尔，《玄奘生平》(The Life of Hiuen - Tsiang. By the Shaman Hwui Li. London: Kegan Paul, Trench, Trübner & Co., Ltd., 1888, 1914)

[153] 1889，道格斯，《中文指南》(A Chinese Manual, comprising a condensed grammar with idiomatic phrases and dialogues. London: Sampson Low, Marston & Company Limited)

[154] 1889，艾约瑟，《希伯来文的演化》(Evolution of the Hebrew Language. London)

[155] 1889，波乃耶，《如何说粤语》(How to speak Cantonese: fifty conversations in

Cantonese colloquial, with the Chinese character, free and literal English translations, and romanised spelling, with tonic and diacritical marks, etc., preceded by five short lessons of one, two, and three words. Hong Kong: "China Mail" Office)

[156] 1890，庄延龄，翻译夏燮《中西纪事》(China's Intercourse with Europe. Shanghai: Kelly & Walsh)

[157] 1890，波乃耶，《英中文对照烹调书》(The English - Chinese cookery book: containing 200 receipts in English and Chinese, by J. Dyer Ball. Hong Kong : Kelly & Walsh, Limited)

[158] 1892，高迪爱(Henri Cordier)，《五年来的中国研究(1886 - 1891)》(Half a Decade of Chinese Studies(1886 - 1891). T'oung Pao, 1892, O. S. vol. 3, pp. 532 ~ 563)

[159] 1892，波乃耶，《中国人民风土事物记》(Things Chinese: being notes on various subjects connected with China / by J. Dyer Ball. London : Sampson Low, 1892, 1900, 1903, 1904)

[160] 1892，翟理斯，《华英词典》(A Chinese - English dictionary. 2nd ed. London: B. Quaritch; Shanghai: Kelly & Walsh, 1892, 1912)

[161] 1895，庄延龄，《鞑靼千年史》(A Thousand Years of Tartars. Shanghai; Hong Kong; Yokohama and Singapore: Kelly & Walsh, Limited)

[162] 1895，道格斯，《李鸿章传》(Li Hungchang. London: Bliss, Sands and Foster)

[163] 1895，高迪爱，《讣告:威妥玛》(Henri Cordier. Nécrologie - Thomas Francis Wade. T'oung Pao, 1895, vol. 6, pp. 407 ~ 412)

[164] 1897，翟理斯，继威妥玛任剑桥大学第二任汉学教授，1932 年退休

[165] 1897，金斯密，《中国历法的起源、历史及背景》(The Chinese Calendar: Its Origin, History, and Connections)

[166] 1898，施古德(Gustave Schlegel)，《讣告:理雅各》(Nécrologie - James Legge. T'oung Pao, 1898, vol. 9, pp. 59 ~ 63)

[167] 1898，翟理斯，《古今诗选》(Chinese poetry in English Verse. London: Bernard Quaritch; Shanghai: Kelly & Walsh, Ld)

[168] 1898，翟理斯，《剑桥大学图书馆中威妥玛藏书的中文及满文书籍目录》(A Catalogue of the Wade Collection of Chinese and Manchu Books in the Library of Cambridge. Cambridge: the University Press)

[169] 1899，布勒克(Thomas Lowndes Bullock)，继理雅各为牛津大学第二任汉文教授

[170] 1899，《讣告:慕维廉(William Muirhead)》(Obituary - The Rev. William Muirhead. Journal of the China Branch of the Royal Asiatic Society, 1899 - 1900, NS. vol.

XXXIII, pp. 302 ~ 304)

[171] 1901, 道格斯,《中国社会》(Society in China. London: Ward, Lock & Co., Limited)

[172] 1902, 布勒克,《汉语书面语进阶练习》(Progressive exercises in the Chinese written language. Shanghai: Kelly & Walsh, Limited)

[173] 1902, 翟理斯,《中国与中国人》(China and the Chinese. New York: Columbia University Press)

[174] 1904, 为纪念麦都思而设麦伦书院(Medhurst College)

[175] 1905, Rev. E. Box,《纪念艾约瑟牧师》(In Memoriam - Rev. Joseph Edkins, D. D. The Chinese Recorder, 1905, vol. XXXVI, pp. 282 ~ 289)

[176] 1905,《纪念艾约瑟牧师》(In Memoriam - Rev. Joseph Edkins, D. D. Journal of the China Branch of the Royal Asiatic Society, 1905, NS. vol. XXXVI, pp. 157 ~ 159)

[177] 1905, 波乃耶,《圣城澳门:东方土地上的瑰宝》(Macao: the holy city: the gem of the Orient earth. Canton: China Baptist Publication Society)

[178] 1905, 波乃耶,《如何书写汉语》(How to write Chinese: containing general rules for writing Chinese, and particular direction for writing the radicals. 2nd edition. Hong Kong: Kelly & Walsh)

[179] 1905, 翟理斯,《中国古代宗教》(Religions of Ancient China. London: A. Constable & co. ltd)

[180] 1905, 翟理斯,《中国绘画史论》(An introduction to the History of Chinese Pictorial Art. Shanghai: Kelly & Walsh)

[181] 1906, E. N. L,《书讯:庄延龄的〈中国与宗教〉》(Literary Notes - China and Religion. By E. H. Parker. Journal of the China Branch of the Royal Asiatic Society, 1906, NS. vol. XXXVII, pp. 202 ~ 203)

[182] 1906, 波乃耶,《中国佬约翰的五千年》(Five thousand years of John Chinaman. Hongkong; Shanghai: Kelly & Walsh)

[183] 1906, 金斯密,《古代西藏及其区划》(Ancient Tibet and its Frontagers. Journal of the North China Branch of the Royal Asiatic Society, 1906, NS. vol. XXXVII, pp. 21 ~ 54)

[184] 1906, C. F.,《书讯:翟理斯的〈中国古代宗教〉》(Literary Notes - Religions of Ancient China. By Herbert A. Giles. Journal of the China Branch of the Royal Asiatic Society, 1906, NS. vol. XXXVII, p. 215)

[185] 1907, 翟林奈(Lionel Giles), 翻译《论语》(The Sayings of Confucius. London: John Murray)

[186] 1907，李提摩太（Timothy Richard），翻译《大乘起信论校注》（Patriarch Ashvagosha. The Awakening of faith in the Mahayana doctrine: the new Buddhism. Timothy Richard, Yang Wen Hwui. tr. Shanghai: Christian Literature Society）

[187] 1907，李提摩太，《万众皈依》（Conversion by the million in China: being biographies and articles. 2 v. Shanghai: Christian Literature Society）

[188] 1907，李提摩太，翻译《选佛谱》（Guide to Buddahood: being a standard muanual of Chinese Buddhism. Shanghai: Christian Literature Society）

[189] 1907，斯坦因（Sir Mark Aurel Stein），《古代和阗》（Ancient Khotan, 2 vols）

[190] 1908，庄延龄，《诸夏原来》（Ancient China Simplified. London: Chapman & Hall, Limited）

[191] 1909，庄延龄，《中国法的原则与衡平》（The Principles of Chinese Law and Equity. Journal of the North China Branch of the Royal Asiatic Society, 1909, NS. vol. XL, pp. 10~43）

[192] 1909，庄延龄，《中国佬约翰及其他》（John Chinaman: and a few others. New York: E. P. Dutton and Co.）

[193] 1909，翟林奈，翻译《老子》（The Sayings of LaoTzŭ. London: John Murray）

[194] 1910，庄延龄，《中国宗教研究》（Studies in Chinese religion. London: Chapman and Hall, Ltd.）

[195] 1910，翟林奈，《孙子兵法》（Sun Tzŭ on the Art of War. London: Luzac & Co.）

[196] 1910，金斯密，《中国音乐》（The Music of China. Journal of the North China Branch of the Royal Asiatic Society, 1910, NS. vol. XLI, pp. 26~56）

[197] 1910，兰宁（George Lanning），《纪念金斯密》（In Memoriam - Thos. W. Kingsmill. Journal of the North China Branch of the Royal Asiatic Society, 1910, NS. vol. XLI, pp. 116~118）

[198] 1911，翟林奈，《钦定古今图书集成》（An Alphabetical Index to the Chinese Encuclopaedia. London: Printed by Order of the trustees of the British Museum）

[199] 1911，翟理斯，《中国文明史》（The Civilization of China. First published in New York: Henry Holt and co., 1911. Reprinted in 1919, 1925, 1927）

[200] 1912，道格斯，《欧洲与远东（1506－1912）》（Europe and the Far East1506－1912. Cambridge: at the University Press）

[201] 1912，斯坦因，《中国沙漠上的废墟》（Ruins of Desert Cathay, 2 vols）

[202] 1912，T. R.，《纪念杨格非》（In Memoriam - Dr. Griffith John. Journal of the North China Branch of the Royal Asiatic Society, 1912, NS. vol. XLIII, pp. 126~127）

[203] 1912，翟理斯，《中国与满人》（China and the Manchus. Cambridge: Cam-

bridge University Press)

[204] 1913，庄延龄，《元代至清代之间的蒙古》(Mongolia after the Genghizides and before the Manchus. Journal of the North China Branch of the Royal Asiatic Society, 1913, NS. vol. XLIV, pp. 76 ~ 99)

[205] 1913，李提摩太，翻译《西游记》(A mission to heaven: a great Chinese epic and allegory. Shanghai: Pub. at the Christian Literature Society's Depot)

[206] 1913，李提摩太，《西游记简介》(Introduction to A Great Chinese Epic or Religious Allegory by Ch'iu Ch'ang Ch'un. North China Branch of Royal Asiatic Society, 1913, NS. vol. XLIV, pp. 1 ~ 10)

[207] 1914，库寿龄(Samuel Couling)，《殷墟甲骨》(The Oracle - bones from Honan. Journal of the North China Branch of the Royal Asiatic Society, 1914, NS. Vol. XLV, pp. 65 ~ 75)

[208] 1915，翟理斯，《儒教及其对手》(Confucianism and its rivals: lectures delivered in the university hall of Dr. Williams's Library, London, Oct. - Dec. 1914. London: Williams and Norgate, 1915)

[209] 1916，赖德烈(Kenneth Scott Latourette)，《西方学者关于中国历史著作概述》(A Survey of the Work by Western Students of Chinese History. Journal of the North China Branch of the Royal Asiatic Society, 1916, NS. vol. XLVII, pp. 103 ~ 114)

[210] 1916，李提摩太，《英国李提摩太致世界释家书》(An epistle to all Buddhists throughout the world)，闽侯邵绎译，上海广学会藏版，上海商务印书馆代印

[211] 1916，李提摩太，《花甲忆记》(Forty - five years in China: reminiscences. London: T. F. Unwin Ltd.)

[212] 1917，伦敦大学东方系(School of Oriental Studies)成立，乃亚非学院之前身

[213] 1917，H. Fraser，《书评：库寿龄著〈中国百科全书〉》(Reviews of Recent Books - The Encyclopaedia Sinica, by Samuel Couling. Journal of the North China Branch of the Royal Asiatic Society, 1917, NS. Vol. XLVIII, pp. 233 ~ 234)

[214] 1917，库寿龄(Samuel Couling)，《莫理循图书馆》(The G. E. Morrison Library. Journal of the North China Branch of the Royal Asiatic Society, 1917, NS. Vol. XLVIII, pp. 88 ~ 90)

[215] 1917，库寿龄，《中国百科全书》(The Encyclopaedia Sinica. Shanghai: Kelly & Walsh, Limited)

[216] 1919，库寿龄，代理上海麦伦书院(Medhurst College)院长，同年获得1918年度法国儒莲汉学家纪念奖金

[217] 1919，Evan Morgan，《讣告：李提摩太》(Obituary - Timothy Richard. Journal of the North China Branch of the Royal Asiatic Society, 1919, NS. vol. L, pp. 247 ~ 248)。

[218]1920,苏惠廉(W. E. Soothill),继布勒克任牛津大学汉学教授

[219] 1921, 斯坦因,《千佛洞》(The Thousand Buddhas)

[220] 1922,《讣告:库寿龄》(Obituaries – Samuel Couling. North China Herald, 1922, NS. vol. LIII, pp. 250 ~ 252)

[221] 1922, 翟理斯,《〈历代神仙通鉴〉中的耶稣基督》(Christ in the "Li Tai Shen Hsien T'ung Chien". Journal of the North China Branch of the Royal Asiatic Society, 1922, NS. vol. LIII, pp. 238 ~ 240)

[222] 1923, 翟理斯,《中国文学史》(A history of Chinese literature. New York: Grove Press, 1958. Originally published by D. Appleton and Company)

[223] 1925, 翟理斯,《中国笑话书中的妙语》(Quips from a Chinese jest book. Shanghai: Kelley & Walsh)

[224] 1926, E. T. C. Werner,《讣告:庄延龄》(Obituary Notices – Prof. E. H. Parker. Journal of the North China Branch of the Royal Asiatic Society, 1926, NS. vol. LVII, pp. i ~ vi)

[225] 1926, 翟理斯, 翻译《庄子》(Chuang Tzŭ, mystic, moralist, and social reformer. 2nd ed., rev. Shanghai: Kelley & Walsh)

[226] 1929, 翟林奈, 为 Joan Joshua 所译、卫礼贤所著的《中国文明简史》作序言(introduced A Short History of Chinese Civilization. By Richard Wilhelm. Translated by Joan Joshua. London: George G. Harrap – Co. Ltd)

[227] 1930, 苏慧廉,《中国王权》(Kingship in China. Journal of the North China Branch of the Royal Asiatic Society, 1930, NS. vol. LXI, pp. 92 ~ 99)

[228] 1931, 斯坦因,《沙埋和阗废墟记》(Sand – buried Ruins of Khotan)

[229] 1931, 斯坦因,《复制于敦煌的壁画目录》(A Catalogue of Paintings Recorded from Tun – Huang)

[230] 1933, 斯坦因,《西域考古记》(On Ancient Central – Asian Tracks)

[231] 1935, 翟理斯, 为《汉语易学》作序言(introduced. Chinese Made Easy. By Walter Brooks Brouner. Leiden: E. J. Brill)

[232] 1935, 福开森(John C. Ferguson),《讣告:翟理斯》(Obituary – Dr. Herbert Allen Giles. Journal of the North China Branch of the Royal Asiatic Society, 1935, NS. vol. LXVI, pp. 134 ~ 136)

[233] 1938, 伦敦大学东方系(School of Oriental Studies)正式改称伦敦大学亚非学院(SOAS)

[234] 1938, Susan Reed Stifler,《东印度公司在广州的语言生》(The Language Students of the East India Company's Canton Factory. Journal of the North China Branch of the Royal Asiatic Society, 1938, NS. vol. LXIX, pp. 46 ~ 82)

[235] 1940，艾香德（Karl Ludvig Reichelt），《书评：苏慧廉等编撰〈中国佛教术语辞典〉》（Reviews of Recent Books – A Dictionary of Chinese Buddhist Terms. Compiled by William Edward Soothill and Lewis Hodous. Journal of the North China Branch of the Royal Asiatic Society，1940，NS. vol. LXXI，pp. 94 ~ 96）

[236] 1948，翟林奈，《中国列仙：传记选》（A Gallery of Chinese Immortals：selected Biographies translated from Chinese Sources. London：John Murray）

参考文献

专(译)著

中文

[1] [英]爱尼斯·安德逊著,费振东译《英国人眼中的大清王朝》,(附录二 马戛尔尼伯爵的扈从人员名单),北京:群言出版社,2001 年。

[2] [英]巴克尔著,黄渊静译《鞑靼千年史》,台北:商务印书馆,1971 年。

[3] 程曦著《海外汉学兴衰管见》,线装本的影印本,藏国家图书馆,出版时间地点不详。

[4] 丁则良编《李提摩太:一个典型的为帝国主义服务的传教士》,北京:开明书店,1951 年。

[5] 窦坤著《莫理循与清末民初的中国》,福州:福建教育出版社,2004 年。

[6] 范存忠著《中国文化在启蒙时期的英国》,上海:上海外语教育出版社,1991 年。

[7] 何寅、许光华主编《国外汉学史》,上海:上海外语教育出版社,2002 年。

[8]黄长著、孙越生、王祖望主编《欧洲中国学》,北京:社会科学文献出版社,2005 年。

[9] 胡志宏著《西方中国古代史研究导论》,郑州:大象出版社,2002 年。

[10] 李时岳著《李提摩太》,北京:中华书局,1964 年。

[11] 李喜所主编,刘景泉等著《五千年中外文化交流史》(第五卷),(第八章 百花齐放的海外汉学研究),北京:世界知识出版社,2001年。

[12] 李喜所主编,张静等著《五千年中外文化交流史》(第三卷),(第十章 海外的汉学研究)北京:世界知识出版社,2001年。

[13] 林佐瀚著《英国早期汉学发展溯源》,抽印本,藏香港中文大学图书馆,香港中文大学联合书院校刊第二十二期(一九七一年一月出版)。

[14] 刘正著《汉学在20世纪东西方各国研究和发展的历史》,武汉:武汉大学出版社,2002年。

[15] [澳]骆惠敏编,刘桂梁等译《清末民初政情内幕〈泰晤士报〉驻北京记者袁世凯政治顾问乔·厄·莫理循书信集》,上海:知识出版社,1986年。

[16] [英]麦肯奇著,李提摩太、蔡尔康译《泰西新史揽要》,上海:上海书店,2002年。

[17] 莫东寅著《汉学发达史》,上海:上海书店,1989,据北平文化出版社1949年1月版影印。

[18] [澳]莫理循著,张浩译《中国风情》,北京:国际文化出版公司,1998年。

[19] [英]帕刻(E. H. Parker)著,向达,黄静渊译《鞑靼千年史》,上海:商务印书馆,1937年。

[20] [英]帕刻著,向达译《匈奴史》,上海:商务印书馆,1934年。

[21] 桑兵著《国学与汉学——近代中外学界交往录》,杭州:浙江人民出版社,1999年。

[22] 桑兵著《晚清民国的国学研究》,上海:上海古籍出版社,2001年。

[23] [日]石田幹之助著,朱滋萃译《欧人之汉学研究》,北京:中法大学,1934年。

[24] [英]斯当东著,叶笃义译《英使谒见乾隆纪实》,北京:商务印书馆,1963年。

[25] [英]斯当东著,叶笃义译《英使谒见乾隆纪实》,上海:上海书店,1997年。

[26] 苏精著《马礼逊与中文印刷出版》,台北:台湾学生书局,2000年。

[27] [法]索安著,吕鹏志、陈平等译《西方道教研究编年史》,北京:中华书局,2002年。

[28] 谭树林著《马礼逊与中西文化交流》,杭州:中国美术学院出版社,2004年。

[29] [英]汤森著,王振华译《马礼逊——在华传教士的先驱》,郑州:大象出版社,2002年。

[30] 王晓路著《西方汉学界的中国文论研究》,成都:巴蜀书社,2003年。

[31] [英]威妥玛著,张卫东译《语言自迩集》,北京:北京大学出版社,2002年。

[32] [澳]西里尔·珀尔著,檀东金星、窦坤译《北京的莫理循》,福州:福建教育出版社,2003年。

[33] 肖黎、马宝珠、吕延涛主编《影响中国历史的一百个洋人》,广州:广东人民出版社,1992年。

[34] 许惟贤、王相宝主编《当代海外汉学研究》,南京:江苏人民出版社,1997年。

[35]熊文华著《英国汉学史》,北京:学苑出版社,2007年。

[36] 阎振瀛著《理雅各氏英译论语之研究》,台北:台湾商务印书馆,1971年。

[37] 岳峰著《架设东西方的桥梁:英国汉学家理雅各研究》,福州:福建人民出版社,2004年。

[38] 张西平著《中国与欧洲早期宗教和哲学交流史》,北京:东方出版社,2001年。

西文

[1] E. W. Price Evans. Timothy Richard: a narrative of Christian enterprise and statesmanship in China. London: Carey Press, 1945

[2] Edward Harper Parker. A Thousand Years of Tartars. Shanghai; Hong Kong; Yokohama and Singapore: Kelly & Walsh, Limited, 1895

[3] Edward Harper Parker. Ancient China Simplified. London: Chapman & Hall, Limited, 1908

[4] Edward Harper Parker. Chinese Account of the Opium War. Shang-

hai: Kelly & Walsh, 1888

[5] Edward Harper Parker. John Chinaman: and a few others. New York: E. P. Dutton and Co. , 1909

[6] Edward Harper Parker. Studies in Chinese religion. London: Chapman and Hall, Ltd. , 1910

[7] Edward Harper Parker. tr. China's Intercourse with Europe. Shanghai: Kelly & Walsh, 1890

[8] Helen Edith Legge. James Legge: missionary and scholar. London: Religious Tract Society, 1905

[9] Herbert A Giles. Quips from a Chinese jest book. Shanghai: Kelley & Walsh, 1925

[10] Herbert A Giles. The Civilization of China. First published in New York: Henry Holt and co. , 1911. Reprinted in 1919, 1925, 1927.

[11] Herbert A. Giles. A Catalogue of the Wade Collection of Chinese and Manchu Books in the Library of Cambridge. Cambridge: the University Press, 1898

[12] Herbert A. Giles. A Chinese – English dictionary. 2nd ed. London: B. Quaritch; Shanghai: Kelly & Walsh, 1912

[13] Herbert A. Giles. A Dictionary of Colloquial Idioms in the Mandarin Dialect. Shanghai: A. H. De Carvalho, 1873

[14] Herbert A. Giles. A Glossary of Reference on subjects connected with the Far East. 3rd edition. Shanghai: Kelly & Walsh, Ld, 1900

[15] Herbert A. Giles. A history of Chinese literature. New York: Grove Press, 1958. Originally published by D. Appleton and Company, 1923

[16] Herbert A. Giles. An introduction to the History of Chinese Pictorial Art. Shanghai: Kelly & Walsh, 1905

[17] Herbert A. Giles. China and the Chinese. New York: Columbia University Press, 1902

[18] Herbert A. Giles. China and the Manchus. Cambridge: Cambridge University Press, 1912

[19] Herbert A. Giles. Chinese poetry in English Verse. London: Bernard Quaritch; Shanghai: Kelly & Walsh, Ld, 1898

[20] Herbert A. Giles. Chinese Sketches. London: Trübner & Co. ; Shanghai: Kelly & Co. , 1876

[21] Herbert A. Giles. Chinese Without a Teacher. Fifth and revised edition. Shanghai: Kelly & Walsh, Limited, 1901

[22] Herbert A. Giles. Confucianism and its rivals: lectures delivered in the university hall of Dr. Williams's Library, London, Oct. - Dec. 1914. London: Williams and Norgate, 1915

[23] Herbert A. Giles. Freemasonry in China. Amoy: A. A. Marcal, 1880

[24] Herbert A. Giles. introductioned. Chinese Made Easy. By Walter Brooks Brouner. Leiden: E. J. Brill, 1935

[25] Herbert A. Giles. Musings of a Chinese mystic: selections from the philosophy of Chuang Tzŭ. with an introduction by Lionel Giles. London: J. Murray, 1906

[26] Herbert A. Giles. Religions of Ancient China. London: A. Constable & co. ltd. , 1905

[27] Herbert A. Giles. Synoptical Studies in Chinese Character. Shanghai: A. H. De Carvalho, 1874

[28] Herbert A. Giles. tr. Chuang Tzŭ, mystic, moralist, and social reformer. 2nd ed. , rev. Shanghai: Kelley & Walsh, 1926

[29] Herbert A. Giles. tr. Chuang Tzŭ, Taoist Philosopher and Chinese Mystic. London: Mandala Books, 1926

[30] Herbert A. Giles. tr. Record of the Buddhistic Kingdoms. London: Trübner & Co. ; Shanghai: Kelly & Walsh. , 1877

[31] Herbert Allen Giles. Gems of Chinese Literature. Shanghai: Kelly & Walsh, Limited, 1884, 1922

[32] James Dyer Ball. Cantonese made easy: a book of simple sentences in the Cantonese dialect, with free and literal translations, and directions for the rendering of English grammatical forms in Chinese. Third edition. Singapore; Hong Kong; Shanghai; Yokohama: Kelly & Walsh, Ltd. , 1907

[33] James Dyer Ball. Five thousand years of John Chinaman. Hongkong; Shanghai: Kelly & Walsh, 1906

[34] James Dyer Ball. How to speak Cantonese: fifty conversations in Cantonese colloquial, with the Chinese character, free and literal English translations, and romanised spelling, with tonic and diacritical marks, etc., preceded by five short lessons of one, two, and three words. Hong Kong: " China Mail" Office, 1889

[35] James Dyer Ball. How to write Chinese: containing general rules for writing Chinese, and particular direction for writing the radicals. 2nd edition. Hong Kong: Kelly & Walsh, 1905

[36] James Dyer Ball. Macao: the holy city: the gem of the Orient earth. Canton: China Baptist Publication Society, 1905

[37] James Dyer Ball. Things Chinese or notes connected with China. Fourth edition. London: John Murray, 1904

[38] James Legge. Notions of the Chinese concerning God and Spirits: with an examination of the defense of an essay, on the proper rendering of the words Elohim and Theos, into the Chinese language. Hong Kong: Hong Kong Register Office, 1852

[39] James Legge. prefaced. The Rambles of the Emperor Ching Tǐh in Keang Nan. translated by Tkin Shen. In two volumes. Vol. I. London: Paternoster-row, 1843

[40] James Legge. The religions of China: Confucianism and Taoism described and compared with Christianity. New York: C. Scribner's Sons, 1881

[41] James legge. tr. A Record of Buddhistic Kingdoms. Oxford: Clarendon Press, 1886

[42] James Legge. tr. I Ching, Book of Changes. Secaucus, New Jersey: The Citadel Press, 1964

[43] James Legge. tr. The Chinese Classics. Part I. Confucius. New York: John B. Alden, publisher, 1891

[44] James Legge. tr. The Chinese Classics: with a translation, critical and exegetical notes, prolegomena, and copious indexes. In seven volumes. Vol. III Part 2. The fifth part of the Shoo King. Or the Books of Chow: and the indexes. First published in Hong Kong: The London Missionary Society's Printing Office, 1865. Reprinted in Peking: Wen Tien Ko, 1940

[45] James Legge. tr. The Chinese Classics: with a translation, critical and exegetical notes, prolegomena, and copious indexes. In seven volumes. Vol. V Part 1. The first part of the She – King, or the lessons from the states: and the prolegomena. Reprinted in Peking: Wen Tien Ko, 1940

[46] James Legge. tr. The Chinese Classics: with a translation, critical and exegetical notes, prolegomena, and copious indexes. In seven volumes. Vol. IV Part 1. The first part of the She – King, or the lessons from the states: and the prolegomena. First published in Hong Kong: The London Missionary Society's Printing Office, 1865. Reprinted in Peking: Wen Tien Ko, 1939

[47] James Legge. tr. The Chinese Classics: with a translation, critical and exegetical notes, prolegomena, and copious indexes. In seven volumes. Vol. VI Part 2. The second, third, and fourth parts of the She – King, or the Minor Odes of the Kingdom, The Greater Odes of the Kingdom, the Sacrificial Odes and Praise – Songs: and the indexes. First published in Hong Kong: The London Missionary Society's Printing Office, 1865. Reprinted in Peking: Wen Tien Ko, 1940

[48] James Legge. tr. The Works of Mencius. New York: Dover Publications, Inc., 1970. First published in Oxford: Clarendon Press, 1895

[49] John Francis Davis. Chinese miscellanies: a collection of essays and notes. London: John Murray, 1865

[50] John Francis Davis. Comp. Hien wun shoo. Chinese moral maxims, with a free and verbal translation; affording examples of the grammatical structure of the language. London: John Murray, 1823

[51] John Francis Davis. The poetry of the Chinese. London: Asher & Co., 1870

[52] Joseph Edkins. Chinese Buddhism: historical, descriptive, and critical. New Delhi: Aryan Books International, 1996

[53] Joseph Edkins. Religion in China: containing a brief account of the three religions of the Chinese. London: Kegan Paul, Trench, Trübner, & Co. Ltd., 1893

[54] Lauren F. pfister. Striving for 'the whole duty of man': James Legge and the Scottish Protestant Encounter with China. Frankfurt am Main; New

York:Peter Lang,2004

[55] Lindsay Ride. Robert Morrison: the scholar and the man. Hong Kong: Hong Kong University Press, 1957

[56] Lionel Giles. A Gallery of Chinese Immortals: selected Biographies translated from Chinese Sources. London: John Murray, 1948

[57] Lionel Giles. compiled. An Alphabetical Index to the Chinese Encyclopaedia London: Printed by Order of the trustees of the British Museum, 1911

[58] Lionel Giles. introductioned. A Short\History of Chinese Civilization. By Richard Wilhelm. Translated by Joan Joshua. London: George G. Harrap—Co. Ltd,1929

[59] Lionel Giles. Sun Tzŭ on the Art of War. London: Luzac & Co., 1910

[60] Lionel Giles. The Sayings of Confucius. London: John Murray, 1907

[61] Lionel Giles. tr. The Sayings of LaoTzŭ. London: John Murray, 1909

[62] Lo Hui - min. ed. The Correspondence of G. E. Morrison. Vol. II. 1912 - 1920. Cambridge: Cambridge University Press, 1978

[63] Marshall Broomhall. Robert Morrison: a master - builder. London: Student Christian movement, 1924

[64] Norman J. Girardot. The victorian translation of China: James Legge's Oriental pilgrimage. Berkeley: University of California Press, 2002

[65] Patriarch Ashvagosha. The Awakening of faith in the Mahayana doctrine: the new Buddhism. Timothy Richard, Yang Wen Hwui. tr. Shanghai: Christian Literature Society, 1907

[66] Paul Richard Bohr. Famine in China and the missionary: Timothy Richard as relief administrator and advocate of national reform, 1876 - 1884. Cambridge: Harvard Univ. Pr.,1972

[67] Peter Thompson, Robert Macklin. The man who died twice: the life and adventures of Morrison of Peking. Crows Nest, N. S. W.: Allen & Unwin, 2004

[68] Rev. B. Reeve. Timothy Richard, D. D. China missionary, statesman and reformer. London: S. W. Partridge & Co. Ltd., no date

[69] Robert K. Douglas. A Chinese Manual, comprising a condensed

grammar with idiomatic phrases and dialogues. London: Sampson Low, Marston & Company Limited, 1889

[70] Robert K. Douglas. Confucianism and Taoism. London: Society for Promoting Christian Knowledge, 1879

[71] Robert K. Douglas. Europe and the Far East1506 - 1912. Cambridge: at the University Press, 1912

[72] Robert K. Douglas. Li Hungchang. London: Bliss, Sands and Foster, 1895

[73] Robert K. Douglas. Society in China. London: Ward, Lock & Co., Limited, 1901

[74] Robert K. Douglas. The Language and Literature of China. Two lectures delivered at the Royal Institution of Great Britain In May and June, 1875. London: Trübner & Co., 1875

[75] Robert Morrison. A Vocabulary of the Canton Dialect. London: Ganesha Publishing Ltd, 2001

[76] Samuel Beal. Abstract of four lectures on Buddhist literature in China: delivered at University College, London. London: Trübner & Co., 1882

[77] Samuel Beal. Buddhism in China. London: Society for Promoting Christian Knowledge, 1884

[78] Samuel Beal. tr. Si - Yu - Ki: Buddhist Records of the Western world, Chincse Accounts of India. Vol. 1 - 4. Delhi: Bharatiya Publishing House, 1980

[79] Samuel Beal. tr. The Life of Hiuen - Tsiang. By the Shaman Hwui Li. London: Kegan Paul, Trench, Trübner & Co., Ltd., 1914

[80] Samuel Beal. tr. Travels of Fah - Hian and Sung - Yun, Buddhist Pilgrims, From China to India. (400A. D. and 518 A. D.). London: Trübner and Co., 1869

[81] Samuel Couling. The Encyclopaedia Sinica. Shanghai: Kelly & Walsh, Limited, 1917

[82] Sir George Thomas Staunton. Narrative of the Chinese Embassy to the Khan of the Tourgouth Tartars, in the years 1712, 13, 14, and 15. London: John Murray, 1821

[83] T. H. Barrett. Singular Listlessness: a short history of Chinese books and British scholars. London: Wellsweep, 1989

[84] Thomas Francis Wade. P'ING – TSÊ PIEN, a new edition of the Peking Syllabary, designed to accompany the colloquial series of the TZŬ ÊRH CHI; being a revised collection of the characters representing the dialect spoken at the court of Peking, and in the metropolitan prefecture of SHUN – T'IEN FU, arranged in the order of their syllables and tones; with an appendix.

[85] Thomas Francis Wade. WÊN – CHIEN TZŬ – ÊRH CHI. A series of papers selected as specimens of documentary Chinese designed to assist students of the language as written by the officials of china. In seven parts. With key. Second edition. Shanghai; Hong Kong; Singapore; Yokohama: Kelly & Walsh, Limited, 1905

[86] Thomas Francis Wade. YÜ YEN TZŬ ÊRH CHI. A Progressive course designed to assist the student of colloquial Chinese as spoken in the capital and the metropolitan department. In 3 volumes. Second edition. Shanghai: published at the statistical department of the inspectorate general of customs; London: W. H. Allen & Co., 1886

[87] Thomas Lowndes Bullock. Progressive exercises in the Chinese written language. Shanghai: Kelly & Walsh, Limited, 1902

[88] Timothy Richard. An epistle to all Buddhists throughout the world. 上海：上海广学会藏版，上海商务印书馆代印，1916

[89] Timothy Richard. Conversion by the million in China: being biographies and articles. 2 v. Shanghai: Christian Literature Society, 1907

[90] Timothy Richard. Forty – five years in China: reminiscences. London: T. F. Unwin Ltd., 1916

[91] Timothy Richard. tr. A mission to heaven: a great Chinese epic and allegory. Shanghai: Pub. at the Christian Literature Society's Depot, 1913

[92] Timothy Richard. tr. Guide to Buddahood: being a standard muanual of Chinese Buddhism. Shanghai: Christian Literature Society, 1907

[93] Walter Henry Medhurst. China: its state and prospects. Wilmington, Del.: Scholarly Resources, 1973

[94] Walter Henry Medhurst. Chinese dialogues, questions, and familiar

sentences, literally rendered into English, with a view to promote commercial intercourse, and to assist beginners in the language. rev. by his son. Shanghai: the London Mission Press, 1863

[95] Walter Henry Medhurst. English and Chinese dictionary. Vol. 1 - 2. Shanghai: Printed at the Mission Press, 1847 - 1848

[96] Walter Henry Medhurst. The foreigner in far Cathay. London: Edward Stanford, 1872

[97] Walter Henry Medhurst. The Shoo King, or The historical classics, being the most ancient authentic record of the annals of the Chinese empire. Shanghai: Printed at the Mission Press, 1846

[98] William John Townsend. Robert Morrison: pioneer of missions to China. London: Pickering & Inglis, 1888

论文

中文

[1] [法]巴斯蒂撰,胡志宏译《19、20世纪欧洲中国史研究的几个主题》,见任继愈主编《国际汉学》第8辑,郑州:大象出版社,2003年,第286~96页。

[2] [法]贝罗贝撰《20世纪以前欧洲汉语语法学研究状况》,见北京大学中国传统文化研究中心编《文化的馈赠:汉学研究国际会议论文集》(语言文学卷),北京:北京大学出版社,2000年,第467~473页。

[3] 陈才智撰《西方的中国游记散文研究》,见阎纯德主编《汉学研究》第七集,北京:中华书局,2003年,第563~589页。

[4] 陈明、龙加林撰《消失了的马礼逊纪念堂》,见《羊城晚报》,2005年2月1日。

[5] 陈尧圣撰《英国的汉学研究》,见陶振誉等编《世界各国汉学研究论文集》第一辑,台北:中国文化研究所,1962年,第185~197页。

[6] 陈跃红撰《汉学家的文化血统》,见任继愈主编《国际汉学》第8辑,郑州:大象出版社,2003年,第9~36页。

[7] 程章灿撰《想象异邦与文化利用:“红毛国”与大清朝——前汉学

时代的一次中英接触》,见《南京审计学院学报》2004 年第 2 期,第 75 ~ 79 页。

[8] 仇华飞撰《马礼逊教育会与马礼逊学校的创办》,见《华东师范大学学报(哲学社会科学版)》1995 年第 2 期,第 21 ~ 25、67 页。

[9] 楚至大撰《难能可贵与美中不足——评理雅各两段《孟子》的译文》,见《中国翻译》1995 年第 6 期,第 26 ~ 28 页。

[10] 董守信撰《翟理斯和他的《华英字典》,见《津图学刊》2002 年第 2 期。

[11] 窦坤撰《评珀尔〈北京的莫理循〉》,见《北京社会科学》2002 年第 3 期,第 54 ~ 60 页。

[12] 杜维运撰《英国的汉学研究》,见宋晞、权德周等编《世界各国汉学研究论文集》第二辑,台北:国防研究院中华大典编印会,1967 年,第 221 ~ 240 页。

[13] [英]多里斯 · S · 戈尔茨坦撰《英国史学机构的初创(1884 - 1921)》,见《世界史研究动态》1983 年第 6 期,第 33 ~ 35 页。

[14] 方骏撰《中国海外汉学研究现状之管见》,见任继愈主编《国际汉学》第 6 辑,郑州:大象出版社,2000 年,第 9 ~ 16 页。

[15] [美]费正清撰,吴莉苇译《新教传教士著作在中国文化史上的地位》,见任继愈主编《国际汉学》第 9 辑,郑州:大象出版社,2003 年,第 119 ~ 131 页。

[16] [德]傅海博(Gauting Herbert Franke)撰,古伟瀛译《寻觅中国文化:对欧洲汉学史的一些看法》,见台湾汉学研究中心主编《汉学研究通讯》,台北:汉学研究资料及服务中心,1992 年,第 11 卷第 2 期,第 89 ~ 95 页。

[17] [德]傅海博撰,胡志宏译《欧洲汉学史简评》,见任继愈主编《国际汉学》第 7 辑,郑州:大象出版社,2002 年,第 80 ~ 93 页。

[18] [德]傅吾康撰,陈燕、袁媛译《19 世纪的欧洲汉学》,见任继愈主编《国际汉学》第 7 辑,郑州:大象出版社,2002 年,第 68 ~ 79 页。

[19] 傅勇撰《剑桥汉学管窥》,见《中国文化研究》2004 年第 2 期,第 148 ~ 151 页。

[20] 耿昇撰《西方汉学界对开封犹太人调查研究的历史与现状》,见阎纯德主编《汉学研究》第五集,北京:中华书局,2000 年,第 325 ~ 347 页。

[21] 耿相新撰《马礼逊与中国近代出版的诞生》,见《编辑之友》2003年第2期,第77~79页。

[22] 顾卫星撰《马礼逊与中西文化交流》,见《外国文学研究》2002年第4期,第116~120页。

[23] 郭存孝撰《莫理循博士及其首创的亚洲书库》,见《近代中国》民国八十九年第138期,第196~207页。

[24] 郭锋、杨际平撰《一部再整理研究斯坦因汉文文献的高水平著作——〈斯坦因所获吐鲁番文书研究〉评介》,见《中国社会经济史研究》1996年第1期,第81~85页。

[25] 郭怀亮撰《让历史昭告世人——斯坦因第四次中亚考察揭谜》,见《丝绸之路》1999年第4期,第12~15页。

[26] [美]韩大伟撰《西方古典汉学史回顾:传统与真实》,见葛兆光主编《清华汉学研究》第三辑,北京:清华大学出版社,2000年,第86~97页。

[27] 韩淑芳撰《千古遗憾:斯坦因与敦煌文物盗运》,见《文史春秋》1998年第5期,第49~57页。

[28] 胡楠楠撰《〈论语〉中文化负载词汇的翻译初探——对比理雅各和辜鸿铭的〈论语〉译本》,硕士学位论文,北京:中国人民大学,2004年。

[29] 黄鸣奋撰《英语世界中国先秦至南北朝诗歌之传播》,见《贵州社会科学》1997年第2期,第50~55页。

[30] 黄时鉴撰《麦都思〈汉语福建方言字典〉述论》,见李国章、赵昌平主编《中华文史论丛》第71辑,上海:上海古籍出版社,2003年,第318~338页。

[31] [日]近藤一成撰《英国的中国学》(上),见台湾汉学研究中心主编《汉学研究通讯》,台北:汉学研究资料及服务中心,1993年,第12卷第3期,第177~182页。

[32] [日]近藤一成撰《英国的中国学》(下),见台湾汉学研究中心主编《汉学研究通讯》,台北:汉学研究资料及服务中心,1993年,第12卷第4期,第244~248页。

[33] 来新夏撰《漫说海外中国近代史研究方法》,见《中华读书报》2000年7月19日。

[34] 李春元撰《斯坦因在安西的活动》,见《丝绸之路》1997年第3

期,第33页。

［35］李学勤撰《作为专门学科的国际汉学研究》,见任继愈主编《国际汉学》第8辑,郑州:大象出版社,2003年,第4~8页。

［36］梁绳袆撰《外国汉学研究概观》,见《国学丛刊》第五册,第38~48页。

［37］梁绳袆撰《外国汉学研究概观》(续),见《国学丛刊》第六册,第32~41页。

［38］梁绳袆撰《外国汉学研究概观》(再续),见《国学丛刊》第七册,第24~34页。

［39］梁绳袆撰《外国汉学研究论》,见《国学丛刊》第三册,第26~42页。

［40］刘国忠撰《四十五年前的一部汉学史》,见葛兆光主编《清华汉学研究》第二辑,北京:清华大学出版社,1997年,第282~288页。

［41］吕坚撰《从新发现的有关马礼逊梁发传教档案看新教的传入及影响》,见《历史档案》1996年第4期,第93~98页。

［42］毛发生撰《马礼逊与〈圣经〉汉译》,见《中国翻译》2004年第4期,第48~51页。

［43］梅广撰《迎接一个考证学和语言学结合的汉语语法史研究新局面》,见何大安主编《古今通塞:汉语的历史与发展——中央研究院第三届国际汉学会议论文集》语言组,台北:中央研究院语言学研究所筹备处,2003年,第23~47页。

［44］［加］蒲立本撰,张洁译《欧洲的汉语音韵学研究:第一阶段》,见任继愈主编《国际汉学》第9辑,郑州:大象出版社,2003年,第172~192页。

［45］秦寰明撰《中国文化的西传与李白诗——以英、美及法国为中心》,见刘东主编《中国学术》2003年第4卷第1期,第252~275页。

［46］秋叶撰《"野蛮"和"文明"之争——英国早期游记的中国形象考察:综述》,见《中华读书报》2003年10月8日。

［47］阙维民撰《剑桥汉学产生的历史基础》,见《剑河风》第一卷,http://www.cam.ac.uk/societies/cssa/jhf/jhf_volume01/jhf_volume01_04_03.gb2312.htm

［48］阙维民撰《剑桥汉学的形成与发展》,见台湾汉学研究中心主编

《汉学研究通讯》,台北:汉学研究资料及服务中心,2002 年第 21 卷第 1 期,第 31～43 页。

[49] 冉利华撰《论 17、18 世纪英国对中国之接受》,见任继愈主编《国际汉学》第 11 辑,郑州:大象出版社,2004 年,第 109～110 页。

[50] 冉利华撰《钱钟书的〈17、18 世纪英国文学中的中国〉简介》,见任继愈主编《国际汉学》第 11 辑,郑州:大象出版社,2004 年,第 103～108 页。

[51] [日]石田幹之助撰,唐敬杲译《欧美关于中国学的诸杂志》,见《学术界》第一卷第五期,第 39～49 页。

[52] [日]石田幹之助撰,唐敬杲译《欧美关于中国学的诸杂志》(续完),见《学术界》第一卷第六期,第 43～54 页。

[53] [日]石田幹之助撰,唐敬杲译《斯文海定中亚探险底业绩》,见《学术界》第一卷第四期,第 9～15 页。

[54] 帅雯霖撰《英国汉学三大家》,见阎纯德主编《汉学研究》第五集,北京:中华书局,2000 年,第 38～43 页。

[55] 苏精撰《马礼逊的中文教学——英国汉学建制化的先声》,见郑定国主编《2002 年汉学研究国际学术研讨会论文集》,云林:云林科技大学汉学资料整理研究所,2003 年,第 185～197 页。

[56] 孙波辛撰《斯坦因第四次来新之经过及所获古物考》,见《中国边疆史地研究》2003 年第 1 期,第 85～91 页。

[57] 谭树林撰《论马礼逊〈圣经〉汉译及其影响》,见《山东师大学报(社会科学版)》2000 年第 5 期,第 60～64 页。

[58] 唐敬杲撰《东西洋人对于中央亚细亚的研究概况》,见《学术界》第一卷第一期,第 27～40 页。

[59] 唐敬杲撰《近世纪来西洋人之中国学研究》,见《东方文化》第一卷第二期,第 9～27 页。

[60] 汪家熔撰《试析马礼逊〈中国语文词典〉的活字排印——兼与张秀民、叶再生先生商榷》,见《北京印刷学院学报》1996 年第 2 期,第 42～51 页。

[61] 王次澄撰《伦敦大学亚非学院的传统中国学研究》,见《国外社会科学》1994 年第 2 期,第 56－59 页。

[62] 王国平撰《不能以马礼逊来华作为基督新教来华标志》,见《光

明日报》2004年5月11日。

[63][英]王海仑撰,张楠译《斯坦因从新疆地区搜集的钱币》,见《西域研究》1997年第3期,第43~49页。

[64]王冀青撰《拉普生与斯坦因所获佉卢文文书》,见《敦煌学辑刊》2000年第1期,第14~28页。

[65]王冀青撰《牛津大学包德利图书馆藏斯坦因与矢吹庆辉往来通信调查报告》,见《敦煌学辑刊》2002年第2期,第109~118页。

[66]王冀青撰《斯坦因第二次中亚考察期间所持中国护照简析》,见《中国边疆史地研究》,1998年第4期,第69~76页。

[67]王冀青撰《斯坦因第三次中亚考察所持中国护照析评》,见《西域研究》1998年第4期,第21~30页。

[68]王冀青撰《斯坦因与吉尔吉特写本——纪念吉尔吉特写本发现七十周年》,见《敦煌学辑刊》2001年第2期,第76~90页。

[69]王冀青撰《王正廷与奥莱尔·斯坦因爵士1930年南京会晤内幕》,见《西北第二民族学院学报(哲社版)》1999年第3期,第9~14页。

[70]王冀青撰《中英关于斯坦因第四次中亚考察所获文物的交涉内幕》,见《近代史研究》1994年第4期,第242~257页。

[71]王立群撰《上海墨海书馆创始人麦都思与〈圣经〉翻译》,见《中华读书报》2004年7月21日。

[72]王绍祥撰《西方汉学界的"公敌":英国汉学家翟理斯(1845-1935)研究》,博士学位论文,福州:福建师范大学,2004年。

[73]王小甫撰《对〈剑桥大学中国学的历史与现状〉一文的补正》,见《中国史研究动态》1995年第10期,第20~24页。

[74]王毅撰《皇家亚洲文会北中国支会述论》,见《复旦学报(社会科学版)》2003年第5期,第106~111页。

[75]王毅撰《皇家亚洲文会北中国支会研究》,博士学位论文,上海:复旦大学,2004年。

[76]魏外扬撰《马礼逊文库》,见 http://www.twccm.org.tw/overseas/200303/8.htm

[77]熊文华撰《伟烈亚力及其〈中国之研究〉》,见阎纯德主编《汉学研究》第六集,北京:中华书局,2002年,第77~86页。

[78]熊文华撰《英国的汉学研究》,见阎纯德主编《汉学研究》第五

集,北京:中华书局,2000 年,第 1 ~ 37 页。

[79] 徐方平撰《东印度公司对华贸易垄断权废止的原因和影响》,见《湖北大学学报(哲学社会科学版)》1997 年第 2 期,第 76 ~ 79 页。

[80] 许玄风撰《一七九三年英使马戛尔尼来华考》,见《学术界》第一卷第五期,第 1 ~ 13 页。

[81] [法]雅克·布洛斯撰,李东日译《从西方发现中国到国际汉学的缘起》,见任继愈主编《国际汉学》第 1 辑,北京:商务印书馆,1994 年,第 286 ~ 296 页。

[82] 阎纯德撰《比较文化视野里的汉学和汉学研究》,见阎纯德主编《汉学研究》第五集,北京:中华书局,2000 年,第 1 ~ 9 页。

[83] 阎纯德撰《从"传统"到"现代",历史变迁中的汉学形态》,见阎纯德主编《汉学研究》第七集,北京:中华书局,2003 年,第 1 ~ 22 页。

[84] 阎纯德撰《汉学和汉学研究漫议》,见任继愈主编《国际汉学》第 6 辑,郑州:大象出版社,2000 年,第 1 ~ 8 页。

[85] 阎纯德撰《汉学和西方汉学研究》,见阎纯德主编《汉学研究》第一集,北京:中国和平出版社,1996 年,第 1 ~ 13 页。

[86] 杨国桢撰《牛津大学中国学的变迁》,见《中国史研究动态》1995 年第 8 期,第 4 ~ 9 页。

[87] 杨铭撰《英藏新疆麻札塔格、米兰出土藏文写本选介(二)——武内绍人〈英国图书馆藏斯坦因收集品中的新疆出土古藏文写本〉部分》,见《敦煌学辑刊》2003 年第 1 期,第 18 ~ 28 页。

[88] 杨木武撰《莫理循与清末民初中国政情》,博士学位论文,苏州:苏州大学,2004 年。

[89] 叶隽撰《伦敦大学亚非学院及其汉学研究》,见任继愈主编《国际汉学》第 11 辑,郑州:大象出版社,2004 年,第 267 ~ 277 页。

[90] 叶再生撰《马礼逊与中国语文字典》,见《新闻出版交流》2003 年第 3 期,第 50 ~ 53 页。

[91] 殷晴撰《斯坦因和他的〈和阗沙漠废墟记〉》,见《西域研究》1994 年第 4 期,第 118 ~ 122 页。

[92] 张德鑫撰《威妥玛〈语言自迩集〉与对外汉学教学》,见任继愈主编《国际汉学》第 9 辑,郑州:大象出版社,2003 年,第 256 ~ 272 页。

[93] 张国刚撰《剑桥大学中国学的历史与现状》,见《中国史研究动

态》1995 年第 3 期,第 2 ~ 8 页。

[94] 张国刚撰《关于剑桥大学中国学研究的若干说明》,见《中国史研究动态》1996 年第 3 期,第 22 ~ 27 页。

[95] 张隆溪撰《〈17、18 世纪英国文学中的中国〉中译本序》,见任继愈主编《国际汉学》第 11 辑,郑州:大象出版社,2004 年,第 93 ~ 102 页。

[96] 张隆溪撰《非我的神话——西方人眼里的中国》,见[美]史景迁著,廖世奇,彭小樵译《文化类同与文化利用——世界文化总体对话中的中国形象》,北京:北京大学出版社,1990 年,第 147 ~ 173 页。

[97] 张卫东撰《威妥玛氏〈语言自迩集〉所记的北京音系》,见《北京大学学报(哲学社会科学版)》1998 年第 4 期,第 136 ~ 144 页。

[98] 张西平撰《对西方人早期汉学学习史的研究》,见阎纯德主编《汉学研究》第七集,北京:中华书局,2003 年,第 397 ~ 422 页。

[99] 张西平撰《西方近代以来汉语研究的成就》,见阎纯德主编《汉学研究》第七集,北京:中华书局,2003 年,第 423 ~ 442 页。

[100] 张西平撰《应加强对西方人早期汉语学习史的研究》,见任继愈主编《国际汉学》第 9 辑,郑州:大象出版社,2003 年,第 273 ~ 287 页。

[101] 赵晓阳撰《传教士与中国国学的翻译——以〈四书〉〈五经〉为中心》,见《恒道》第二辑,长春:吉林文史出版社,2003 年。

[102]《中国地名委员会、城乡建设环境保护部、国家语言文字工作委员会关于地名标志不得采用"威妥玛式"等旧拼法和外文的通知》,见《语文建设》1994 年第 6 期,第 11 页。

[103] 周发祥撰《中国古典小说西播述略》,见任继愈主编《国际汉学》第 4 辑,郑州:大象出版社,1999 年,第 318 ~ 342 页。

[104] 周劲思撰《斯坦因与敦煌文物的流失》,见《华夏文化》2003 年第 3 期,第 11 ~ 13 页。

[105] 朱芳撰《理雅各英译〈论语〉研究》,硕士学位论文,武汉:武汉大学,2001 年。

[106] 邹振环撰《〈大英国志〉与晚清国人对英国历史的认识》,见《复旦学报(社会科学版)》2004 年第 1 期,第 40 ~ 49 页。

[107] 邹振环撰《麦都思及其早期中文史地著述》,见《复旦学报(社会科学版)》2003 年第 5 期,第 99 ~ 105 页。

[108] 邹振环撰《慕维廉与中文版西方地理学百科全书〈地理全

志〉》,见《复旦学报(社会科学版)》2000 年第 3 期,第 51 ~59 页。

西文

[1] A. W. Notices of Recent Publications - Record of the Buddhistic Kingdoms Translated from the Chinese. By Herbert A. Giles. The Chinese Recorder, 1877, vol. VIII, pp. 447 ~450

[2] A. Wylie. Notices of Recent Publications - Religion in China by Joseph Edkins. The Chinese Recorder, 1878, vol. IX, pp. 152 ~156

[3] Abuse of opium: opinions on the subject given by one long resident in China, W. Howitt, Mr. Bruce, and the Calcutta Courier, Mr. Davis, and sir Stamford Raffles. Chinese Repository, 1839, vol. VIII, pp. 506 ~515

[4] An American Merchant. Remarks on British relations and intercourse with China. Chinese Repository, 1835, vol. III, pp. 406 ~409

[5] B. E. Read. Reviews of Recent Books - China under the Empress Dowager. By J. O. P. Bland and E. Backhouse. Journal of the North China Branch of the Royal Asiatic Society, 1939, NS. vol. LXX, p. 75

[6] C. A. In Memoriam - Sir Walter Medhurst. Journal of the North China Branch of the Royal Asiatic Society, 1885, NS. vol. XX, pp. 287 ~288

[7] Ch'ien Chung - shu. China in the English Literature of the Eighteenth Century (II). Quarterly Bulletin of Chinese Bibliography, 1941, Dec., NS. Vol. II, Nos. 3 -4, pp. 113 ~152

[8] Ch'ien Chung - shu. China in the English Literature of the Eighteenth Century. Quarterly Bulletin of Chinese Bibliography, 1941, June., NS. Vol. II, Nos. 1 -2, pp. 7 ~48

[9] Ch'ien Chung - shu. China in the English Literature of the Seventeenth Century. Quarterly Bulletin of Chinese Bibliography, 1940, Dec., NS. Vol. I, No. 4, pp. 351 ~384

[10] Chinese Reminiscences, compiled from notes made by the late Dr. Morrison, in the year 1826 -27. Chinese Repository, 1845, vol. XIV, pp. 156 ~171

[11] Chinese Studies in the U. K. European Association of Chinese Studies, 1998, Survey no. 7

[12] Chinese Version of the Bible. Chinese Repository, 1835, vol. IV, pp. 249 ~ 261

[13] E. A. Morrison. Comp. Memoirs of the life and labors of Robert Morrison. Chinese Repository, 1841, vol. X, pp. 25 ~ 37

[14] E. H. Fraser. Reviews of Recent Books – The Encyclopaedia Sinica, by Samuel Couling. Journal of the North China Branch of the Royal Asiatic Society, 1917, NS. Vol. XLVIII, pp. 233 ~ 234

[15] E. H. Parker. Mongolia after the Genghizides and before the Manchus. Journal of the North China Branch of the Royal Asiatic Society, 1913, NS. vol. XLIV, pp. 76 ~ 99

[16] E. H. Parker. The Comparative Study of Chinese Dialects. Journal of the North China Branch of the Royal Asiatic Society, 1878, NS. vol. XII, pp. 19 ~ 50

[17] E. H. Parker. The Principles of Chinese Law and Equity. Journal of the North China Branch of the Royal Asiatic Society, 1909, NS. vol. XL, pp. 10 ~ 43

[18] E. N. L. Literary Notes – China and Religion. By E. H. Parker. Journal of the China Branch of the Royal Asiatic Society, 1906, NS. vol. XXXVII, pp. 202 ~ 203

[19] E. T. C. Werner. Obituary Notices – Prof. E. H. Parker. Journal of the North China Branch of the Royal Asiatic Society, 1926, NS. vol. LVII, pp. i ~ vi

[20] Evan Morgan. Obituary – Timothy Richard. Journal of the North China Branch of the Royal Asiatic Society, 1919, NS. vol. L, pp. 247 ~ 248

[21] First annual report of the Morrison Education Society. Chinese Repository, 1837, vol. VI, pp. 229 ~ 244

[22] G. Schlegel. Nécrologie – James Legge. T'oung Pao, 1898, vol. 9, pp. 59 ~ 63

[23] George Lanning. In Memoriam – Thos. W. Kingsmill. Journal of the North China Branch of the Royal Asiatic Society, 1910, NS. vol. XLI, pp. 116 ~ 118

[24] Griffith John. The Ethics of the Chinese, with special reference to

the doctrines of human nature and sin. Journal of the North China Branch of the Royal Asiatic Society, 1860, OS. vol. II. No. 1, pp. 20 ~ 44

[25] H. A. G. Notes and Queries – Hu – Man – Ts'ao. Journal of the North China Branch of the Royal Asiatic Society, 1885, NS. vol. XX, pp. 52 ~ 53

[26] H. A. G. Notes and Queries – The Hung – Lou – Mêng. Journal of the North China Branch of the Royal Asiatic Society, 1885, NS. vol. XX, pp. 51 ~ 52

[27] H. A. Giles. Christ in the "Li Tai Shen Hsien T'ung Chien". Journal of the North China Branch of the Royal Asiatic Society, 1922, NS. vol. LIII, pp. 238 ~ 240

[28] H. F. W. Holt. Notes on the Chinese Game of Chess. Journal of Royal Asiatic Society, 1885, NS. vol. XVII, pp. 352 ~ 365

[29] H. Yule. To the Editor of the Journal of the Royal Asiatic Society. Journal of Royal Asiatic Society, 1875, NS. vol. VII, p. 189

[30] Henri Cordier. Half a Decade of Chinese Studies (1886 – 1891). T'oung Pao, 1892, O. S. vol. 3, pp. 532 ~ 563

[31] Henri Cordier. Nécrologie – Thomas Francis Wade. T'oung Pao, 1895, vol. 6, pp. 407 ~ 412

[32] Henry Yule. Proceedings of the sixty – third anniversary meeting of the society – opening address. Journal of the North China Branch of the Royal Asiatic Society, 1886, NS. vol. XVIII, pp. i ~ v

[33] Herbert A. Giles. Notes on Chinese Composition. Journal of the North China Branch of the Royal Asiatic Society, 1882, NS. vol. XVII, pp. 1 ~ 21

[34] In Memoriam – Rev. Joseph Edkins, D. D. Journal of the China Branch of the Royal Asiatic Society, 1905, NS. vol. XXXVI, pp. 157 ~ 159

[35] J. C. F. Literary Notes – Religions of Ancient China. By Herbert A. Giles. Journal of the China Branch of the Royal Asiatic Society, 1906, NS. vol. XXXVII, p. 215

[36] J. West. Proceedings. Journal of the China Branch of the Royal Asiatic Society, 1905, NS. vol. XXXVI, pp. 160 ~ 168

[37] James Legge. Principles of Composition in Chinese, as deduced from the Written Characters. Journal of Royal Asiatic Society, 1879, NS. vol. XI, pp. 238 ~ 277

[38] John C. Ferguson. Obituary – Dr. Herbert Allen Giles. Journal of the North China Branch of the Royal Asiatic Society, 1935, NS. vol. LXVI, pp. 134 ~ 136

[39] John Francis Davis. Eugraphia Sinensis; or, the art of writing the Chinese character with correctness: contained in Ninety – two Rules and Examples. To which are prefixed, some observations on the Chinese writing. Transactions of the Royal Asiatic Society, 1827, vol. I, pp. 304 ~ 312

[40] John Francis Davis. Memoir concerning the Chinese. Transactions of the Royal Asiatic Society, 1827, vol. I, pp. 1 ~ 18

[41] John Francis Davis. On the Poetry of the Chinese. Transactions of the Royal Asiatic Society, 1830, vol. II, pp. 393 ~ 461

[42] John Robert Morrison, Samuel Dyer. Epitaphs on the graves of the Rev. Robert Morrison. Chinese Repository, 1846, vol. XV, pp. 104 ~ 108

[43] Joseph Edkins. A Buddhist Shastra, translated from the Chinese: with an analysis and notes. The Shanghai Literary and Scientific Society, 1858, OS. vol. I. No. 1, pp. 107 ~ 128

[44] Joseph Edkins. A Sketch of the Life of Confucius. Journal of the North China Branch of the Royal Asiatic Society, 1860, OS. vol. II. No. 1, pp. 1 ~ 19

[45] Joseph Edkins. A Sketch of the Tauist Mythology in its Medern Form. The Shanghai Literary and Scientific Society, 1858, OS. vol. I. No. 3, pp. 309 ~ 314

[46] Joseph Edkins. A Visit to the Agricultural Mongols. Journal of the North China Branch of the Royal Asiatic Society, 1865, NS. vol. II, pp. 91 ~ 101

[47] Joseph Edkins. A Visit to the City of Confucius. Journal of the North China Branch of the Royal Asiatic Society, 1874, NS. vol. VIII, pp. 79 ~ 92

[48] Joseph Edkins. Notices of Chinese Buddhist Works translated from

the Sanskrit. Journal of Royal Asiatic Society, 1856, OS. vol. XVI, pp. 316 ~339

[49] Joseph Edkins. Notices of the Character and Writings of Meh Tsï. The Shanghai Literary and Scientific Society, 1858, OS. vol. I. No. 2, pp. 165 ~ 169

[50] Joseph Edkins. On the ancient mouths of the Yangtsï Kiang. Journal of the North China Branch of the Royal Asiatic Society, 1860, OS. vol. II, pp. 77 ~ 84

[51] Joseph Edkins. Priority of Labial Letters illustrated in Chinese Phonetics. Journal of Royal Asiatic Society, 1887, NS. vol. XIX, pp. 207 ~ 222

[52] Joseph Edkins. The Yi king of the Chinese, as a book of Divination and Philosophy. Journal of Royal Asiatic Society, 1884, NS. vol. XVI, pp. 360 ~ 380

[53] Joseph Edkins. What did the Ancient Chinese Know of the Greeks and Romans. Journal of the North China Branch of the Royal Asiatic Society, 1883, NS. vol. XVIII, pp. 1 ~ 23

[54] Journal of Occurrences – Gov. Davis visits the northern ports. Chinese Repository, 1844, vol. XIII, pp. 447 ~ 448

[55] Journal of Occurrences – John F. Davis, governor of Hongkong. Chinese Repository, 1844, vol. XIII, p. 266

[56] Journal of Occurrences – Morrison fund. Chinese Repository, 1846, vol. XV, pp. 55 ~ 56

[57] Journal of Occurrences – return of his excellency, governor Davis, from the northern ports. Chinese Repository, 1844, vol. XIII, pp. 559 ~ 560

[58] Karl Ludvig Reichelt. Reviews of Recent Books – A Dictionary of Chinese Buddhist Terms. Compiled by William Edward Soothill and Lewis Hodous. Journal of the North China Branch of the Royal Asiatic Society, 1940, NS. vol. LXXI, pp. 94 ~ 96

[59] Kenneth Scott Latourette. A Survey of the Work by Western Students of Chinese History. Journal of the North China Branch of the Royal Asiatic Society, 1916, NS. vol. XLVII, pp. 103 ~ 114

[60] List of Works upon China, principally in the English and French

languages. Chinese Repository, 1849, NS. vol. XVIII, pp. 402 ~ 444

[61] Literary Notices – An English and Japanese, and Japanese and English Vocabulary; by W. H. Medhurst. Chinese Repository, 1832, vol. I, pp. 109 ~ 110

[62] Literary Notices – The Chinese, a general description of the empire of China and its inhabitants, by John Francis Davis. Chinese Repository, 1836, vol. V, p. 280

[63] M. Review of the facilities existing for the study of the Chinese language, especially as regards England and America. Chinese Repository, 1838, vol. VII, pp. 113 ~ 121

[64] Notes on Chinese Grammar. About Mr. Davis. Chinese Repository, 1840, vol. IX, pp. 518 ~ 530

[65] Obituaries – Samuel Couling. North China Herald, 1922, NS. vol. LIII, pp. 250 ~ 252

[66] Obituary notice of the Reverend Doctor Morrison, with a brief view of his life and labors. Chinese Repository, 1834 – 35, vol. III, pp. 176 ~ 184

[67] Presidents of the Royal Asiatic Society, N. C. B. Journal of the North China Branch of the Royal Asiatic Society, 1948, NS. vol. LXXIII, no page number

[68] Proceedings relative to the formation of the Morrison Education Society; including the Constitution, names of the Trustees and members, with remarks explanatory of the object, of the Institution. Chinese Repository, 1836, vol. V, pp. 373 ~ 381

[69] Rev. E. Box. In Memoriam – Rev. Joseph Edkins, D. D. The Chinese Recorder, 1905, vol. XXXVI, pp. 282 ~ 289

[70] Review of Public Occurrences During the Last Ten Years, from 1832 to 1841 – Mr. Davis. Chinese Repository, 1842, vol. XI, pp. 75 ~ 81

[71] Robert K. Douglas. Ancient Sculptures in China. Journal of Royal Asiatic Society, 1886, NS. Vol. XVIII, pp. 469 ~ 476

[72] Robert K. Douglas. Notes of the Quarter – Tsuh fu. About Beal. Journal of Royal Asiatic Society, 1887, NS. Vol. XIX, pp. 512 ~ 513

[73] Robert Morrison. Biography and Obituary – Mrs. Dr. Milne. Chi-

nese Repository, 1847, vol. XVI, pp. 168 ~ 179

[74] S. Couling. The G. E. Morrison Library. Journal of the North China Branch of the Royal Asiatic Society, 1917, NS. vol. XLIII, pp. 88 ~ 90

[75] Samuel Beal. Some Remarks on the Narrative of Fâ – hien. Journal of Royal Asiatic Society, 1887, NS. vol. XIX, pp. 191 ~ 206

[76] Samuel Couling. The G. E. Morrison Library. Journal of the North China Branch of the Royal Asiatic Society, 1917, NS. Vol. XLVIII, pp. 88 ~ 90

[77] Samuel Couling. The Oracle – bones from Honan. Journal of the North China Branch of the Royal Asiatic Society, 1914, NS. Vol. XLV, pp. 65 ~ 75

[78] Singular proclamation, issued by the Foo – yuen, or Sub – Viceroy, of Canton, December 28, 1822. Translated from the Chinese by the Rev. Dr. Morrison. Communicated by Sir George Thomas Staunton, Bart. Transactions of Royal Asiatic Society, 1827, vol. I, pp. 44 ~ 48

[79] Sir George Staunton. Review – Macartney's embassy to China. Chinese Repository, 1833, vol. ii, pp. 337 ~ 350

[80] Susan Reed Stifler. The Language Students of the East India Company's Canton Factory. Journal of the North China Branch of the Royal Asiatic Society, 1938, NS. vol. LXIX, pp. 46 ~ 82

[81] System of Orthography for Chinese words: – that of Morrison's dictionary imperfect. Chinese Repository, 1836, vol. V, pp. 22 ~ 29

[82] T. R. In Memoriam – Dr. Griffith John. Journal of the North China Branch of the Royal Asiatic Society, 1912, NS. vol. XLIII, pp. 126 ~ 127

[83] T. W. K. Obituary – The Rev. William Muirhead. Journal of the China Branch of the Royal Asiatic Society, 1899 – 1900, NS. vol. XXXIII, pp. 302 ~ 304

[84] T. W. Kingsmill. Short Notes on the Identification of the Yuè – Ti and Kiang Tribes of Ancient Chinese History. Journal of the North China Branch of the Royal Asiatic Society, 1876, NS. vol. X, pp. 71 ~ 73

[85] T. W. Kingsmill. The Intercourse of China with Central and Western Asia in the 2nd Century B. C. Journal of the North China Branch of the

Royal Asiatic Society, 1879, NS. vol. XIV, pp. 1~29

[86] T. Watters. Chinese Fox - Myths. Journal of the North China Branch of the Royal Asiatic Society, 1874, NS. vol. VIII, pp. 45~65

[87] T. Watters. Notes on the Miao - Fa - Lien - Hua - Ching, a Buddhist Sûtra in Chinese. Journal of the North China Branch of the Royal Asiatic Society, 1875, NS. vol. IX, pp. 89~114

[88] T. Watters. The Life and Works of Han Yü or Han Wên - Kung. Journal of the North China Branch of the Royal Asiatic Society, 1871 - 72, NS. vol. VII, pp. 165~181

[89] The late Dr. Morrison. Christian missions in China. Chinese Repository, 1837, vol. VI, pp. 49~54

[90] The late Dr. Morrison. Thoughts on the conduct of the Chinese government toward the Honorable E. I. Company's servants at Canton. Chinese Repository, 1840, vol. VIII, pp. 615~619

[91] The sixth Annual Report of the Morrison Education Society. Chinese Repository, 1844, vol. XIII, pp. 619~641

[92] The state religion of China. Chinese Repository, 1834, vol. III, pp. 49~53

[93] Thomas W. Kingsmill. The Music of China. Journal of the North China Branch of the Royal Asiatic Society, 1910, NS. vol. XLI, pp. 26~56

[94] Thomas Wade. Annual Report of the Royal Asiatic Society - Sir Walter Harry Medhurst. Journal of Royal Asiatic Society, 1886, NS. vol. XVIII, pp. xxii~xxiv

[95] Thos. W. Kingsmill. Address to the members of the N. - C. Branch of the Royal Asiatic Society. Journal of the North China Branch of the Royal Asiatic Society, 1879, NS. vol. XIII, pp. xix~xxxi

[96] Thos. W. Kingsmill. Ancient Tibet and its Frontagers. Journal of the North China Branch of the Royal Asiatic Society, 1906, NS. vol. XXXVII, pp. 21~54

[97] Thos. W. Kingsmill. Inaugural Address by the President - - The Border Lands of Geology and History. Journal of the North China Branch of the Royal Asiatic Society, 1877, NS. vol. XI, pp. 1~31

pean Sinology. London: Han - Shan Tang Books,1995, pp. 11 ~ 25

[118] Joseph Edkins. The State of the Chinese Language at the Time of the Invention of Writing. In: Robert K. Douglas, eds. Transactions of the Second Session of the International Congress of Orientalists. Held in London in September, 1874. London: Trübner & Co., 1876, pp. 98 ~ 119

[119] Kingsley Bolton. The Life and Lexicography of Robert Morrison (1782 - 1834). In: Robert Morrison. A Vocabulary of the Canton Dialect. London: Ganesha Publishing Ltd, 2001, pp. v ~ xliv

[120] Roderick Whitfield. Landmarks in the Collection and Study of Chinese Art in Great Britain. In: Ming Wilson, John Cayley, eds. Europe Studies China: Papers from an International Conference on The History of European Sinology. London: Han - Shan Tang Books,1995, pp. 202 ~ 214

[121] Thomas William Kingsmill. The Border lands of geology and history. P. G. von Möllendorff Collection. 论文单行本或抽印本的集子,1877

[122] [日]石田幹之助撰《ヂヤイルズ博士小传》,见石田幹之助著《欧米に於ける支那研究》,东京:创元社刊行,昭和十七年, pp. 397 ~ 406

